高等院校金融法教学改革与创新系列教材

金融衍生品法教程

主　编　冯　博
副主编　张　杰

中国财富出版社

图书在版编目（CIP）数据

金融衍生品法教程/冯博主编．—北京：中国财富出版社，2014.8
（高等院校金融法教学改革与创新系列教材）
ISBN 978－7－5047－5333－5

Ⅰ．①金…　Ⅱ．①冯…　Ⅲ．①金融衍生产品—金融法—中国—高等学校—教材
Ⅳ．①D922.28

中国版本图书馆 CIP 数据核字（2014）第 187714 号

策划编辑	寇俊玲	**责任印制**	方朋远
责任编辑	齐惠民　谷秀莉	**责任校对**	梁　凡

出版发行	中国财富出版社（原中国物资出版社）		
社　　址	北京市丰台区南四环西路 188 号 5 区 20 楼	**邮政编码**	100070
电　　话	010－52227568（发行部）		010－52227588 转 307（总编室）
	010－68589540（读者服务部）		010－52227588 转 305（质检部）
网　　址	http://www.cfpress.com.cn		
经　　销	新华书店		
印　　刷	三河市西华印务有限公司		
书　　号	ISBN 978－7－5047－5333－5/D・0108		
开　　本	787mm×1092mm　1/16		
印　　张	15	**版　　次**	2014 年 8 月第 1 版
字　　数	356 千字	**印　　次**	2014 年 8 月第 1 次印刷
印　　数	0001—3000 册	**定　　价**	38.00 元

前 言

金融衍生品自 20 世纪 70 年代问世以来，在短短四十几年的时间里，已经成为国际金融市场上最活跃的力量，给世界金融市场的格局及面貌带来了前所未有的变化。在中国，金融衍生品市场起步于 20 世纪 90 年代，但是，由于 1995 年"3·27"国债期货风波的爆发，有关部门紧急叫停了几乎所有的金融衍生品交易活动，其主要原因就在于当时金融衍生品市场缺乏法律的规制。我国经过了三十几年的市场经济建设，发展金融衍生品市场的整体条件出现了深刻变化，2004 年伊始，国务院适时发布了《关于推进资本市场改革开放和稳定发展的若干意见》，提出了发展期货市场和开发金融衍生品的要求。2010 年 4 月 16 日，筹备多年的股指期货产品经过国务院批准后正式挂牌交易，开创了我国金融衍生品发展的新纪元。我国金融衍生品事业经过市场的风雨洗礼后，各种金融衍生品已经处于新的孕育发展时期，它迫切地需要法律制度对其发展的呵护和管理，因此，对金融衍生品进行法律上的深入研究和学习，具有重大的理论及实践意义。

中国现有的金融法教学偏重于对货币、股票、债券等传统金融产品的法律制度讲授，较少关注期货、期权等创新型金融衍生品的法律制度。本教材是一本最新的关于金融衍生品法的教材，其编写以金融法课程本科教学大纲为原则，同时又未完全拘泥于教学大纲，而是在研究、总结金融衍生品法教学和金融法制的基础上，努力建构金融衍生品法的法理框架，并注重金融衍生品法的案例教学。

本书是"高等院校金融法教学改革与创新系列教材"之一，本丛书以复合性、回应性、实用性为主要原则，并具有以下特点。

1. 以问题为导向

以国内外金融创新活动所引发的法律问题为主要内容，高度回应金融发展现实。

2. 以案例为起点

每章都以法律事件或案例开头，引发学生的学习兴趣和求知欲，使其主动通过阅读来寻求答案。

3. 以全球为视野

本书涉及的相关法律制度包括美国、英国、德国、日本、韩国、新加坡、中国及相关国际组织。

4. 以实践为目的

通过本书的学习，学生可以了解全球的金融衍生品法律制度，能够轻松地着手于金融衍生品法律事务工作。

本书共分为十二章，其中天津财经大学张杰老师负责编写第一、第二、第三、第四章，天津财经大学法学院冯博老师负责编写第五、第六、第七、第八、第十、第十一章，西南财经大学陆佳老师负责编写第九章，湘潭大学王霞老师负责编写第十二章，此外，要特别感谢天津财经大学研究生张婷、周秋妤、杜海华、田珺、王冬梅、刘清雯、席瑞颖、黄贤在本书出版工作中做出的重要努力。

本教材在编写过程中参阅了大量有关论著，由于篇幅有限，未能在书中一一注明，在此，谨向原作者表示诚挚的敬意和感谢！同时，感谢中国财富出版社的大力支持！感谢本书编辑和所有为本书的出版提供帮助的人们！

由于时间仓促，编者水平有限，不足之处在所难免，恳请有关专家和广大读者批评、指正，以便再版时修订，使本教材更臻完善。

编 者

2014 年 7 月

目 录

第一章 金融衍生品概述

本章概要

金融衍生品与基础金融资产相比，有其特殊的产生背景和特征。本章主要概述与金融衍生品产生与发展相关的基本内容，阐明金融衍生品产生的现实背景及发展历史，重点讲解金融衍生品的含义、种类与特征，并对金融衍生品的发展现状及发展趋势进行梳理和介绍。

本章重点知识

- 金融衍生品的产生背景
- 金融衍生品的概念
- 金融衍生品的种类
- 金融衍生品的特征
- 金融衍生品的发展趋势

引读案例

郁金香泡沫

郁金香是荷兰的国花。在 17 世纪的荷兰，郁金香更是贵族社会身份的象征，这使得批发商普遍出售远期交割的郁金香以获取利润。为了减少风险，确保利润，许多批发商从郁金香的种植者那里购买期权，即在一个特定的时期内，按照一个预订的价格，从种植者那里购买郁金香。而当郁金香的需求扩大到世界范围时，又出现了一个郁金香球茎期权的二级市场。

随着郁金香价格的盘旋上涨，荷兰上至王公贵族，下到平民百姓，都开始变卖他们的全部财产用于炒作郁金香和郁金香球茎。1637 年，郁金香的价格已经涨到了骇人听闻的水平。与上一年相比，郁金香总涨幅高达 5900％。1637 年 2 月，一株名为"永远的奥古斯都"的郁金香售价更高达 6700 荷兰盾，这笔钱足以买下阿姆斯特丹运河边的一幢豪宅，而当时荷兰人的平均年收入只有 150 荷兰盾。随后荷兰经济开始衰退，郁金香市场也在 1637 年 2 月 4 日突然崩溃。一夜之间，郁金香球茎的价格一泻千里。许多出售看跌期权的投机者没有能力为他们要买的球茎付款，虽然荷兰政府发出紧急声明，认为郁金香球茎价格无理由下跌，劝告市民停止抛售，但这些努力都毫无用处。一个星期后，郁金香的价格已平均下跌了90％，大量合约的破产又进一步加剧了经济的衰退。绝望之中，人们纷纷涌向法院，希望能够借助法律的力量挽回损失。但在1637年4月，荷兰政府决定终止所有合同，禁止投机式的郁金香交易，从而彻底击破了这次历史上空前的经济泡沫。

如果在商品市场上供不应求，难免会有些奸商囤积货物，抬高物价。例如，在棉花、铜、锡等商品市场上都曾经出现过程度不同的投机活动。可是，这些商品市场的波动都没有像郁金香泡沫那样大，其中原因之一是郁金香市场的操作方式。上述案例中郁金香的交易方式其实就含有期货交易和期权交易的雏形，在这个市场上没有很明确的规则，对买卖双方都没有什么具体约束。郁金香合同很容易被买进再卖出，在很短的时间内几经易手。这就使得商人们有可能在市场上翻云覆雨，买空卖空。在多次转手过程中，郁金香价格也被节节拔高。

第一节　金融衍生品产生的背景与历史

一、金融衍生品产生的背景

金融衍生品的产生有其现实背景，为了规避利率、汇率波动的风险，借助当时计算机与通信技术的长足发展以及相关金融理论的突破，金融衍生品应运而生。金融衍生品业务显著提高了金融机构以及整个金融市场的经营效率，拓展了企业的经营领域，给全球经济发展带来了巨大活力。

（一）宏观环境的孕育

一般而言，金融产品的诞生源于市场需求的存在，金融衍生品产生的动力来自金融市场的价格风险。20世纪70年代以后，国际金融环境发生了很大变化，汇率、利率和通货膨胀呈现出极不稳定和高度易变的特征，把金融市场中的投资者和借贷者暴露于高风险之中。

从汇率变动看，1973年布雷顿森林体系崩溃后，以美元为中心的固定汇率制完全解体，国际货币制度走向浮动汇率制，加之当时国际资本流动频繁，特别是欧洲美元和石油价格的冲击，使得外汇市场的汇率波动剧烈。

从利率变动看，20世纪60年代西方货币学派兴起，西方国家普遍以货币供应量取代利率作为货币政策的中介目标，从而放松对利率的管制，使得利率变动频繁。20世纪60年代末开始，西方国家的利率开始上升，1973年和1978年两次石油危机使西方国家陷入滞胀的困境，更使国际金融市场的利率水平大幅上涨。

从金融监管看，进入20世纪80年代后，西方发达国家不断放松金融管制，实行金融自由化措施，在促进金融竞争的同时，也使得市场波动更加频繁、剧烈。

汇率、利率以及相关市场价格的频繁变动，使企业、金融机构和个人处于金融市场价格变动的风险之中，此时迫切需要规避市场风险、进行套期保值的新金融工具的出现。因此，以期货、期权和互换为主体的金融衍生品，作为新兴风险管理手段应运而生了。

（二）金融机构的参与

金融衍生品的诞生除了市场需求以外，还有供给方的积极参与。金融机构积极参与金融衍生品的开发与设计，主要出于以下两方面的内在驱动力。

1. 市场竞争的压力

银行类金融机构在巨大市场竞争压力下必须扩展新的业务。受金融自由化和证券化的影响，非银行金融机构利用各种富有竞争力的新式金融工具，与银行展开了争夺资金来源和信贷市场份额的竞争，投资人和筹资人更倾向于通过证券市场直接融资，这使银行传统的存贷款业务规模萎缩，银行在金融市场上的份额急剧下降。同时，银行自身资产在不断加剧的利率、汇率和价格风险下，也迫切需要更加有效的避险工具。为了规避自身的资产风险，保住原有的市场份额并扩大客户范围，银行类金融机构积极设计并开发各种金融衍生品，并担当起金融衍生品的交易中介和参与者，成为推动金融衍生品发展的重要角色。

2. 外在监管的压力

国际监管的外在压力迫使银行类金融机构积极转移业务盈利的方向。为防止一国的跨国银行危机引发多国银行危机乃至世界性金融危机，国际银行业管理机构加强了对银行的联合监管，对银行的资本充足率提出了更高的要求。为规避监管，银行业掀起了"表内资产表外化"的热潮。金融衍生品交易是表外业务的重要内容，可以在不增加银行资产的情况下，为银行带来丰厚收入，成为银行新的盈利增长点，为银行增加资本、提高资金来源提供有力支持。因此，金融衍生市场吸引了大量银行类金融机构参与，加之非银行金融机构的积极竞争而迅速发展起来。

（三）金融理论的推动

金融衍生品的不断发展壮大也离不开金融理论的支持。1972 年诺贝尔经济学奖获得者弗里德曼的一篇题为《货币需要期货市场》的论文为货币期货的诞生奠定了理论基础。同年，经济学家布莱克和斯克尔斯发表的一篇关于股票欧式看涨期权定价的论文，使得期权定价问题有了金融理论的支撑。芝加哥期权交易所在 1973 年成立，为理论与实践的结合提供了场所。此后，关于金融衍生品的价格模型构建及其模拟技术不断改善，使得参与者能够计算并估计金融衍生品的理论价值，吸引了更多参与者加入其中，推动了金融衍生品市场规模的扩大。

（四）新兴技术的支持

新技术革命为金融衍生品的产生与发展提供了物质基础与硬件保证。正是依靠新技术的辅助，具有复杂交易程序的金融衍生品交易才得以顺利进行。先进的信息处理系统能够提供有关汇率、利率等变量的瞬间动向，帮助交易者识别、衡量并监控包含在复杂证券组合当中的各种风险，寻找交易机会。大型交易网络和计算机终端的应用，使金融衍生品的供给者能够直接或间接地把原先分散在单个市场的用户联系起来，这加速了金融衍生品供求的结合，促进了其的发展。此外，新兴的金融分析理论与新兴技术设备相结合，为开发和推广金融衍生品提供了坚实的技术基础。新兴技术不仅是促进金融衍生品发展的动力，也是金融衍生品市场中不可或缺的组成部分。

二、金融衍生品发展历史

金融衍生品从萌芽到产生，再到今天的繁荣发展，经历了漫长的历史过程。

(一) 19 世纪之前的金融衍生品萌芽

期权交易的第一项记录是《圣经·创世纪》中的一个合同制协议，大约在公元前 1700 年，雅克布为了和拉班的小女儿瑞切尔结婚，签订了一个类似期权的契约，即雅克布在同意为拉班工作 7 年的条件下，得到同瑞切尔结婚的许可。从期权的定义来看，雅克布以 7 年劳工为"权利金"，获得了同瑞切尔结婚的"权利而非义务"。除此之外，在亚里士多德的《政治学》一书中，也记载了古希腊哲学家、数学家泰利斯利用天文知识，预测来年春季的橄榄收成，然后再以极低的价格取得西奥斯和米拉特斯地区橄榄榨汁机使用权的情形。这种"使用权"也隐含了期权的概念，可以看作期权的早期萌芽。

最早的期货交易发生在 1697 年日本大阪的淀屋大米市场。大米的农作物属性，决定其随着播种、收获的季节和天气的变化，价格也跌宕起伏。一些眼光独到的做市商，为了保证货源、降低仓储成本、扩大交易，便尝试着以约定的价格、数量，用定金的方式和农民预约交易。农民为了尽早得到资金，降低价格风险，减少运输成本，更是乐意接受这样的预约交易。现代商品期货的交易模式，便在日本的大米市场出现了。

(二) 19 世纪初至 20 世纪 70 年代的早期衍生品

19 世纪初，芝加哥是美国最大的谷物集散地，随着谷物交易的不断集中和远期交易方式的发展，1848 年，由 82 位谷物交易商发起组建了芝加哥期货交易所，该交易所成立后，对交易规则不断加以完善，于 1865 年推出了一种被称为"期货合约"的标准化协议，取代了 1851 年以来沿用的远期合同，并实行了保证金制度。

期货市场早期的参与者，主要以对冲远期风险实现套期保值为目的。他们在现货市场买进（卖出）商品的同时，在期货市场卖出（买进）相同数量的同种商品，进而无论现货供应市场价格怎么波动，最终都能获得在一个市场上出现亏损（盈利）的同时在另一个市场盈利（亏损）的结果，并且盈亏大致相等，从而达到规避风险、保值的目的。

由于早期的期权交易存在着大量的欺诈和市场操纵行为，美国国会为保护农民利益，于 1921 年宣布禁止了交易所内的农产品期权交易。1934 年美国的《投资法》使期权交易合法化。但到 1936 年，美国又禁止了商品期货期权交易，之后世界其他国家和地区商品期权、期货和各种衍生品都相继被禁止交易。直到 1984 年，美国国会才重新允许农产品期权在交易所进行交易。

(三) 20 世纪 70 年代以后金融衍生品的繁荣发展

到 20 世纪 70 年代，为了对冲当时市场上的汇率、利率、价格风险，新产品迅速涌现，金融衍生品发展进入了空前繁荣的时期。

1972 年芝加哥商品交易所（CME）的分支机构国际货币市场（IMM）成立，这是世界上第一家从事金融期货合约的交易所。1973 年 4 月 26 日，世界上第一个期权交易所芝加哥期权交易所（CBOE）成立，标志着有组织的期权交易时代开始。1981 年 2 月，芝加哥商业交易所首次开设了欧洲美元期货交易。

1982 年 2 月 24 日，美国堪萨斯城期货交易所（KCBT）推出了世界上第一个股指期货，芝加哥商品交易所随后也针对标准普尔 500 指数推出了对应的股指期货合约。在此后短短数年时间里，澳大利亚、英国、中国香港、新加坡、加拿大、芬兰、法国和日本等国家和地区也先后推出了各自的股指期货交易，形成了世界性的股指期货交易热潮。

1983 年，芝加哥期权交易所决定对股票指数建立期权。虽然最初被称为芝加哥期权交易所 100 指数，但它很快就被移交给标准普尔，并作为标准普尔 100 闻名于世，迄今为止，标准普尔 100 指数期权仍然是最活跃的上市交易期权之一。

互换与其他场外金融衍生品在 20 世纪 80 年代也开始进入活跃时期。场外交易虽然没有集中的交易平台，交易数据信息的透明度较低，但它的市场规模却非常巨大，仅其中信用违约互换（CDS）一项便支持着超过数千亿美元的信贷价值。

伴随着金融衍生品的发展，金融衍生品投资失败案例也开始出现。比如，1994 年全球衍生品市场损失惨重，包括一些知名的和具有丰富经验的公司，如宝洁和德国金属公司都宣布在衍生品交易中发生巨额亏损。英国历史悠久的巴林银行宣布破产也是由期货投机交易失败所致。

纵观金融衍生品发展历史，其在快速发展中也出现了一定风险，如何发挥其积极作用，有效控制风险是金融衍生品发展中不可回避的现实问题，其中，法律监管是其中一个重要方面，相关的法律问题需要深入学习和研究。

第二节 金融衍生品的概念、分类与特征

一、金融衍生品的概念

金融衍生品，有时也称为金融衍生工具、金融派生品等。一般而言，金融衍生品是指在基础金融资产或原生金融资产（如外汇、股票、债券等金融资产）交易基础上所派生出来的金融期货、金融期权、利率期货、利率期权、股指期货（期权）以及互换等业务的合约，其价值依赖于基础资产价值的变动。

美国财务会计准则委员会（FASB）颁布的一系列公告中将金融衍生品定义为："价值衍生于一个或多个标的资产的业务或合约"。而《巴塞尔资本协议Ⅱ》规定："金融衍生交易合约的价值取决于一种或多种基础资产的价值或相关指数，除了远期、期货、互换和期权等基本合约形式之外，具有以上任一种或多种特征的结构化金融工具也称为衍生工具。"国内相关教科书中的定义：金融衍生工具是给予交易对手的一方，在未来的某个时间点，

对某种基础资产拥有一定债权和相应义务的合约。

金融衍生品作为一种合约，是在现时对基础资产未来可能产生的结果进行交易，其交易在现时发生而结果要到未来某一约定的时刻才能产生。金融衍生品交易的对象并不是基础资产本身，而是对这些基础资产在未来各种条件下处置的权利和义务。这种合约可以是标准化的，也可以是非标准化的：标准化合约是指其标的物（基础资产）的交易价格、交易时间、资产特征、交易方式等都是事先规定好的，因此此类合约大多在交易所上市交易，如期货；非标准化合约是指以上各项由交易的双方自行约定，因此具有很强的灵活性，比如远期协议。

二、金融衍生品的分类

在国际金融市场中，金融衍生品种类繁多，随着金融创新活动的发展，金融衍生品还在不断增加，其范畴也在不断扩大。

（一）根据产品形态的分类

根据产品形态不同，金融衍生品可以分为期货、期权、远期、互换4大类，许多新的衍生品也大都在这4类基础上组合而成。

1. 期货

期货是一种标准化可交易合约，是买卖双方签订的于未来某一确定的时间，按约定的价格购买或出售某一种基础资产，或于期满日前结算差价的协议。期货合约中的"某一确定时间"一般称为期货合约的到期日或期限，期货的期限可以是一周、一月甚至一年之后。期货具有标准化的规格，可以在交易所上市交易。根据对应基础资产的不同，期货又可以分为股票期货、外汇期货、股指期货等。

2. 期权

期权又称选择权，同期货一样是买卖双方签订的合约，该合约规定买方向卖方支付一定数量的金额后，拥有在未来某一特定的时间（到期日）或该特定时间之前，以事先约定好的价格（执行价）向卖方购买或出售一定数量的标的资产的权利，但不负有必须购买或出售的义务。从本质上讲，期权实质上是在金融市场上对权利和义务进行定价，期权买方付出权利金取得买入或卖出某一标的资产的权利，卖方收取权利金，则有义务在买方执行期权的权利时卖出或买入标的资产。根据标的资产的不同，期权有股票期权、外汇期权等类型。

3. 远期

远期是最早产生的金融衍生品，是指买卖双方约定在将来某一特定时间以特定价格买进或卖出某种标的物的合约。期货合约与远期合约都是在未来一定时间以一定价格购买或卖出标的资产的协议，两者的差别在于远期合约由交易双方协议达成，合约期限、标的资产、交货地点等合约条款由双方商定，没有固定条款格式，属于非标准合约，通常在场外进行交易；而期货合约属于标准化的远期合约，合约条款由交易所统一设定，通常在交易所进行交易。

4. 互换

互换是指买卖双方达成的在未来某一段时间内，彼此交换一连串现金流的一项协议。互换本身是一种交换，是以本身不需要或非最需要的东西换取需要或更需要的东西。互换包括利率互换、货币互换、商品互换和其他互换等。

除了上面介绍的 4 类产品外，衍生品市场上还包括由这 4 类相互组合而产生的产品，如期货期权、互换期货以及互换期权等。

（二）根据所对应的基础资产分类

根据所对应的基础资产不同，金融衍生品可分为股票类衍生品、利率类衍生品、货币类衍生品和商品类衍生品。

1. 股票类衍生品

股票类衍生品是指以股票或由股票组合形成的股票指数为基础资产的金融衍生品，主要包括股票期货、股票期权、股票指数期货、股票指数期权以及上述合约的混合交易合约。

2. 利率类衍生品

利率类衍生品是指以利率或利率的载体为基础资产的金融衍生品。利率类衍生品又可分为以短期存款利率为代表的短期利率衍生品（如利率期货、利率远期、利率期权、利率互换合约）和以长期债券利率为代表的长期利率衍生品（如债券期货、债券期权合约）。

3. 货币类衍生品

货币类衍生品是指以各种货币作为基础资产的金融衍生品，主要包括货币期权、外汇互换、远期外汇合约等。

4. 商品类衍生品

商品类衍生品是指以各类大宗实物商品为基础资产的金融衍生品，如农产品期货、贵金属期货、能源期货等。

（三）根据交易场所分类

根据交易场所的不同，金融衍生品可以分为场内交易和场外交易。

1. 场内交易

场内交易即通常所指的交易所交易，指所有的供求方集中在交易所进行竞价交易的交易方式。

2. 场外交易

场外交易即柜台交易，指交易双方直接成为交易对手的交易方式，其参与者仅限于信用度高的客户。

三、金融衍生品的特征

金融衍生品具有和基础资产不同的特征，包括跨期性、高杠杆性、高风险性、联动性、复杂性、交易的便捷性和交易目的的特殊性。

（一）跨期性

金融衍生品是交易双方通过对利率、汇率、股价等因素变动趋势的预测，约定在未来某一时间按一定的条件进行交易或选择是否交易的合约。无论哪一种金融衍生品，都会影响交易者在未来一段时间内或未来某个时间上的现金流，具有跨期交易的特点。这就要求交易双方对利率、汇率、股价等价格因素的未来变动趋势做出判断，而判断的准确与否直接决定了交易者的交易盈亏。

（二）高杠杆性

金融衍生品的共同特征是保证金交易，即只要支付一定比例的保证金就可进行全额交易，不需实际上的本金转移，合约的了结一般也采用现金差价结算的方式进行，只有在满期日以实物交割方式履约的合约才需要买方交足贷款。因此，金融衍生产品交易可进行杠杆操作，交易者只要付出少量的保证金或权利金，就可以操纵数倍价值的资产，保证金比率越低，杠杆效应越大。这种杠杆效应如果运用于套期保值，可在一定程度上分散和转移风险；如果运用于投机，则可能带来数十倍于保证金的收益，也可能产生巨额亏损。

（三）高风险性

金融衍生品的交易后果取决于交易者对基础资产未来价格的预测和判断的准确程度。基础资产价格的变动决定了金融衍生品交易盈亏的不稳定性，这是金融衍生品具有高风险的重要诱因。另外，金融衍生品以小博大的特点也注定了其高收益可能带来高风险。

（四）联动性

由于是在基础资产上派生出来的产品，因此金融衍生品的价值主要受基础资产价值变动的影响。通常，金融衍生品与基础资产相联系的支付特征由衍生品合约规定，其联动关系既可以是简单的线性关系，也可以表现为非线性函数或者分段函数。

（五）复杂性

随着金融创新的发展，金融衍生品日趋复杂。一方面，金融衍生品开发与定价具有复杂性，一般会大量采用现代决策科学方法和计算机科学技术，仿真模拟金融市场运作，在开发、设计金融衍生工具时采用人工智能和自动化技术，对于一些为满足投资者特定需求而设计的场外交易金融衍生品，由于没有公开买卖，缺乏客观的定价依据，定价更为困难；另一方面，金融衍生品的交易策略繁多，一般投资者难以深入了解其投资策略，更无法准确衡量其风险，对其进行掌握和驾驭。

（六）交易的便捷性

与现货市场相比，金融衍生品更具有交易上的优势。金融衍生品的交易成本一般会比现货低（交易税率低，且不征收印花税等其他费用），且流动性高，有些期货或期权的交易量比其对应标的资产的交易量还要多。另外，金融衍生品卖空比较容易，不受限制，而基础资产卖空多受到监管当局的限制。这种交易上的优势也是金融衍生品发展迅速的原因之一。

（七）交易目的的特殊性

金融衍生品交易的目的通常是套期保值、投机、套利或者资产负债管理，其交易的主要目的并不在于所涉及的基础资产所有权的转移，而在于转移与该基础资产相关的价值变化的风险，或通过风险投资获取经济利益。金融衍生品灵活多变的特性可以满足不同投资者的需求。

第三节　金融衍生品的发展现状与趋势

一、全球金融衍生品的发展现状

（一）交易概况

根据美国期货业协会（FIA）的统计数据，2013 年全球期货和期权交易量为 216.4 亿，比 2012 年上升了 2.1%。在北美和亚太地区，期货、期权交易量变动呈相反趋势，2013 年北美交易所共成交 79 亿份，比 2012 年增长 9.2%；而亚太地区交易量为 72.9 亿，比 2012 年下降 3.1%。尽管在过去几年，全球期货和期权行业有些产品交易量停滞不前，但也有一些基准合约在沉寂多年后逐渐恢复生机，例如，利率期货和期权的交易，这种变化在北美尤为明显，利率衍生品正在进入一个新的增长阶段。此外，2013 年上海期货交易所的白银期货也经历了一轮暴涨，成交量超过 1.73 亿份。中国郑州商品交易所中动力煤期货的引入也取得了巨大的成功。在莫斯科交易所和世界上其他几个交易所中，货币期货的交易量也开始攀升。总体来看，全球金融衍生品交易处于回升阶段。

（二）交易机构

近年来，全球交易量较大的期货及期权交易所有韩国股票交易所（KSE）、欧洲交易所（EUREX）、芝加哥商品交易所（CME）、纽约泛欧交易所（NYSE Euronext）、芝加哥期权交易所（CBOE）、俄罗斯股票交易所（RTS）和上海期货交易所等。在 FIA 的 2013 年度报告中，从期货、期权交易量排行上看，芝加哥商品交易所仍然是世界上最大的衍生品交易所，其在 2013 年的成交量为 31.6 亿份，同比增长 9.2%；洲际交易所在收购了纽约泛欧交易所及其在欧洲和美国的附属交易所后，跃居第 2 位。按合并基准计算，2013 年洲际交易所期货、期权交易量达到 28.1 亿份，同比增长 14.7%。报告中 2013 年全球衍生品交易所交易量排名前 30 位的情况，如表 1-1 所示。

表 1-1　　　　　2013 年全球衍生品交易所交易量排名前 30 位的交易所

排序	交易所	2013 年交易量（亿份）	同比变化（%）	2013 年年底开放头寸	同比变化（%）
1	芝加哥交易所	3161476638	9.20	83904116	19.66
2	洲际交易所 ＊♯	2807970132	14.70	135377377	12.93
3	欧洲期货交易所 ＊	2190548148	−4.40	77090544	−2.52
4	印度国家证券交易所	2135637457	6.20	7786961	−40.60
5	巴西证券期货交易所	1603600651	−2.00	56666689	−11.10
6	芝加哥商业交易所控股公司 ＊	1187642669	4.70	351428	18.86
7	纳斯达克—OMX 集团 ＊	1142955206	2.50	7196312	6.61
8	莫斯科交易所	1134477258	6.80	5233255	37.80
9	韩国证券期货交易所	820664621	−55.30	2683821	5.11
10	印度多种商品交易所	794001650	−17.30	745474	−68.47
11	大连商品交易所	700500777	10.70	3153905	39.23
12	上海期货交易所	642473980	75.90	2093921	68.57
13	郑州商品交易所	525299023	51.30	1998727	74.99
14	日本交易所集团	366145920	56.30	5436115	5.65
15	香港交易所	301128507	7.70	8183801	13.50
16	澳大利亚证券交易所	261790908	0.70	13956878	−15.16
17	孟买证券交易所	254845929	4.50	32801	−52.02
18	南非约翰内斯堡股票交易所	254514098	60.20	17857396	32.62
19	中国金融期货交易所	193549311	84.20	123166	11.58
20	多伦多交易所集团 ＊	155753473	−25.60	4329062	2.30
21	台湾期货交易所	153225238	−2.20	1126754	7.38
22	BATS 交易所 ＊	151814889	16.20	N/A	N/A
23	新加坡证券交易所	112077267	39.10	3099510	21.27
24	东京金融交易所	65527790	−2.10	1066906	8.53
25	特拉维夫股票交易所	60514431	−9.90	1067027	68.07
26	西班牙金融期货市场	54694502	−18.60	9840349	−3.48
27	伊斯坦堡交易所	53172365	−14.90	427501	54.08
28	罗萨里奥期货交易所	51176700	0.20	3149854	134.50
29	伦敦证券交易所	50384211	−26.50	7612192	−2.28
30	印度联合证券交易所	44931092	406.90	19084	67.33

注：＊表示这些交易所的开放头寸不包括在美国交易并在货币监理署清算的期权，♯表示包括纽约—泛欧交易所。

（三）市场结构

从金融衍生品市场的产品结构来看，2013 年成交的 216.4 亿份期货、期权合约中，期货交易量为 122.2 亿份，在行业总量中所占比例刚刚超过 56%，期权交易量占比 44%；按基础资产类别来分，股票指数和个股的期货、期权交易量为 117.7 亿份，占行业总量的 54%，利率期货和期权成交 33.3 亿份，占比 15%。FIA 在 2013 年度报告中各类基础资产对应的期货和期权交易量，如表 1-2 所示。

表 1-2　　　　　　　　　　　2013 年全球各类期货和期权交易量

种类	2012 年（亿份）	2013 年（亿份）	变动率（%）
个股（Individual Equity）	6469512853	6401526238	−1.10
股票指数（Equity Index）	6048270302	5370863386	−11.20
利率（Interest Rate）	2931840769	3330719902	13.60
货币（Currency）	2434253088	2491136321	2.30
能源（Energy）	925590232	1265568992	36.70
农产品（Agriculture）	1254415510	1213244969	−3.30
非贵金属（Non-Precious Metals）	554249054	646318570	16.60
其他（Other）	252686977	493359639	95.20
贵金属（Precious Metals）	319298665	430681757	34.90
总量（Total）	21190117450	21643419774	2.10

从交易场所来看，交易所市场主要交易期货、期权等标准化合约，场外市场则主要交易互换、远期等非标准化合约。场外市场信息透明度低，无法完全统计其交易量，但其市场规模巨大。根据国际清算银行统计，2012 年年底全球场外衍生品名义总额达到了 633 万亿美元，是全球主要国家国内生产总值（GDP）的 8 倍。

从金融衍生品市场参与主体来看，包括做市商、金融机构和非金融机构。金融机构是金融衍生品市场的主要参与者，参与衍生品交易的金融机构类型主要有商业银行、投资银行、基金公司、保险公司等，其中，商业银行是最早和最熟练的参与者。从近几年的趋势可以看出，场外金融衍生品的交易越来越集中到少数规模大、信誉好的金融机构手中，市场集中度明显提高。在新兴市场中，海外机构投资者的比重往往要高于国内的金融机构。比如，在中国香港、新家坡，海外机构做市商之间的交易往往占到了市场总交易量的 2/3。

二、中国金融衍生品发展现状

20 世纪 90 年代，金融衍生品在中国进行试点，商品期货、国债期货、利率远期及外汇期货等品种先后出现。中国金融衍生品市场经历了盲目发展、清理整顿和恢复发展 3 个阶段，目前涵盖了农产品、金属、化工产品、能源、金融等多个领域。在 2005 年 5 月推出债券远期交易后，又陆续引入利率互换、远期利率协议、外汇掉期和货币掉期等衍生品，交易量逐渐增长。中国上海期货交易所、大连商品交易所、郑州商品交易所近年的成交量均保持着持续增长的趋势。2010 年中国推出股指期货交易，对于中国金融衍生品的发展意义重大。

近年来中国经济的发展趋于国际化，中国的金融衍生品市场在快速发展之中。随着人民币汇率形成机制和利率市场化改革的推进，金融衍生品已成为辅助金融市场发展的重要工具。目前，中国的金融衍生品市场还处于发展的初级阶段，尽管发展较快，但仍存在诸多问题，如市场规范化不足、现货市场规模不匹配、信息披露制度不健全等。中国金融衍生品市场主要包括期货市场和场外金融衍生品市场。期货市场由中国证监会负责监管，包括 3 家商品期货交易所和 1 家金融期货交易所；场外金融衍生品市场主要包括银行间场外衍生品市场和银行柜台场外衍生品市场，由中国人民银行负责监管。

三、金融衍生品的发展趋势

2008 年全球金融危机爆发以后，许多人把危机的源头归结于金融衍生品，但全盘否定金融衍生品的观点则是对市场的误读，需要客观地认识金融衍生品发展趋势。

（一）金融衍生品仍然是金融市场发展的重要驱动力

金融衍生品市场在全球金融体系中的重要作用并未因为金融危机而被削弱。目前，全球金融衍生品市场正在从金融危机中逐步复苏。在经历了金融危机期间的低迷后，大多数金融衍生品已经开始复苏。

从场内市场来看，金融衍生品交易在金融危机冲击下显示出了旺盛的生命力，其稳定市场、管理风险的作用得到了充分展示。在危机发生的不同阶段，多数金融衍生品都呈现出从交易放大到下调再反弹的走势。在危机发生初期，场内衍生品交易增长强劲，之后，由于全球金融市场的疲软，场内衍生品交易有所萎缩。随着全球风险偏好的回升，金融衍生品交易活动再次活跃起来。

从场外市场来看，场外衍生品市场在经历了金融危机冲击下的萎缩期后重拾增长态势。危机初期，利率和固定收益衍生品以及权益类衍生品的交易量迅速增长。在全球经济复苏的带动下，场外衍生品市场也开始回暖。整体来看，金融衍生品仍然是金融市场必不可少的组成部分，在未来也将继续发挥其活跃市场、规避风险的作用。

（二）金融衍生品向风险管理的基本功能回归

金融衍生品诞生之初就是为了规避价格风险，但随着世界资本市场流动性过剩，以及投机者的涌入，衍生品市场充斥了大量高杠杆、高风险产品。2008 年的金融危机使人们认识到衍生品市场中泡沫的存在，引发了人们对衍生品更为理性的思考。衍生品市场正在回归理性，产品设计也更倾向于实现基本的风险管理功能。

作为场外金融衍生工具典型代表的信用违约互换（CDS）的发展体现了这一趋势。在金融危机爆发后，以 CDS 为代表的场外衍生品遭到了国际社会的普遍质疑。但是，不可否认的是，CDS 作为一种信用风险管理工具，在分散信用风险、提高市场运行效率方面发挥了积极作用。只是 CDS 遭到了滥用，在危机爆发前全球储蓄增加、持续低利率导致流动性过剩的宏观环境下，CDS 更多地被作为投机和套利工具，引发了最终的金融危机。危机后投机成分较高的 CDS 指数产品市场规模下降幅度明显，各种复杂、高杠杆性的产品逐渐淡出市场，CDS 的简单产品重新占据了绝大部分市场交易份额。

（三）全球金融监管改革推动金融衍生品发展

金融危机之后，各经济体纷纷进行金融监管的改革，并陆续发布了一些改革方案和建议。从这些应对措施和监管改革方案可以看出，金融衍生品监管改革的焦点集中在场外衍生品市场，未来金融衍生品市场在监管之下呈现的发展趋势如下。第一，市场透明度提高。监管部门要求市场参与者承担更多的信息披露义务，减少公众和监管者的信息不对称。第二，提高对衍生品交易商资本金要求。金融机构资本金保留越少，应对市场流动性风险能力就越差，对于高杠杆的衍生品经营机构来说尤其如此。第三，推动金融衍生产品标准化。因为特定需求定制的衍生品供求更难以匹配，价格波动幅度也较大，容易导致市场风险，未来监管当局必将对非标准产品进行一定的限制，鼓励投资者更多地参与标准化合约交易，这也将在一定程度上改变衍生品市场产品结构。通过上述规范，金融衍生发展的市场环境将得到进一步净化，这有利于金融衍生品的风险控制，有利于推动金融衍生品市场的发展。

📖 法律法规链接

《金融机构衍生产品交易业务管理暂行办法》（2004 年 2 月 4 日发布，2004 年 3 月 1 日施行）

❓ 本章思考题

1. 简述金融衍生品产生的背景。
2. 简述金融衍生品的基本概念。
3. 简述金融衍生品的主要类型。
4. 简述金融衍生品的基本特征。
5. 简述金融衍生品的发展趋势。

第二章　金融衍生品的相关经济学理论

本章概要

　　金融衍生品的出现与金融创新的不断推进息息相关。随着金融深化的不断发展，金融衍生品市场已发展成为金融市场体系中极其重要的部分，并极大地改变了金融市场的格局。金融衍生品为了避险而产生，但是作为一种新兴金融工具，其本身又具有极高的风险性，金融衍生品的迅速发展给金融市场带来了新的金融风险。本章主要介绍与金融衍生品发展相关的金融创新理论、金融深化理论和金融风险理论相关内容。

本章重点知识

- 金融创新理论与金融衍生品
- 金融深化理论与金融衍生品
- 金融风险理论与金融衍生品

引读案例

香港政府运用金融衍生品市场保卫金融市场

　　1997年7月，亚洲金融危机爆发。美国著名金融家索罗斯旗下的对冲基金在亚洲各国和地区发起持久的连番狙击并获得成功后，开始有计划地向中国香港股市及期市发动冲击。他们一方面在外汇市场大手抛出投机性的港元沽盘，冲击港元汇率，迫使港元的拆息大幅升高，引致香港股票市场恒生指数急挫；另一方面在恒指期货市场累积大量空单。恒生指数每跌1点，他们的每张做空期指合约就可赚50港元。

　　面对国际投机基金的猖狂进攻，香港特区政府下定决心保卫金融市场，从而引发了国际经济史上最大的金融战。1998年8月14日，香港特区政府总结了前一阶段捍卫港元汇率的经验教训，同意金管局动用外汇基金进入香港股票市场收购股票，同时在期货市场采取相应的对策。此后的10个交易日里险象环生，尤其是28日（期指结算日）的激烈程度更是空前。

　　上午10点整，香港股市、期市开市，投机基金即以每手16万股的汇丰控股（每股174港元）及香港电讯（每股15.2港元）大量抛售，特区政府以无限的买盘全力退守恒生指数7860水平，其后恒生指数和期货指数始终在7800点以上微微地上下摆动，然而成交额却直线飙升。收市时，恒生指数达到7829点，恒生指数期货达7851点。股市成交创历史最高，达790亿港元。特区政府先后动用了1000多亿港元，使恒生指数共上扬1169点，国际投机基金利用在恒指期货市场累积大量空单牟取暴利的企图受到重创，从而保持了港元汇率的稳定和金融市场的秩序。

香港特区政府能够战胜国际投机基金的重要原因，就在于香港建立了比较完善的衍生品市场，并在攻击中充分利用现货和衍生品市场的联动关系击退了对冲基金。衍生品市场只是工具，既可以被对冲基金利用，也可以被政府部门利用。如果中国香港特区政府放弃或不知道如何运用衍生工具，则很可能和泰国一样，陷入惨败。这场"香港金融保卫战"稳定了港币与美元的联系汇率制度，保护了香港居民正当的经济权益，保障了香港金融市场正常有序地运转，最终维护了香港的经济安全和繁荣稳定。

第一节 金融创新理论与金融衍生品

一、金融创新的概念界定

关于金融创新的含义，国内外并无统一的解释，比较典型的金融创新定义如下。

十国集团中央银行研究小组编写的研究报告（1986）将金融创新定义为，任何金融工具都可以被视为是收益、价格风险、信用风险、国家风险、流动性、期限等特征的组合，金融创新就是对具有若干特性的金融工具进行重新组合，从而创造新的金融工具的过程。

国内学者陈岱孙、厉以宁（1991）认为，金融创新就是在金融领域内建立新的生产函数，是各种金融要素新的结合，是为了追求利润机会而形成的市场改革，它泛指金融体系和金融市场上出现的一系列新事物，包括新的金融工具、新的融资方式、新的金融市场、新的支付清算手段、新的金融组织形式与管理方法等内容。

曹龙骐编著的《金融学》（2013）教科书中这样定义，金融创新是指金融领域内各要素实行新的组合。具体而言，指金融机构为生存、发展和迎合客户需要而创造的新的金融产品、新的金融交易方式，以及新的金融市场和新的金融机构的出现。这个概念包括4方面的内容：金融创新的主体是金融机构；金融创新的目的是盈利和效率；金融创新的本质是金融要素的重新组合；金融创新的表现形式是金融机构、金融业务、金融工具、金融制度的创新。其他学者对此也有不同角度的表述，按照宏观、中观和微观可概括为3个层面。

（一）宏观层面的金融创新

宏观层面的金融创新等同于金融发展历史上的重大变革，此种定义认为整个金融业的发展史就是一部不断创新的历史，金融业的每项重大发展都离不开金融创新。宏观层面上的金融创新有以下特点：①金融创新的时间跨度长，将整个货币信用的发展史视为金融创新史，将金融发展史上的每一次重大突破都视为金融创新；②金融创新涉及的范围相当广泛，涵盖金融技术创新、金融市场创新、金融服务创新、金融产品创新、金融企业组织和管理方式创新等诸多方面。

(二) 中观层面的金融创新

中观层面的金融创新指 20 世纪 60 年代初以后，金融机构特别是银行中介功能的变化，具体可分为技术创新、产品创新以及制度创新。

1. 技术创新

技术创新是指制造新产品时，采用新的生产要素或重新组合要素，或者采用新的生产方法、管理系统等的过程。

2. 产品创新

产品创新是指产品的供给方生产比传统产品性能更好、质量更优的新产品的过程。

3. 制度创新

制度创新则是指一个系统的形成和功能发生了变化，而使系统效率有所提高的过程。

(三) 微观层面的金融创新

微观层面的金融创新仅指金融工具的创新，大致可分为 4 种类型。

1. 信用创新型

如用短期信用来实现中期信用、分散投资者独家承担贷款风险的票据发行便利等。

2. 风险转移创新型

它包括能在各经济机构之间相互转移金融工具内在风险的各种新工具，如货币互换、利率互换等。

3. 增加流动创新型

它包括能使原有的金融工具提高变现能力和可转换性的新金融工具，如长期贷款的证券化等。

4. 股权创造创新型

它包括使债权变为股权的各种新金融工具，如附有股权认购书的债券等。

二、金融创新动因的相关经济学理论

关于金融创新的动因，经济学家进行了多角度的探讨，代表性的理论包括以下几种。

(一) 技术进步论

汉农等从技术创新的角度来探索金融创新的动因，他们通过实证研究发现 20 世纪 70 年代美国银行业新技术的采用和扩散与市场结构的变化密切相关，从而认为新技术的采用，特别是计算机、通信技术的发展及其在金融业的广泛采用为金融创新提供了物质和技术上的保证，这是促成金融创新的主要原因。新技术在金融领域的引进和运用促进金融业务创新的例子很多，如信息处理和通信技术的应用，大大减少了时空的限制，加快了资金的调拨速度，降低了成本，促使全球金融一体化，使 24 小时全球性金融交易成为现实。

（二）货币促成论

弗里德曼认为，前所未有的国际货币体系的特征及其最初的影响，是促使金融创新不断出现并形成要求放松金融市场管理压力的主要原因。20 世纪 70 年代的通货膨胀和汇率、利率反复无常的波动，是金融创新的重要原因。金融创新是作为抵制通货膨胀和利率波动的产物而出现的。如 20 世纪 70 年代出现的 NOW 账户、浮动利息票据、浮动利息债券、与物价指数挂钩的公债、外汇期货等对通货膨胀、利率和汇率具有高度敏感性的金融创新工具的产生，便是为了抵制通货膨胀、利率和汇率波动冲击，使人们在不安定因素干扰的情况下，获得稳定收益。

（三）金融中介论

格利和肖认为金融中介是经济增长过程中的一个必不可少的部分。金融创新是货币赤字单位的融资偏好，是与金融部门提供的服务相匹配的结果，即满足实际部门的需要是金融创新的根源。当旧的融资技术不适应经济增长的需要时，它表现为短期金融资产的实际需求保持不变。因此，必须在相对自由的经济环境中，用新的融资技术对长期融资进行革新。事实上，经济增长本身又为长期融资创造了市场机会，而金融创新就是对这种机会做出的反应。

（四）财富增长论

格林鲍姆和海伍德从金融创新的需求面入手，通过收入效应对金融创新的发生进行了解释。他们认为，金融资产的需求取决于收入或财富水平，以及利率、风险和流动性等标准变量。随着经济的增长和人均收入的增加，不仅对现有金融资产的需求增多，对新金融资产的需求也会上升。格林鲍姆与海伍德认为，从历史角度来看，信息系统的发展可能是刺激金融创新供给的唯一动因。一些金融资产此前需求量过小、推出成本过高，而随着技术水平的提高与经济的增长，这些金融资产的需求增大，其相关成本也下降，促进了新金融资产的出现。

（五）规避管制论

凯恩提出了规避的金融创新理论，所谓规避，就是指对各种规章制度的限制性措施实行回避，规避创新则是回避各种金融控制和管理的行为，它意味着当外在市场力量和市场机制与机构内在要求相结合，回避各种金融控制和规章制度时就产生了金融创新行为。一方面，监管机构实施的监管政策被视作一种隐性税收，受到严格监管的企业会采取创新措施，以期逃避政策的约束，摆脱监管带来的负担。甚至未受监管的企业也会密切关注受监管企业的创新动向，并采用这些创新以捕获利润机会。另一方面，规避与逃避监管的行为会提高监管活动的成本，阻碍监管目标的达成，迫使监管机构寻求新的监管措施，而新监管措施又会引致新一轮创新与规避。这种监管—规避监管—再监管的拉锯战周而复始，形成一个相互推动的过程。

（六）约束诱导论

与凯恩的观点类似，西尔伯也认为监管是金融创新的主要动因。但在他看来，监管只是众多创新触发因素中的一个，并不足以解释所有的金融创新。因此，他提出了一个涵盖面更广的假设：金融工具及实务的创新是为了摆脱或缓解企业承受的各种约束。这种约束既来自企业外部，也来自企业内部。其中，外部约束不仅包括政府监管所形成的制约，还包括市场施加的一些限制。西伯尔认为，企业一般会在现有的约束下追求目标函数的最大化。也就是说，企业会在目前的约束参数下出售证券、接受存款并利用此前获得的收益进行投资。但企业在既有约束下的最大化行为一旦遭遇重大外生变化，刺激企业寻找新的政策工具，那么新的金融工具和金融实践就会被创造出来。

（七）交易成本论

希克斯和尼汉斯提出的金融创新理论的基本命题：金融创新的支配因素是降低交易成本。这个命题包括两层含义：①降低交易成本是金融创新的首要动机，交易成本的高低决定金融业务和金融工具是否具有实际意义；②金融创新实质上是对科技进步导致交易成本降低的反应。该理论把交易成本及货币需求与金融创新联系起来考虑，得出了以下逻辑关系：①交易成本是决定货币需求的重要因素，不同的需求要求不同类型的金融工具，交易成本的高低使得微观主体对需求的预期发生变化；②交易成本降低的发展趋势使货币向更为高级的形式演变，从而产生新的交易媒介、新的金融工具，不断降低交易成本就会刺激金融创新，改善金融服务。因此，金融创新的过程就是不断降低交易成本的过程。

（八）制度改革论

该理论的代表人物有制度学派的戴维斯与诺斯等，他们认为金融创新是一种与经济制度互相影响、互为因果的改革，金融体系任何因制度改革而引起的变化都可以视为金融创新，因此，政府为稳定金融体系和防止未来收入不均而采取的改革措施，都属于金融创新范畴。他们主张从经济发展史的角度来研究金融创新，认为金融创新不是 20 世纪电子时代的产物，而是与社会制度紧密相关的。在管制严格的计划经济体系和完全没有管制的纯粹自由市场经济体制下，很难存在金融创新的空间，前者因创新受到很大的抑制，后者是因为为规避管制而进行的创新已没有必要，而全方位的金融创新只能在受管制的市场经济中才会存在，如在美国、英国等典型的自由和管制混合的经济制度中，金融创新最活跃。当政府的管制阻碍金融活动时，市场上就出现各种相应的回避管制的金融创新，当这些金融创新对当局的货币政策构成威胁时，当局就加强监管，于是又引发新的金融创新。

三、金融创新与金融衍生品发展

上面的理论均可从不同角度对金融衍生品的产生与发展予以解释，金融衍生品的出现与金融创新的不断推进息息相关。

面对市场整体环境的不稳定性及不确定性，包括金融远期，金融期货、期权及互换合约在内的衍生产品应运而生，这为市场参与者管理各种风险提供了有力工具。此外，全球化背景下国际商品服务贸易与跨国金融投资取得了巨大发展，在充分利用全球市场机遇的同时，频繁参与国际金融贸易活动的非金融企业、金融机构，乃至个人投资者也因其国际业务或跨国投资而面临更大的利率与汇率风险敞口，自然产生了风险对冲需求。与此同时，由于各国利率环境存在差别且汇率管制放开后汇率波动加大，市场中又存在着大量的套利与投机机会，金融衍生品也因此成为了不少投资者开展套利投机活动的工具。

金融理论的发展无疑也对金融衍生品产生了至关重要的影响。沃金提出的基差逐利套期保值理论、以马克维茨资产组合理论为基础的现代组合套期保值理论，以及在资本资产定价模型（CAPM）基础上发展而来的期权定价模型，都为金融衍生品的诞生及迅速发展奠定了坚实的理论基础。

金融衍生品的出现与后续发展还与监管规定的存在息息相关。由于属于表外资产且交易通常通过场外市场进行，金融衍生品在逃避资本充足率要求等监管规定方面具有独特优势，受到了商业银行等金融机构的青睐。但失去监管控制的衍生产品极易遭到误用，造成金融市场风险状况恶化。

与 20 世纪七八十年代以来诞生的大部分其他新型金融产品一样，复杂金融衍生品的出现无疑是以数据处理与通信技术的巨大发展为基础的。从模型设计到交易执行，科技因素已经渗透到金融衍生品市场的方方面面。

金融衍生品的出现为市场参与者分散风险提供了方便，缓解了外部环境波动所带来的挑战。同时，衍生品还为金融机构开拓新的利润渠道提供了机会。通过参与衍生品交易，金融机构不仅可以获得佣金收入，还可以通过自营交易或做市活动获取投资收益，抓住理论发展、科技进步、市场需求变化所带来的机遇。

20 世纪 60 年代的规避管制型金融创新如表 2-1 所示。

表 2-1　　　　　　　　　20 世纪 60 年代的规避管制型金融创新

创新内容	创新目的	创新者
外币掉期	转嫁风险	国际银行机构
欧洲债券	突破管制	国际银行机构
欧洲美元	突破管制	国际银行机构
银团贷款	分散风险	国际银行机构
出口信用	转嫁风险	国际银行机构
平行贷款	突破管制	国际银行机构
可转换债券	转嫁风险	美国
自动转账	突破管制	英国
可赎回债券	增强流动性	英国
可转让存单	增强流动性	英国
负债管理	创造信用	英国

创新内容	创新目的	创新者
混合账户	突破管制	英国
出售应收账款	转嫁风险	英国
福费廷	转嫁风险	国际银行机构

20 世纪 70 年代转嫁风险型金融创新如表 2-2 所示。

表 2-2　　　　　　　　20 世纪 70 年代转嫁风险型金融创新

创新内容	创新目的	创新者
浮动利率票据（FRN）	转嫁利率风险	国际银行机构
特别提款权（SDR）	创造信用	国际货币基金组织
联邦住宅抵押贷款	信用风险转嫁	美国
证券交易商自动报价系统	新技术运用	美国
外汇期货	转嫁汇率风险	美国
可转让支付账户命令（NOW）	突破管制	美国
货币市场互助基金（MMMF）	突破管制	美国
外汇远期	转嫁信用风险和利率风险	国际银行机构
浮动利率债券	转嫁利率风险	美国
与物价指数挂钩之公债	转嫁通胀风险	美国
利率期货	转嫁利率风险	美国
货币市场存款账户（MMDA）	突破管制	美国
自动转账服务（ATS）	突破管制	美国
全球性资产负债管理	防范经营风险	国际银行机构

20 世纪 80 年代防范风险型金融创新如表 2-3 所示。

表 2-3　　　　　　　　20 世纪 80 年代防范风险型金融创新

创新内容	创新目的	创新者
债务保证债券	防范信用风险	瑞士
货币互换	防范汇率风险	美国
零息债券	转嫁利率风险	美国
双重货币债券	防范汇率风险	国际银行机构

创新内容	创新目的	创新者
利率互换	防范利率风险	美国
票据发行便利	创造信用	美国
期权交易	防范市场风险	美国
期指期货	防范市场风险	美国
可调利率优先股	防范市场风险	美国
动产抵押债券	防范信用风险	美国
远期利率协议	转嫁利率风险	美国
欧洲美元期货期权	转嫁利率风险	美国
汽车贷款证券化	创造风险	美国
可变期限债券	创造信用	美国
保证无损债券	减少风险	美国
参与抵押债券	分散风险	美国

第二节　金融深化理论与金融衍生品

一、金融深化理论概述

(一) 金融抑制与金融深化论

麦金农和肖在1973年分别发表了《经济发展中的货币与资本》和《经济发展中的金融深化》，成为金融抑制、金融开放与金融深化理论的奠基之作。他们认为，传统货币理论的假定基础只能适用于发达国家。在发展中国家，自然经济占很大比重，经济货币化和商品化程度低，信用工具缺乏，金融市场处于割裂状态，呈现二元金融结构。这种局面的出现，一是由于金融机制不健全和金融机构不发达，使得金融市场落后而难以有效地筹集社会资金；二是由于政府对金融实行过分的干预和管制政策，导致了以利率和汇率偏低为特征的金融体系与经济发展停滞并存的现象，出现了金融抑制。

金融抑制是指政府通过对金融活动和金融体系的过多干预抑制了金融体系的发展，而金融体系的发展滞后又阻碍了经济的发展，从而造成了金融抑制和经济落后的恶性循环。这些手段包括政府管制利率和汇率，使金融价格发生扭曲，金融政策工具失去作用。在金融抑制下，存款的实际收益很低，所以储蓄很低，由于银行不能根据风险程度决定利率，低的实际贷款利率吸引那些低收益和低风险项目，对生产性项目或高风险项目来说，要么得不到贷款，要么借助于信贷配给，而银行只能选择安全项目，从而使风险降低，对于生产企业来说，很难得到银行信贷，只好求助于非正式或场外市场，这样非正式的信贷市场就会产生。肖通过几何模型来说明金融抑制的影响，如图2-1所示。

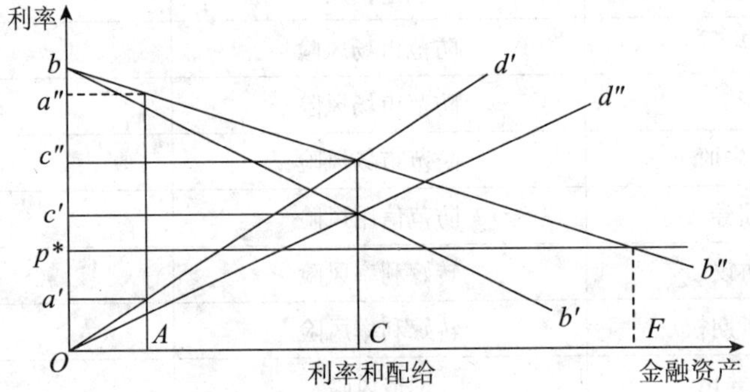

图 2-1　金融抑制的几何模型

从上图可以看出，在采取利率限制的情况下，储蓄者愿意提供的资金量仅为 OA，而借款者的需求量为 OF，两者存在巨大的差额。解决的办法，或者根据货币当局或政府其他机构或金融中介机构的意图，在借款者之间进行信贷配给；或者是中介机构采用收取隐蔽费用的办法提高贷款利率，使其接近 Cc''，对部分存款者也可以私下提高存款利率，使其接近于 Cc''。

针对发展中国家所普遍存在的金融抑制现象，麦金农和肖提出应放松政府部门对金融体系的管制，尤其是对利率的管制，使实际利率提高，以充分反映资金供求状况。这样，投资者就不得不考虑融资成本，充分权衡投资成本和预期收益，从而使资金配置效率大为提高。而且，高利率鼓励人们储蓄，从而提供了储蓄向投资转化的顺畅渠道。

金融抑制和金融深化理论揭示出金融落后与经济停滞的关系，金融准入机制是导致收入不平等和贫困陷阱的重要原因。二元经济结构理论强调，传统经济部门与现代经济部门要均衡、协调发展。金融发展理论提出，经济欠发达地区要发展经济，应优先发展金融。在这些理论的支持下，包括金融衍生品在内的金融创新得以发展。

（二）金融深化与经济发展

金融深化理论为发展中国家促进资本形成，带动经济发展提供了一个新的视角和思路。一方面，健全的金融体制能够将储蓄资金有效地动员起来并引导到生产性投资上去，从而促进经济发展；另一方面，蓬勃发展的经济也通过国民收入的提高和经济活动者对金融服务需求的增长反过来刺激金融业的发展，形成一种互相促进的良性循环。

金融深化对经济发展有4种效应。

1. 收入效应

收入效应指实际货币余额的增长，引起社会货币化程度的提高，对实际国民收入的增长所产生的影响。这种效应有正负两方面。正收入效应是指货币对国民经济的促进作用；负收入效应则是指货币供应所耗费的实物财富和劳动。金融深化的收入效应正是提高有利于经济发展的正收入效应，相应降低其负收入效应。

2. 储蓄效应

金融深化的储蓄效应表现为由收入效应引起的实际国民收入的增加，带动储蓄总额按一定比例相应增加，以及货币实际收益率的提高，鼓励人们储蓄，导致储蓄倾向的提高。

3. 投资效应

金融深化通过储蓄效应，增加投资和提高投资效率。金融深化统一了资本市场，减少了地区间和行业间投资收益的差异，提高了平均收益率；促使金融深化的政策减少了实物资产和金融资产未来收益的不确定性，促使投资者对短期投资和长期投资作出较为理性的选择；资本市场的统一，为劳动力市场、土地市场和产品市场的统一奠定了基础，从而促进资源的合理配置和有效利用，发挥生产的相对优势，提高规模经济的好处，进而提高投资的平均收益率；金融深化使得建筑物、土地和其他本来不易上市的实物财富可以通过中介机构或证券市场进行交易和转让，在市场竞争的压力下，通过资本的自由转移也可导致投资效率的提高。

4. 就业效应

货币实际收益率的上升提高了投资者的资金成本，投资者将倾向于以劳动密集型的生产代替资本密集型的生产，就业水平相应得到提高。

金融深化是总量和结构的双重变化，一方面是金融资产总量的积累过程，另一方面也是金融结构、金融组织和金融产品不断创新发展的过程。金融结构、金融组织和金融产品的创新往往存在着密切的联系，最终推动金融体系的深化。金融衍生品市场的创新发展是20世纪70年代以后金融深化的最重要内容，并带动了整个金融市场的结构性变化。

二、金融深化与金融衍生品市场发展

（一）金融衍生品市场在金融市场中的位置

随着金融深化的不断发展，金融衍生品市场已发展成为金融市场体系中密不可分的一部分，并极大地改变了金融市场的格局。

1. 传统金融市场

在传统意义上，金融市场是指通过各种金融资产的交易实现资金融通的场所，分为货币市场和资本市场。货币市场是经营一年以内短期资金融通的金融市场，包括同业拆借市场、票据贴现市场、回购市场和短期信贷市场。资本市场是指证券融资和经营一年以上中长期资金借贷的金融市场，包括股票市场、债券市场、基金市场和中长期信贷市场。在封闭经济情况下，金融市场下各子市场往往相对割裂，法律监管的分割，缺乏跨市场的连通渠道，导致资金在市场间流动不畅，货币市场和资本市场发展脱节，金融市场发展缓慢。

2. 现代金融市场结构的变化

随着全球金融一体化的发展，金融衍生品市场的发展和金融衍生品的不断创新，模糊了货币市场和资本市场的界限，突破了原有的资金融通范畴，使货币市场和资本市场之间的资金流动更加便捷，不同市场的横向联系的拓宽，提高了金融市场整体运行效率。金融衍生品市场作为连通货币市场和资本市场的中介市场，与货币市场和资本市场一起构成完整的金融市场，使金融市场结构更加完善，市场更富有弹性和活力，并进一步为资本市场和货币市场的流动性提供了保障。

3. 金融衍生品市场与金融市场的关系

从现代国际金融市场的实际运行以及相关理论来看，基础金融市场与金融衍生品市场之间的联系非常密切，前者是后者的基础，后者是前者的必不可少的补充，它们相互作用、相互影响，共同构成了一个完整的金融市场。

金融衍生品市场作为金融市场不可分割的一部分，其产生和发展是金融市场深化发展的必然产物。金融市场的深化从以下多个方面推动了金融衍生品市场的产生和发展。①金融市场的不断发展伴随着波动性的增加，从而最终创造了对金融衍生品交易的强烈需求。②基础金融市场如债券市场、股票市场等的市场化水平及市场规模，是金融衍生品市场发展的基础。基础金融市场发展的广度和深度不但直接决定了金融衍生品市场发展的规模，也有助于防止金融衍生品市场出现浓厚的投机气氛。③金融市场深化重要的结构性标志是机构投资者迅速发展，机构投资者和金融衍生品具有相互促进的作用关系。基金等各类机构投资者的成熟发展为金融衍生品的创新和最终使用创造了必要条件。

伴随着金融衍生品作为国际金融市场的交易手段得到越来越频繁的运用，这些由传统金融产品中衍生出来的金融产品已逐渐成为国际金融交易的主角，金融衍生品市场在国际金融市场中的地位与作用越来越重要，成为进一步推动金融市场深化的积极因素。

(1) 推动金融市场国际化发展

国际化是金融市场深化在开放经济中的重要表现，金融衍生品市场具有促进投资、绕过管制等功能，很显然，金融衍生品的产生和交易会改变资本市场的封闭状态和相对落后水平，同时也会加快资本市场对外开放步伐。

(2) 进一步扩大基础金融市场的规模

以股票市场和债券市场为例，股指期货市场、国债期货市场的交易可以为那些厌恶风险或者受到风险法规限制的投资者进入基础市场提供有效的风险管理手段，进而有效地增加现货市场的深度和流动性，对股市规模的扩大有刺激作用。期货市场的深度和流动性可以加速吸收新的基本信息，加强衍生品市场和现货市场的均衡联系，从而增进股票市场和债券市场的效率。

(3) 推动机构投资者发展

金融衍生品市场可以为机构投资者提供丰富的市场工具，有利于机构投资者进行动态套期保值交易，防止市场意外波动造成巨额损失。

(二) 金融衍生品市场对货币总量调控的影响

1. 增加了投资性货币需求

金融衍生品的风险转移功能为市场主体提供了有效的风险管理方式和新颖的投资策略。金融衍生品市场的出现为社会游资提供了一种新的投资渠道，不仅使一部分预防性货币需求转化为投资性货币需求，而且产生了新的投资性货币需求，使在经济货币化、市场化、证券化、国际化日益提高的情况下，不断增加的社会游资有了容身之处，并通过参与金融衍生品市场而发挥作用。

2. 降低了交易性货币需求

金融衍生品交易规模的不断扩大，以及金融衍生品所具有的杠杆性特征，使得能以较少资金或抵押开展大规模交易，减少社会主体对交易性货币需求。而对于商业银行来说，也可利用金融工程技术创造出合乎需要的衍生品，以解决因准备金限制造成的吸收和偿付存款能力下降的问题。由于市场上交易性货币的需求远大于投资性货币的需求，因而金融衍生品市场的发展有降低货币需求总量的作用。

3. 传统货币定义已无法反映真实货币量

金融衍生品创新和资产组合日新月异，以往不被列入货币范围的金融衍生品往往可以被设计得具有很高的流动性和收益性，并在事实上成为货币总量的一部分。例如，国债结合国债期货规避价格风险后，不仅具备更高流动性，而且获利能力优于银行存款。这类资产可以吸引大量投资者，对银行存款具有很强的替代作用。目前，由于利用衍生品合成的金融产品尚未被纳入现有货币统计体系，传统货币总量指标的有效性必然下降，其与实体经济指标的内在联系也将面临挑战。

第三节 金融风险理论与金融衍生品

一、金融风险的定义与特征

（一）金融风险

金融风险作为风险的范畴之一，其在本质上也是一种引起损失的可能性，具体指的是经济主体在从事资金融通过程中遭受损失的可能性。在现代市场经济制度下，随着经济货币化、证券化、金融化程度的不断提升，金融风险不仅客观存在，而且在相当大的程度上反映和显示了微观经济主体的经营风险和宏观经济的运行风险。金融风险是一个比较宽泛的概念，从广义上讲，它既包括居民家庭部门、非金融企业部门和金融企业部门从事金融活动所产生的风险，也包括以国家部门为主体所从事的金融活动产生的风险。从狭义上讲，金融风险一般指金融企业部门（金融机构）从事金融活动所产生的风险。

（二）金融风险的特征

1. 不确定性

在市场经济中，人们所面对的市场变化是无限的，而人们的认识能力却是有限的（有限理性、不完全信息），由此产生的不确定性是市场风险的本质体现。金融风险就是由不确定性引起的产生金融损失的可能性。金融风险的不确定性要求我们，特别是金融机构必须树立风险的动态观，并时刻根据经济环境、经济主体行为变化的特点，把握风险的变化与发展，以采取相应措施予以防范。

2. 普遍性

资金融通具有偿还性的特点，融出方要在将来的某一时间收回其资金，并获得报酬；融入方要同时偿还本金，并付出利息。但是，由于将来存在着许多不确定因素，因而融出方可能无法按时、按预期的报酬收回本金和利息；融入方也可能无法按时、按预定期限的成本偿付资金。这种可能性在资金融通过程中是普遍存在的。这一特性要求各级政府部门、各金融机构、各企业和每个人都要时时处处树立金融风险意识。

3. 扩散性

金融以信用为基础。金融机构作为融资中介，实质上是由一个多边信用共同建立起来的信用网络。信用关系的原始借贷通过这一中介网络后，不再具有一一对应的关系，而是相互交织、相互联动，任何一个环节出现的风险损失都有可能通过这个网络对其他环节产生影响；任何一个链条断裂都有可能酿成较大的金融风险，甚至引发金融危机。这一特性要求政府和金融监管当局特别要注重区域性、行业性的系统金融风险。

4. 隐蔽性和突发性

由于金融机构具有一定的创造信用的能力，因而可以在较长的时间里通过不断创造新的信用来掩盖已经出现的损失和问题。而这些风险因素被不断地积累，最终就会以突发的形式表现出来。所以，在日常工作中要采用科学的指标和方法，加强对金融风险的观测、判断、分析和预测，及时发现问题并予以解决。

5. 可控性

尽管金融风险具有客观性，但风险作为经济主体行为的后果，也是可以去认识和把握，并采取积极的防范措施去控制的。这一特征要求金融机构必须树立起正确的风险管理观念，并有的放矢地采取有效措施防范和化解金融风险。

6. 双重性

尽管在研究金融风险时更多地强调它损失的可能，但在金融活动中，在风险存在的条件下，获取额外收益的机会也是客观存在的。这种正效应是人们所渴求的，属于风险收益的范畴，它激励人们勇于去承担风险，富于竞争和创新精神，以促进金融的深化。金融风险的双重性特征，势必给经济主体产生一种约束机制和激励机制，以更好地有效配置资源。

二、金融风险相关经济学理论

(一) 金融风险成因的相关理论

1. 金融不稳定假说

明斯基依据资本主义繁荣与萧条的长波理论提出了金融不稳定假说 (Financial Instability Hypothesis)。他认为，私人信用创造机构特别是商业银行和其他贷款人的内在特性将使得他们经历周期性的危机和破产浪潮，金融中介的困境被传递到经济的各个组成部分，产生宏观经济的动荡和危机。金融不稳定假说指出金融风险和金融危机是客观存在的，它们随着国民经济的周期性发展而变化。

2. 货币主义解释

以弗里得曼为代表的货币主义者认为如果没有货币过度供给的参与，金融体系的动荡不太可能发生或至少不会太严重。金融动荡的基础在于货币政策，正是货币政策的失误引发了金融风险的产生和积累，结果使得小小的金融困难演变为剧烈的体系灾难。一般而言，在货币政策宽松期，存款、放款、投资、还款、结算等环节运行相对顺畅，社会资金流动量大，货币供需矛盾缓和，影响金融机构安全的因素减弱，金融风险相对较小。反之，在货币政策紧缩期，企业与企业之间、企业与金融机构之间、金融同业之间、金融运行与经济运行之间、金融运行各环节之间的矛盾加剧，货币供需出现较大缺口，影响金融机构安全性的因素逐渐增强，社会经济运行的链条常常发生断裂，金融风险增加。

3. 金融资产价格波动论

汇率、股票等金融资产价格的剧烈波动是金融风险较大的显著标志。所以，不少的经济学家认为，金融资产价格的内在波动是造成金融风险的重要原因。多恩布什的汇率超调理论明确地指出，浮动汇率制度下汇率的剧烈波动及其汇率错位源于初始外部冲击发生后资本市场和商品市场调整速度的不一致，由于价格超调是一切金融资产价格的特征，所以汇率波动几乎无法避免，金融风险和金融危机在当前的国际金融体系下也相应地无法消除。博弈论专家克瑞普斯认为股票市场本身就是使价格不稳定的投机，股市投资者个体的理性行为足以导致整个市场的周期性崩溃。金融资产价格波动论指出金融风险产生的原因在于金融资产价格的内在波动性，所以稳定金融市场已成为各国防范金融风险的首要任务。

4. 信息经济学的解释

信息经济学认为，不对称信息是金融风险产生的主要原因。不对称信息是指，当事人都有一些只有自己掌握的私人信息。由于社会分工和专业化的存在，从事交易活动的对方对交易对象以及环境状态的认识是很难相同的，因而，信息不对称是现实经济活动中的普遍现象。不对称信息大致可以分为两类：一类是外生的信息，它是先天的、先定的，不是由当事人的行为造成的，一般出现在合同签订之前；另一类信息是内生的，取决于行为人本身，它出现在签订合同之后。第一类信息将导致逆向选择，第二类信息将产生道德风险。这两种情况在金融市场上出现就会降低市场机制的运行效率，影响资本的有效配置，造成金融风险。

（二）金融风险管理的经济理论

最近几十年，金融风险管理理论在整个金融理论中所占的地位不断提高。马柯威茨资产组合管理理论、资本资产定价模型和布莱克·斯科尔斯模型这三大获诺贝尔奖的金融理论为现代金融风险管理奠定了重要的理论基础。

1. 组合理论

马科威茨分析了组合选择的规范理论，即在以下情况下，投资者期望效用最大化问题：投资者可用方差和组合收益来度量预期的组合收益和组合风险，并在此基础上进行组合选择，从而实现效用最大。考虑到多样化投资减少风险的可能性，用方差来评价证券组合的风险，不仅依赖于各个资产报酬的方差，而且依赖于一切资产之间的协方差，这些属于一项资产的风险分析的主要问题，并且要考虑每项资产对总的证券组合的贡献。该分析的有效组合集为给定方差下最高的期望效益和给定期望收益最低的方差。

2. 资本资产定价理论

威廉·夏普提出了资本资产定价模型（CAPM）。该模型运用一般均衡模型刻画所有投资者的集体行为，揭示在均衡情况下证券风险与收益之间关系的经济本质。在充分组合情况下的风险与要求报酬率之间的均衡关系是资本资产定价模型的研究对象。目前，资本资产定价模型被公认为是金融市场现代价格理论的主干，它被广泛地用于经验分析，使丰富的金融统计数据可以得到系统而有效的利用。不仅如此，此模型亦被广泛用于实证研究并因而成为不同领域中决策的重要基础。

3. 期权定价理论

传统的观念，风险只是和灾难联系在一起，资产定价理论把风险和机会联系在一起，要想收益大，就必须冒风险。由布莱克·斯科尔斯创造的期权定价理论则创立了风险交易市场，人们在追求收益的同时，还可以限制损失。其定价模型成功的关键在于在期权交易中不用考虑人们对风险的不同态度也可以得到定量的结果。期权估价技术不仅适用于对期权进行定价，其应用范围还可以进一步拓宽。

三、金融衍生品的风险

金融衍生品是以基础金融工具为基础构造出来的，其风险来自本身和外部环境，包括经济风险、法律风险和政策风险。

(一) 金融衍生品的经济风险

1. 市场风险

市场风险是金融衍生品最基本的风险，它存在于每一种金融衍生品之中。市场风险是由于原生金融产品（如股票指数、利率、汇率等）价格发生变化，从而为衍生产品交易者带来损失的风险，属非系统风险。不同种类的金融衍生品存在不同的市场风险。期货类和互换类金融衍生品，市场风险对交易双方都有影响，即原生金融产品的价格变化会直接影响交易双方的盈亏。期权类金融衍生品的市场风险主要由卖方承担，是单方面的风险。而远期类金融衍生品，事先锁定了目标价格，并大都会进行实物交割，因此不存在较大的市场风险。

2. 信用风险

信用风险，又称违约风险，是指在金融衍生品交易中，因为对手违约或无法履约而带来的风险，风险损失是交易者寻找新的交易对手所付出的成本。信用风险包括对方违约可能性的大小和一旦对手违约造成的损失。前者取决于交易对手的信用水平，后者取决于衍生品合约在市场中的价值。金融衍生品的信用风险也与合约期限事件正相关，越长的合约期限带来越大的信用风险，同时，对于相同期限的合约，其信用风险则会随着时间的变化而变化。

3. 流动性风险

衍生品交易涉及的流动性风险主要有与特定的产品或市场有关的市场流动性风险和与

衍生品交易业务的资金有关的资金流动性风险。流动性风险的大小取决于合约的标准化程度、市场交易规则以及市场环境的变化。

4. 营运风险

营运风险指由于公司或企业内部管理不善、人为错误等原因而带来损失的风险。其风险来源包括两种情况：一是在日常经营过程中出现各种自然灾害或意外事故，二是由于经营管理上的漏洞，使交易员在交易决策时出现故意的错误或者非故意的失误，从而给整个机构带来损失的风险。前者能通过保险等方式进行转嫁，带来的损失通常有限，而后者往往会带来巨大风险，并且无法避免、无法转嫁、无法承担。

（二）金融衍生品的法律风险

1. 合同风险

合同是当事人之间变动民事权利义务关系的凭证，大多采用书面形式。在金融领域，传统的存贷款业务大多采用由总行统一印刷的格式合同文本，这既提高了工作效率，规范了当事人之间的权利义务关系，也防范和降低了风险。但是金融衍生品种类繁多，合同文本的内容也要根据交易者的意愿进行修订，故存在多种不同的文本。这样的合同文本可能会存在漏洞、不够严密，使得双方在履行合同的过程中存在纠纷。

2. 当事人交易资格缺失带来的风险

在金融衍生品交易的过程中，双方当事人应当是适格的，即具有法律认可的资格，若其中一方不具有该项资格，将使合同不能得到履行，另一方将因此遭受损失。

3. 法律不完善带来的风险

法律不完善带来的风险在各个领域普遍存在并且难以避免。如果存在相关立法空白和不规范，金融衍生品的创造和交易可能会无法可依，从而造成金融衍生品的超前性和法律的滞后性之间的冲突。

4. 违规风险

金融衍生品的操作需要较强的专业知识，由于专业性较强，且难度较大，金融衍生品在构造和操作过程中极有可能出现失误。而有时有可能对法律了解不够或者无明确的法律解释，致使操作人员在无意识的情况下违反法律，这也会给交易者带来较大的损失。

5. 金融监管带来的风险

金融监管虽然在规范金融秩序、完善金融市场方面有着积极的作用，但是其理念、目的可能会与交易者获取更大收益的本质相冲突，从而影响交易的正常运行，阻碍金融衍生品发展的步伐，这就产生了由金融监管带来的法律风险。

（三）金融衍生品的政策风险

1. 财政政策带来的风险

财政政策是国家为了实现其职能而对社会资源进行分配的活动。财政支出主要应用于各项公共设施的建设，弥补市场缺陷，例如，经济建设、国防事业以及社会福利的发放。财政政策对人们心理预期的导向作用很强，进而影响到人们的理财计划、消费计划以及对金融工具的选择，从需求方面对金融衍生品产生较大的影响，例如，国家扩大财政规模，采取积极的财政政策，人们也将会积极投资，金融衍生品的市场也将较为活跃，反之，人们则会减少投资。

2. 货币政策带来的风险

货币政策对金融衍生品的影响主要在于对资金链的影响。例如，中央银行提高法定准备金率和再贴现率将会减少市场中的货币量，对人们对金融衍生品的预期产生影响；实行公开市场操作业务也会对货币量和利率产生影响，不仅影响金融衍生品的资金链，也会影响到金融衍生品的价格和人们的需求品种；道义劝告则会最为直接地对金融衍生品构造和交易的方向和品种的选择产生影响，因为这是中央银行利用其地位对商业银行和其他交易者进行劝告以影响其贷款和投资方向的。其他的金融政策也会对金融工具产生影响。例如，汇率政策的变动会对互换和外汇期货产生影响；信贷政策、监管政策的变动也可能会增加金融衍生品的风险。

法律法规链接

《证券、期货投资咨询管理暂行办法》（1997 年 11 月 30 日国务院批准 1997 年 12 月 25 日国务院证券委员会发布）

《证券公司监管条例》（2008 年 4 月 23 日中华人民共和国国务院令第 522 号发布）

《证券公司风险处置条例》（2008 年 4 月 23 日中华人民共和国国务院令第 523 号发布）

本章思考题

1. 简述金融创新理论与金融衍生品的关系。
2. 简述金融深化理论与金融衍生品的关系。
3. 简述金融风险理论与金融衍生品的关系。

第三章　基本金融衍生品

本章概要

　　期货和期权是金融衍生品市场中最基本和最重要的两种产品，本章主要介绍期货与期权的定义、特征、种类、交易制度、市场结构等内容，此外，还涉及期货与期权两者之间的联系与区别、基本的期权盈亏分析方法等。

本章重点知识

- 期货的概念
- 期货的种类
- 期货交易的特征
- 期权的概念
- 期权的种类
- 期权的盈亏分析
- 期货与期权的比较

引读案例

327 国债期货事件

　　中国国债期货交易始于 1992 年 12 月 28 日。327 是国债期货合约的代号，对应 1992 年发行 1995 年 6 月到期兑付的 3 年期国库券，该券发行总量是 240 亿元人民币。

　　1994 年 10 月以后，中国人民银行提高了 3 年期以上储蓄存款利率，并恢复存款保值贴补，国库券利率也同样保值贴补，保值贴补率的不确定性为炒作国债期货提供了空间，国债期货市场日渐火暴，与当时低迷的股票市场形成鲜明对照。

　　1995 年 2 月，327 合约的价格一直在 147.80～148.30 元徘徊。2 月 23 日，财政部发布公告称，327 国债将按 148.50 元兑付。2 月 23 日，中经开公司率领多方借利好掩杀过来，一直攻到 151.98 元。随后万国的同盟军辽国发突然改做多头，327 国债在 1 分钟内涨了 2 元，10 分钟后涨了 3.77 元！

　　327 国债每涨 1 元，万国证券就要赔进十几亿元！2 月 23 日下午 4 时 22 分，空方万国证券突然发难，先以 50 万口把价位从 151.30 元轰到 150 元，然后把价位打到 148 元，最后一个 730 万口的巨大卖单把价位打到 147.40 元。这笔 730 万口卖单面值达到了 1460

亿元，是该国债发行总量的 6 倍之多！

　　当日夜里 11 点，上交所正式下令宣布 23 日 16 时 22 分 13 秒之后的所有 327 品种的交易异常，是无效的，该部分不计入当日结算价、成交量和持仓量的范围，经过此调整，当日国债成交额为 5400 亿元，当日 327 品种的收盘价为违规前最后签订的一笔交易价格 151.30 元。这意味着万国证券的损失高达 60 亿元人民币。

　　鉴于 327 国债违规事件的恶劣影响，5 月 17 日，中国证监会发出《关于暂停中国范围内国债期货交易试点的紧急通知》，开市仅两年零六个月的国债期货结束。中国第一个金融期货品种宣告夭折。

第一节　期　货

一、期货的定义

　　期货的概念是相对于现货而言的，现货是指具体规格化的商品，期货则是指标准化的远期商品。期货是在现货的基础上派生出来的。

　　一般所说的期货特指期货合约。期货合约是指买卖双方签订的于未来某一确定的时间，按约定的价格购买或出售某一种基础资产，或于期满日前结算差价的协议。期货合约的条款是标准化的，合约的数量、质量、交货时间和地点都是既定的，买卖双方在交易时不需要再进行一一协商，只需要确定期货的价格。

二、期货合约的种类

　　期货合约按照其对应标的资产的不同，可以分为商品期货和金融期货两大类。

（一）商品期货

　　商品期货是最早的期货交易种类。在期货市场上进行交易的商品应具备一定的特征，如价格波动频繁、可长期储存、运输便捷、市场供求充分、商品的质量和等级可以明确划分等。国际商品期货交易的种类随着期货合约的发展而不断变化，交易品种不断增加，其大体上可分为农产品期货、金属期货和能源期货三大类。

　1. 农产品期货

　　农产品期货是最古老的期货品种，也是目前全球商品期货市场的重要组成部分。农产品期货又可以分为 3 类：粮油产品、畜产品以及经济作物。

　（1）粮油产品

　　粮油产品是最早进行期货交易的商品种类，在很长时间内都是期货市场上最活跃的产品。然而，在最近几年中，金融期货的交易额逐渐超过了粮油产品。粮油类期货交易者主要是进行投机和套期保值的农场主、食品加工厂、谷物仓储公司、出口商和外国谷物进口商等。影响该类期货价格的主要因素是农产品产量、气候、政府农业政策和国际贸易状况等。

（2）畜产品

畜产品期货的产生时间要远远晚于粮油产品，历史上曾被认为是完美的投机工具，但是在现实中并不比其他种类更具有投机性。这类期货的价格不但受到国内外肉类供求等直接因素的影响，还受到如谷物价格、政府政策、人口趋势和国际贸易等间接因素的影响。参与该类期货交易的主要是农场主、肉类包装厂以及猪肉和牛肉的主要使用者，如快餐连锁店等。

（3）经济作物

经济作物期货包括的品种比较广泛，包括咖啡、橙汁、棉花、白糖等食品和纤维类产品。它的价格同样受到上述诸多因素的影响，但由于这一类期货中的大多数商品是进口的，所以国际经济及政治条件也是一个重要的影响因素。

2. 金属期货

金属期货又可以分为贵金属期货和工业金属期货。贵金属期货包括黄金、白银、钯等，工业金属期货包括铜、铝、铅、镍等。金属期货中的重金属和贵金属质量、等级和规格容易划分，交易量大，价格易波动且耐储藏，很适宜作为期货交易品种。世界上的金属期货交易主要集中在伦敦金属交易所、纽约商业交易所和东京工业品交易所，其中，伦敦金属交易所不仅是全球金融期货的发源地，也是目前最大的有色金属期货交易中心。而黄金作为贵金属的代表，期货交易已遍及西欧、北美、亚洲以及澳洲等地。纽约、伦敦、苏黎世和香港是世界四大黄金交易中心。

3. 能源期货

能源期货始于 1978 年，产生较晚但发展很快。能源期货包括原油、取暖油、燃料油、汽油、天然气等多个品种。能源期货中的每一种商品都被认为是不可恢复的自然资源，许多商品生产国处于政治不稳定地区，如其中最活跃的原油期货合约。原油的生产主要集中在中东地区，沙特阿拉伯、科威特、伊朗、伊拉克都是主要的原油生产国，美国、日本和欧洲各国都是原油的主要消费国。多年来，国际市场上的原油价格波动一直比较剧烈，巨大的价格风险不时地给许多进出口石油的国家带来损失，从而也推动了国际原油期货市场的发展、扩大。目前，原油期货是全球最大的商品期货品种之一，美国纽约商业交易所、英国伦敦国际石油交易所是最主要的原油期货交易所。

（二）金融期货

金融期货的发展历史比较短，最早出现的是 1972 年芝加哥商业交易所（CME）推出的外汇期货。根据标的物性质不同，金融期货又可分为三大类：外汇期货、利率期货和股票指数期货。

1. 外汇期货

外汇期货是指交易双方约定在未来特定的时期进行外汇交割，并限定了币种、数量、交割日期及交割地点的标准化合约。外汇期货也被称为外币期货或货币期货。外汇期货作为最早的金融期货品种，其产生主要是为了规避布林顿森林体系崩溃后巨大的汇率波动风险，最初的交易货币包括英镑、德国马克、瑞士法郎、加拿大元和日元等。目前，全球主要的外汇期货中心包括芝加哥商业交易所、英国伦敦国际金融期货交易所、美国纽约期货交易所、费城股票交易所等。每个交易所基本都有本国货币与其他主要货币交易的期货合约。

2. 利率期货

利率期货是指以货币市场和资本市场中各种价格依赖于利率水平的资产为标的物的期货合约。利率期货诞生于外汇期货之后，但其发展速度却比外汇期货快得多。利率期货是有利息的有价证券期货，进行利率期货交易主要是为了固定资产的价格，以便得到预先确定的利率或收益。目前，利率期货的品种繁多，交易也十分活跃。

利率期货合约按其标的产品的期限与特点不同，可分为短期利率期货合约、中长期利率期货合约以及利率指数期货合约三大类。短期利率期货是指期货合约标的物的期限在一年以内的各种利率期货，包括各种期限的商业票据期货、国库券期货及欧洲美元定期存款期货等。中长期利率期货是指期货合约标的物的期限在一年以上的各种利率期货，主要包括各种期限的中长期国债期货。利率指数期货合约是利率期货中的新产品，目前主要包括国债指数期货合约，其标的指数往往可用来衡量一系列政府债券的总收益。

3. 股票指数期货

股票指数期货指期货交易所同期货买卖者签订的、约定在将来某个特定的时期，买卖者向交易所结算公司收付等于股价指数若干倍金额的合约。股票指数期货是所有期货交易中最复杂和技巧性最强的一种交易形式，其交易标的（股票价格指数）是反映一篮子股票组合的平均价格水平及其变动的一组数字，所以股票指数期货是买空卖空的最高表现形式。20 世纪 80 年代以来，随着各国股票市场的发展和股票价格波动的日益剧烈，投资者规避股市风险的需求日益突出，各国交易所相继推出了股票指数期货。股指期货从 20 世纪 90 年代以来发展格外迅速，交易量成倍增长。目前，市场上交易比较活跃的股指期货有芝加哥商业交易所的标准普尔 500 指数（S&P 500）期货合约、欧洲期货交易所的道琼斯欧洲 stoxx 50 指数期货和德国 DAX 指数期货、美国 Nasdaq - 100 指数期货、日经 225 指数期货、英国金融时报指数期货、法国 CAV 40 指数期货等。

随着期货市场的不断发展，期货品种也不断创新。近年来，除上述传统期货品种外，期货市场上还出现了一些新型产品。例如，碳排放期货、巨灾保险期货、天气期货、通货膨胀指数债券期货、破产指数期货、森林产品期货等。这些新兴产品丰富了国际期货市场。

三、期货交易的主要要素

期货合约是一种在规范的交易所内进行交易的标准化的远期合约，合约中对有关交易的标的、合约规模、交割时间、标价方法等都有标准化的条款，买卖双方在交易时不需要再进行一一协商，只需要确定期货的交易价格。一份期货合约通常包括以下主要条款。

(一) 合约名称

合约名称注明了一份期货合约的品种名称及其上市交易所的名称。例如，表 3-1 合约名称为"上海期货交易所天然橡胶期货标准合约"。

表 3-1 上海期货交易所天然橡胶期货标准合约

交易品种	天然橡胶
交易单位	10 吨/手
报价单位	元（人民币）/吨
最小变动价位	5 元/吨
每日价格最大波动限制	不超过上一交易日结算价的±3%
合约交割月份	1、3、4、5、6、7、8、9、10、11 月
交易时间	上午 9：00—11：30 下午 1：30—3：00
最后交易日	合约交割月份的 15 日（遇法定假日顺延）
交割日期	最后交易日后连续 5 个工作日
交割品级	标准品：①国产天然橡胶（SCR WF），质量符合国标 GB/T 8081—2008。②进口 3 号烟胶片（RSS3），质量符合《天然橡胶等级的品质与包装国际标准（绿皮书）》(1979 年版)
交割地点	交易所指定交割仓库
最低交易保证金	合约价值的 5%
交割方式	实物交割
交易代码	RU
上市交易所	上海期货交易所

（二）交易品种

交易品种是指具有期货商品性能，并经过批准允许进入商品交易所进行期货买卖的品种，也叫做上市品种。商品期货与金融期货两大类的划分依据就是交易品种的不同。

（三）交易单位

交易单位也叫做合约规模，是指在期货交易所交易的一张期货合约代表的标的物的数量，是期货交易的最小单位。期货交易者在买进或卖出期货合约时只能以交易单位的整数倍进行，这一方面简化了期货交易的计算，但另一方面也在一定程度上限制了人们根据自己的实际需要来确定的交易数量。

对于商品期货来说，确定期货合约交易单位的大小，主要应当考虑合约标的物的市场规模、交易者的资金规模等因素。一般来说，某种商品的市场规模较大，交易者的资金规模较大，则该合约的交易单位就可以设计得大一些，反之则应小一些。

(四) 报价单位

报价单位是指在公开竞价过程中对期货合约报价所使用的单位，即每计量单位的货币价格。报价单位一般要符合现货交易的习惯。

(五) 最小变动价位

最小变动价位也叫做最小价格波动、一个刻度，是指在期货交易所的公开竞价过程中，对合约每单位报价所允许的最小变动量。在期货交易中，每次报价的变动数值必须是最小变动价位的整数倍。最小变动价位乘以交易单位，就是一张合约的最小变动值。最小变动价位的规定，有利于竞价双方报价达成一致。

商品期货合约最小变动价位的确定，通常取决于该合约标的物的种类、性质、市场价格波动情况和商业规范等。一般而言，最小变动价位小，能够吸引投机者参与，以利用任何微小的价差变化，从而增加市场活跃度；但过小的最小变动价位，会给交易带来不便，从而降低交易效率。

(六) 每日价格最大波动限制

每日价格最大波动限制是指期货合约在一个交易日内交易价格相对于上一日收盘价可以波动的最大幅度。如果价格变化超过这一幅度，交易就自动停止。合约中规定每日价格最大波动限制条款是为了防止过度投机带来的暴涨暴跌，进而造成交易者亏损过大的风险。但这一设计阻碍了价格迅速移向新的均衡水平，从经济效益上讲，它阻止了市场及时恢复均衡，限制了发现价格功能的实现。

每日价格最大波动限制的确定主要取决于该种期货合约对应标的物市场价格波动的频繁程度和波幅的大小。一般来说，标的物价格波动越频繁、越剧烈，该商品期货合约的每日最大波动幅度就应设置得大一些。

(七) 合约交割月份

合约交割月份是指期货合约到期交收实货的月份。在同一时间上，交易所通常会挂出多个不同交割月份的期货合约供交易者交易。不同交割月份的同一合约不能视为等同，交易者在交易时，必须注明所购买的是哪个交割月份的合约。

商品期货合约交割月份的确定一般受该合约标的商品的生产、使用、储藏、流通等方面特点的影响。例如，农产品期货的生产与消费大多具有季节性特点，因而其交割月份的规定也具有季节性。在金融期货交易中，除少数合约有特殊规定外，绝大多数合约的交割月份都在每年的 3 月、6 月、9 月和 12 月。

(八) 交易时间

交易时间是指交易所规定的各种合约在每一交易日可以进行交易的具体时间。期货合约的交易时间是固定的，每个交易所对交易时间都有严格规定。一般每周营业 5 天，周六、周日及国家法定节假日休息。一般每个交易日分为两盘，即上午盘和下午盘。各交易品种的交易时间安排由交易所公告，不同的交易所可以规定不同的交易时间，在同一个交易所，不同的合约也可以有不同的交易时间。

（九）最后交易日

最后交易日是指由交易所规定的某种期货合约在合约交割月份停止交易的最后截止时间。在期货交易中，绝大多数成交的合约都是通过对冲交易结清的，如果持仓者到最后交易日仍不进行对冲交易，那就必须按规定交接实物或结算现金。

（十）交割日期

交割日期是指合约进行交割的时间，一般为最后交易日后的一段时间。

（十一）交割品级

交割品级是指由期货交易所统一规定的、准许在交易所上市交易的合约标的物的质量等级。在进行期货交易时，交易双方无须对标的物的质量等级进行协商，发生实物交割时按交易所期货合约规定的质量等级进行交割。

商品期货合约规定了统一的、标准化的质量等级，一般采用国家制定的商品质量等级标准，没有规定的，采用国内或国际贸易中最通用和交易量较大的标准品的质量等级作为交割品级。对于金融期货，由于不存在品质的差异，所以交易所除对一些特殊的金融期货合约作些必要规定外，一般不作具体规定。

（十二）交割地点

交割地点是指由期货交易所统一规定的进行实物交割的指定交割仓库。在商品期货交易中大多涉及大宗实物商品的买卖，因此统一指定交割仓库可以保证卖方交付的商品符合期货合约规定的数量与质量品级，进而保证买方收到符合期货合约规定的商品，防止商品在储存与运输过程中出现损坏等现象。一般来说，期货交易所在指定交割仓库时主要考虑的因素有指定交割仓库所在地区的生产或消费集中程度，指定交割仓库的储存条件、运输条件和质检条件等。交割仓库的位置不同，涉及的运输成本也不同。

（十三）最低交易保证金

保证金制度是期货交易的重要特征，在期货交易部分会重点介绍。最低交易保证金是指期货交易所规定的该期货合约最低的初始保证金比率，规定最低交易保证金，是为了保证期货合约到期时可以按规定进行结算。

（十四）交割方式

期货产品的交割方式是指在交割环节所采取的具体形式。一般来说，交割分为实物交割和现金交割两种。商品期货多采用实物交割，即交收的是实际商品。金融类期货中，也有少数品种采取实物交割，例如，美国长期国债期货，除此之外，大多数金融期货采取现金交割，即在交割时不需要交付标的物，只需要按照结算价进行结算，划转现金即可。

在中国，商品期货均采取实物交割方式。根据实物交割具体规定的不同，又分为集中交割和滚动交割两种。集中交割，也叫一次性交割，是指所有到期合约在交割月份最后交易日过后一次性集中交割；滚动交割是指在合约进入交割月以后，在交割月第一个交易日至交割月最后交易日的前一交易日进行交割。滚动交割使交易者在交易时间的选择上更为灵活，可减少储存时间，降低交割成本。

（十五）交易代码

为便于交易，期货交易所为每一种期货合约规定了交易代码。

四、影响期货价格的主要因素

（一）一般物价水准

一般物价水准不仅能够表现出整体经济活力，同时，也是反映通货膨胀压力程度的替代指标。通货膨胀和利率的变动是息息相关的，能够对政府的货币政策产生影响，改变市场中长期资金供需状况；从长远的角度来看，会对货币的汇率、股票市场的短期和中长期产生影响。对投资者和交易商而言，主要是影响他们的投资报酬水准。因此，金融期货的参与者必须密切关注一般物价水平指标的变化。

（二）政府的货币政策与财政政策

政府的货币政策主要是调节存款准备金率，调节再贴现率，以及公开市场业务。市场的货币供应量会受到政府政策方向的影响，同时，政府政策还会对利率水平产生重大的影响，从而影响金融期货的市场价格。

（三）政府一般性的市场干预措施

政府为了更好地管理货币，除了利用放松或紧缩银根来控制货币流通量的能力外，央行还可以用其他方式暂时改变市场流通资金供给。比如，中国央行就可以通过调节各国有商业银行的贷款额度来达到临时调节货币流通量的目的。因此，期货市场的交易人，除了应观察政策措施对货币乃至于一般性金融商品的影响外，对于其他国家央行在公开市场所进行的干预性措施，也应加以掌握和了解，只有这样，才能对金融商品在现货以及期货市场可能出现的价格波动做出较为正确的判断。

（四）产业活动及有关的经济指标

产业活动会间接影响市场资金的流动。产业活动频繁，商业资金和贷款的需求就会增加，就会促使利率上升；反之，利率会随之下降。因此，产业活动的变化成为政府制定经济政策的依据，同时，政府还会出台相关的产业政策来限制或鼓励相关产业的发展。除此之外，其他的经济指标，如社会失业率、国际收支状况、国际储备等，都会直接或间接地影响经济发展，从而影响金融期货的价格。

第二节　期　权

一、期权的定义与相关概念

（一）期权的定义

期权，又称选择权，实质上是一种权利的有偿使用，当期权购买者支付给期权出售者一定的期权费后，购买者就拥有了在规定期限内按双方约定的价格购买或出售一定数量目标资产的权利的合约。期权的本质是权利而不是义务，一旦期权购买者购买了某份期权合约，他就拥有了该合约规定的权利，他既可以执行这项权利，也可以选择放弃，并不承担必须执行的义务。为了取得这种权利，买方向卖方支付了一定的期权费。

（二）期权的相关概念

在期权交易中有一些专有名词，理解这些相关概念有助于更好地理解期权合约。

1. 期权的买方

期权的买方是购买期权的一方，通过支付期权费获得权利，也称为期权的多头方。在期权交易中，期权的买方可以在合约规定的某一特定时间，以事先确定的价格向期权卖方买进或卖出一定数量的目标资产，也可以放弃这项权利。

2. 期权的卖方

期权的卖方是指出售期权的一方，收取期权费，并承担着在规定的时间内履行该期权合约的义务，也称为期权的空头方。在期权交易中，当期权购买方在期权合约规定的时间要求执行期权时，期权的卖方必须无条件履行期权合约规定的义务，配合买方出售或购买一定数量的目标资产。

3. 期权费

期权交易实质上是一种权利的买卖，而期权费就是这项权利的价格。期权费，又称为权利金或保险费，是指期权购买方为获取期权合约所赋予的权利而需要向期权的卖方支付的费用。这一费用一旦支付，则不管期货购买者是否执行权利都不予退回。期权费的决定即期权的定价问题，是一个十分复杂的过程，一般来说，其大小取决于期货合约的性质、到期时间及执行价格等因素。

4. 执行价格

执行价格也称为协定价格，是指期权合约所规定的期权买方在行使权利时所实际执行的合约标的物的价格。这一价格一旦确定，则在期权有效期内，无论期权对应的标的物市场价格如何变动，只要期权购买者要求行权，期权出售者就必须以协定的执行价格履行其义务。在期货交易中，场内交易的执行价格由交易所根据目标资产的价格变化趋势确定，场外交易的执行价格则由交易双方自行协商确定。

5. 通知日与到期日

通知日与到期日是期权的两个时间概念。当期权购买方要求执行期权时，他必须在预先确定的交货日之前的某一天通知卖方，以便让卖方做好准备，这一天就是通知日。到期日是指预先作了通知的期权合约必须履行交货的日期，也即期权合约的有效期满日。

二、期权合约的种类

期权合约的分类标准有很多，按不同的标准可以将期权划分为不同的类型。

（一）按期权买方的权利不同划分

1. 看涨期权

看涨期权，又称为买权，是一种赋予期权购买者在预先规定的时间，按照合约规定的价格（即执行价格），从期权出售者手中购买一定数量标的资产的权利的合约。为取得这种买权，期权购买者需要在购买期权时向期权出售者支付一笔期权费。当行权时，标的资产价格大于执行价格时，持有者执行看涨期权才是有利可图的，因此，看涨期权是人们预期某种标的资产在未来价格上涨时购买的期权。

2. 看跌期权

看跌期权，又称为卖权，是指赋予期权购买者在预先规定的时间，按照合约规定的价格，向期权出售者卖出一定数量标的资产的权利的合约。期权购买者同样需要为取得这种卖权支付一定的期权费。当行权时，标的资产价格小于执行价格时，持有看跌期权者行权才是正确的，因此，看跌期权是人们预期某种标的资产未来价格下跌时购买的期权。

（二）按期权买方执行期权的时限不同划分

期权的行权以有效期为限，有效期过后不管有没有行权，期权合约都会终止，但在行权具体时间上，期权又分为美式期权和欧式期权。

美式期权允许期权购买者在期权到期前的任何时间行权，即购买者既可以在期权到期日这一天执行期权，也可以提前行权。欧式期权则规定期权的购买者只能在到期日买入或卖出相关商品，既不能提前也不能推迟。

对期权购买者来说，美式期权更具有吸引力，可以根据市场行情的变化灵活选择有利的执行时间；而对于期权出售者来说，卖出美式期权必须做好随时履约的准备，风险更大。因此，在其他条件相同时，美式期权一般比欧式期权的期权费高一些。

此外，应该注意的是，美式期权和欧式期权并没有任何地理上的意义，只是对购买者执行期权的时间规定有所不同。在欧洲国家的期权市场上也交易美式期权，在美国的期权市场上同样也交易欧式期权。目前，国际各主要期权市场上，美式期权的交易量远大于欧式期权。

（三）按期权交易场所不同划分

与期货不同，期权未必都集中于交易所交易，也未必都是以标准化的合约形式进行交易。因此，根据期权交易场所的不同，可以将其划分为场内期权和场外期权。

场内期权也被称为交易所交易期权，是指一种标准化的期权合约，它有正式规定的数量，在交易所大厅中以规范的方式进行交易。场外期权也被称为柜台交易期权，指不在交易大厅进行买卖，金融机构、大型交易商和基金管理人员直接在场外进行交易的期权合约。

场内期权交易成本较低，鼓励了投资者的交易热情，加大了市场的流动性，交易者随时可以通过反向交易平仓。场外期权交易的优点是其灵活性，金融机构可以根据客户的实际情况设计产品，因此，场外期权多具有许多非标准化的特征，在期权成交额、执行价格、期权期限、交易地点等方面都可以由买卖双方自行协商。场外期权的灵活性使其自诞生后发展十分迅速，目前，其总市场规模已经超过场内期权。期货交易所为了扩大客户范围，也尝试推出了一些灵活期权，这些期权在执行价格和到期日方面具有非标准特征。

（四）按协定价格与标的物市场价格的关系不同划分

实值期权又称为价内期权，是指如果期权立即执行，买方具有正的现金流；虚值期权又称为价外期权，是指如果期权立即执行，买方具有负的现金流；平值期权，指标的资产市场价格与执行价格相等，如果期权立即执行，买方现金流为零。

实值期权、虚值期权、平值期权与看跌期权、看涨期权的具体对应关系如表3-2所示。

表3-2 实值期权、虚值期权、平值期权与看跌期权、看涨期权的具体对应关系

	看涨期权	看跌期权
实值期权	市场价格＞执行价格	市场价格＜执行价格
虚值期权	市场价格＜执行价格	市场价格＞执行价格
平值期权	市场价格＝执行价格	市场价格＝执行价格

（五）按期权标的物性质不同划分

1. 现货期权

现货期权是指标的资产是现货的期权合约，具体包括以农作物、金属、石油等商品为标的资产的商品现货期权，以及以利率、外汇、股价指数等金融工具为标的物的金融现货期权。现货期权到行权时交割的是现货资产，交割的过程往往较长，而且手续也相对复杂，尤其是对商品现货期权来说，交易的方便快捷性较差。

2. 期货期权

期货期权是指标的资产是期货合约的期权，它是在现货期权基础上发展起来的复合金融衍生品，如外币期货期权、利率期货期权、股价指数期货期权等。与现货期权相比，期货期权交易方式更加灵活、结算便利、交易成本较低，因此，期货期权的交易效率更高，

更容易实现投资者对冲、套利和投机等目的，因此其得到了广泛的应用和迅速的发展。

现货期权与期货期权在具体的交易规则、交易策略以及定价原理等方面有很大的区别，且通常由不同的主管机关加以分别管理。

三、期权交易的主要要素

与期货合约的标准化特性不同，期权合约只有场内期权是标准化的，场外期权的很多条款都可以由交易双方协商确定。场内期权合约与期货合约有一定的相似性，除了期权的执行期限、执行价格和期权费可以由交易者自由选择或由公开竞价直接产生外，其余的一些基本条款都是交易所事先规定好的。了解场内合约的主要条款，有助于更直观地理解期权合约。标准化期权合约主要包括以下内容。

（一）合约名称

期货合约必须对交易标的物进行明确规定。如果是现货期权，则应明确界定交易的现货商品或金融资产类型；如果是期货期权，也应该对对应的期货合约做出明确的界定。

（二）合约月份

合约月份是指期权合约的交易月份，如芝加哥商品交易所的玉米期权合约月份为 3、5、7、9、12 月。一般农产品期权合约月份要受到生产季节性影响，以金融资产为标的物的期权合约则可以灵活选择合约月份。

（三）执行价格间距

在期权市场上，同一标的资产对应的期权合约有多个不同的执行价格，这些不同的执行价格是以其标的资产的现货价格为基础确定的。执行价格间距是指相邻两个执行价格之间的差，并在期权合约中载明。执行价格间距的规定便于投资者选择执行价格，这进一步促进了场内期权的标准化。

（四）到期日

到期日是期权合约的有效期满日，也是能够进行期权交易的最后日期。超过这一时间点，期权合约失去效力，期权买方即使没有行权，其权利也会作废。为了减少期权执行对标的期货交易的影响，期权合约的到期日一般提前至期货合约月份前的一个月内。

（五）执行方式

执行方式是指期权合约中会规定该期权是属于美式期权还是属于欧式期权。从国际商品期权合约发展来看，除伦敦金融交易所外，商品期权大多采取美式期权。金融资产类期权多采用欧式期权。

（六）保证金

期权合约中规定了保证金的支付要求。在期权交易中，买方向卖方支付期权费，期权到期后只拥有权利不承担义务，因此不需要支付保证金；而对卖方来说，只有义务而没有权利，因此需要交纳保证金，以保证在买方要求行权时，配合履行期权合约规定的义务。保证金一般为期权合约价值的一定百分比。

除以上条款外，期权合约还包括交易单位、最小变动价位、每日价格最大波动限制、最后交易日等与期货合约相同的条款，其与前一节期货合约中介绍的意义相同，在此不再一一赘述。

四、影响金融期权交易价格的因素

金融期权价格是期权合约中除有效期、执行价格、基础证券的种类和数量之外唯一的变量，是交易双方在交易所内用公开竞价方式决定出来的。其主要由内涵价值和时间价值两部分构成。金融期权价格的确定主要受以下因素的影响。

（一）金融期权标的资产的价格

影响金融期权价格的首要因素是标的资产的价格。期权价格随标的资产的价格变动而变动。一般来说，在其他条件都不变的情况下，看涨期权的价格随标的资产价格的上升而上升，随标的资产价格的下降而下降，二者呈正相关的关系。看跌期权与看涨期权相反，看跌期权的价格与标的资产的价格呈反相关的关系。

（二）执行价格

期权的执行价格也是金融期权价格的影响因素之一。在其他条件相同的情况下，执行价格越高的看涨期权价值越低，执行价格越高的看跌期权价值越高；执行价格越低的看涨期权价值越高，执行价格越低的看跌期权价值越高。

（三）标的资产价格的波动率

标的资产价格的波动幅度也是影响金融期权价格水平的重要因素之一，它可以用来衡量未来标的资产价格变动的不确定性。随着波动率的增加，标的资产价格上升很高或下降很低的机会随之增加。对于标的资产的持有者来说，这两种变动趋势将互相抵消。但是，对于看涨期权和看跌期权的持有者来说，情况是不一样的：标的资产价格上升，看涨期权的持有者从中获利，但当标的资产价格下跌时，损失是有限的，仅仅损失期权费。与此类似，标的资产价格下跌时，看跌期权持有者从中获利，但当标的资产价格上升时，损失也是有限的。因此，随着有效期内标的资产价格的波动率的增加，看涨期权和看跌期权的价值都会增加。

（四）无风险利率

金融期权交易的期权费成交时以现金支付，这是与金融期货交易的区别之一。因此，短期利率反映了期权买方的融资成本，交易者交易时，自然会把短期利率考虑进去。但总的来说，利率对金融期权的时间价值影响是有限的。除此之外，无风险利率的变化，也会引起股票价格的变动，进而改变期权的内涵价值。

（五）金融期权的到期期限

金融期权的到期期限对金融期权的时间价值作用很大。在其他因素相同的情况下，随着到期日的逐步递进，金融期权的时间价值逐步趋于减少。这是因为向不利方向变动的可能减少，期权费也相应减少。

（六）标的资产的预期收益

标的资产不同，其收益来源也是不同的。对于期货期权来说，标的资产的收益率是无风险的利率；对于外汇期权来说，标的资产的收益率是外汇所在国的利率；对于股票期权来说，标的资产的收益率是股票支付的红利率。当标的资产的收益率上升时，用看涨期权取代标的资产的多头头寸的需求下降，看涨期权的价值下降；而用看跌期权取代标的资产的空头头寸的需求上升，看跌期权的价值上涨。相反，在标的资产的收益率下降时，看涨期权的价值将会上升，而看跌期权的价值将会下降。

五、期权的损益分析

在期权的种类中介绍了期权的两种基本类型——看涨期权和看跌期权，而在期权交易中，投资者又可以分为期权购买者和期权出售者。期权的两种基本类型与市场上两种交易者的不同组合，可以形成期权交易的 4 种基本策略：买进看涨期权、卖出看涨期权、买进看跌期权和卖出看跌期权。下面依次介绍这 4 种情况下的基本损益分析。

（一）买进看涨期权

当投资者预计某种标的资产的市场价格将上升时，他可以买进该标的资产的看涨期权。日后若市场价格真的上升，且价格上涨至期权合约的协定价格以上，则该投资者可以选择执行期权从而获利，获利的多少将取决于市场价格上涨的幅度。从理论上说，市场价格上涨的幅度是无限的，因而期权购买者的获利程度也是无限的。反过来说，如果市场价格不是上升，而是下跌，且跌至协定价格或协定价格以下，也就是说当时投资者预期错误，则他可以放弃行权。此时，投资者将损失其购买期权时所支付的期权费，这种损失是有限的，且是确定已知的。

【例 3-1】 某投资者预期未来瑞士法郎会升值，在 6 月 10 日时购买了 10 份（每份合约规模为 62500 瑞士法郎）9 月份到期、执行价格为 US＄0.5000/SF 的瑞士法郎看涨期权，期权价格为 US＄0.0152/SF，共支付期权费 9500［0.0152×62500×10］美元。在到期日时，如果汇率上升至 US＄0.5200/SF，该期权处于实值状态，投资者选择执行该期权，即按协定价格 US＄0.5000/SF 买进 625000 瑞士法郎，再立即以市场价格 US＄0.5200/SF 卖出，这样他将获毛利 12500［（0.5200－0.5000）×62500×10］美元，忽略交易成本和其他有关支出，扣除 9500 美元的期权费，他还可以获净利 3000 美元。反之，如果在期权到期日，瑞士法郎的市场价格跌至 US＄0.5000/SF 或更低，期权处于虚值状态，投资者将选择放弃行权，损失 9500 美元期权费。

当到期日市场价格为 US＄0.5152/SF 时，投资者可以通过行权获利 9500［（0.5152－0.5000）×62500×10］美元，恰好抵补其所支付的期权费，此时投资者处于盈亏平衡状态。当到期日市场价格高于执行价格但低于盈亏平衡价格时，投资者依然会选择行权，但行权获利不足以弥补期权费，仍会有亏损。

由上述分析可知，在买进看涨期权时便可以确定，投资者的最大损失是有限的，而其最大利润是无限的。图 3-1 显示了这种情况下的盈亏情况，图中 A 点是盈亏平衡点，此时的市场价格是协定价格 X 加上看涨期权的期权费 C。

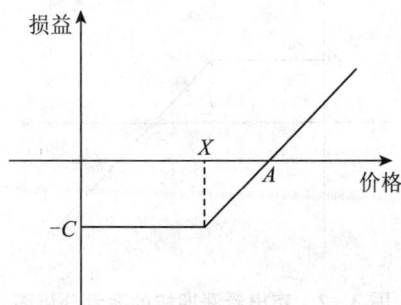

图 3-1 买进看涨期权的盈亏分析图

一般来说，当标的资产的市场价格上升时，其看涨期权的期权费也将上涨，此时，买进看涨期权的投资者既可以通过履约而获利，也可以通过转让期权合约而获利，且转让期权的投资收益率往往比执行期权所获得的投资收益率更高。

（二）卖出看涨期权

期权交易中，有人买进就必须有人卖出，且双方都希望在交易中获利，但对市场价格走势判断的不同使他们进行了方向相反的交易。就看涨期权来说，买进者之所以买进，是因为他预期标的资产的价格将上涨，从而希望通过履约来获利；而卖出者之所以卖出，是因为他预期标的资产的价格将下跌，通过卖出标的资产可以获取期权费，等到标的物的市场价格下跌至协定价格或协定价格以下时，看涨期权的购买者将会自动放弃行权。退一步来说，若标的物的市场价格高于协定价格，期权购买者要求履约，但只要市场价格低于协定价格和期权费用之和，则看涨期权的卖出者仍然有获利的机会，只是利润少于他所收取的期权费而已。

对看涨期权的出售者而言，其最大的利润是其出售期权所得到的期权费，但最大的损失却是随着标的物的市场价格变动而变动的，从理论上讲，这种损失将是无限的。在一般情况下，看涨期权的出售者大幅度遭受损失的概率非常小，而获得小幅度盈利的概率比较大。所以，在现实中，投资者只要预期市场价格不会大幅度上升就可以卖出看涨期权，而不是只在大幅度看跌时才会选择出售看涨期权，这样，投资者将会有比较大的获利可能。

【例 3-2】 接例 3-1，对于该笔交易的卖方来说，该投资者预计瑞士法郎会贬值，卖出了10份（每份合约规模为62500瑞士法郎）9月份到期、执行价格为US＄0.5000/SF的瑞士法郎看涨期权，收取期权费9500美元。当期权到期时，若瑞士法郎市场价格小于或等于执行价格，购买者放弃行权，投资者获利9500美元；若瑞士法郎市场价格上涨至US＄0.5100/SF，购买者要求行权，则看涨期权的出售者将获利3250〔9500－（0.5100－0.5000）×62500×10〕美元；若瑞士法郎市场价格上涨至US＄0.5152/SF，购买者行权后盈亏平衡，出售者同样处于盈亏平衡点。

上述分析也可以通过盈亏曲线图来反映，如图3-2所示。

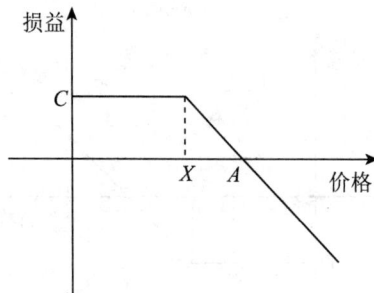

图3-2　卖出看涨期权的盈亏分析图

从例3-1和例3-2可以看出，在期权交易中，交易双方具有零和关系。也就是说，当标的物价格发生变化时，买卖双方中必有一方赢利，而另一方发生亏损，且一方的盈利与另一方的亏损相等。所以，对同一看涨期权或同一看跌期权而言，买卖双方的盈亏图是对称的，对称轴为盈亏平衡线。

（三）买进看跌期权

看跌期权是期权购买者所拥有的可在未来的某个特定时间以协定价格向期权出售者卖出一定数量标的资产的权利。投资者之所以买进这种期权，是因为其预期标的资产的市场价格将下跌。买进看跌期权后，如果标的资产的市场价格果然下降且跌至协定价格之下，则该投资者可以行使其权利，以较高的协定价格卖出他所持有的标的资产，从而可以避免市场价格下跌的损失。如果期权购买者并不持有标的资产，则在标的资产市场价格下跌时，他可以以较低的市场价格买进标的资产，再以较高的协定价格卖出标的资产来获利，获利的程度取决于标的物市场价格下降的幅度。反之，在买进看跌期权后，若标的物的市场价格没有下跌，或者反而上涨，则投资者可以放弃行权，其损失是支付的期权费。

一般来说，对看跌期权的购买者来说，其潜在的损失是有限的（仅限于期权费），但其潜在的利润是无限的。但事实上，对看跌期权的购买者而言，即使从纯理论上来讲，其潜在的利润也不是无限的，因为任何标的资产的市场价格都不能无限下降至0以下。在极端情况下，标的资产市场价格降为0，则看跌期权的购买者取得最大利润，即协定价格与期权费之差。

【例3-3】　某投资者预计香港交易所的某只股票未来价格会下跌，在2013年8月10日以3.10港元的价格买进11月份到期、执行价格为50港元的该股票看跌期权10张（期权合约规模为 1000 股），这样可假定投资者有以下 4 种盈亏可能情况。

①在到期日那一天，市场价格为 50 港元或更高，则该投资者将放弃行权，而损失期权费为 31000 ［3.1×1000×10］港元。

②在到期日那一天，市场价格跌至 48 港元，投资者履约，按市价买进，按执行价格 50 港元卖出，获利 20000 ［（50－48）×1000×10］港元，除去期权费后，亏损 11000 港元。

③在到期日那一天，市场价格跌至 46.9 港元，投资者履约，按市价买进，按执行价格 50 港元卖出，获利 31000 ［（50－46.9）×1000×10］港元，正好抵补其期权费，既无盈利也无亏损。

④在到期日那一天，市场价格跌至 46 港元，投资者履约，按市价买进，按执行价格 50 港元卖出，获利 40000 ［（50－46）×1000×10］港元，除去期权费后，可获净利 9000 港元。

通过以上分析，可知买进看跌期权的盈亏分析如图 3-3 所示，A 点为盈亏平衡点。

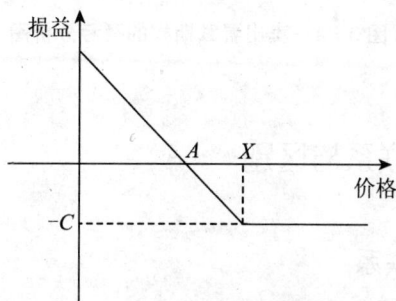

图 3-3　买进看跌期权的盈亏分析图

（四）卖出看跌期权

对投资者来说，卖出看跌期权的目的是通过收取期权费来获利。投资者能否获得这一收益，即他收取的期权费能否在扣除他到期履行义务时的支出后还有余，取决于他对期权标的物的市场价格的预期是否正确。所以，在一般情况下，若投资者预期市场价格会上涨，他们就卖出看跌期权；若投资者预期市场价格会下跌，他们就卖出看涨期权。由此可见，看涨期权与看跌期权的名称代表的是期权购买者的价格预期，对期权的出售者来说，情形恰好相反。

从获取利润的角度来讲，投资者卖出看跌期权与他们卖出看涨期权是一样的，其最大利润是他们所收取的期权费。所以，对投资者来说，他们卖出看跌期权的最大利润是有限且已知的。但是从产生亏损的角度来看，卖出看跌期权与买进看跌期权在盈亏方面具有对称性，投资者的最大损失便是购买者的最大利润，即协定价格合约值与期权费之差。

【例 3-4】　接例 3-3，对于该笔交易的卖方来说，该投资者预计该股票未来价格会上涨，在 2013 年 8 月 10 日以 3.10 港元的价格卖出 11 月份到期、执行价格为 50 港元的该股票看跌期权 10 张（期权合约规模为 1000 股），收取期权费 31000 港元。在到期时，若市场价为 50 港元或更高，则期权购买者不会行权，投资者获利为全部的期权费；在到期时，若市场价

低于 50 港元，则期权购买方会要求行权，该投资者的获利将被损失所冲减，当价格低于
46.9 港元（买卖双方的盈亏平衡点）时，该投资者将发生净损失，价格越低，损失越大。如
市场价格降至 0，则投资者将发生最大损失 469000〔50×1000×10－31000〕港元。

卖出看跌期权的盈亏分析如图 3－4 所示。

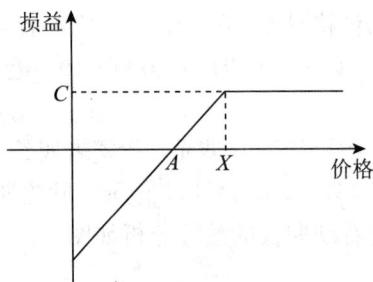

图 3－4　卖出看跌期权的盈亏分析图

六、期货与期权的联系与区别

（一）期货与期权的联系

1. 期货与期权的场内交易都是在有组织的场所——期货交易所和期权交易所内进行

由交易所制定有关的交易规则、合约内容，由交易所对交易时间、过程进行规范化
管理。

2. 期货与期权的场内交易都是采用标准化合约的形式

由交易所统一制定交易规模、最小交易变动价位、涨跌停板、合约规格、合约月份等
标准。期权合约的月份与交易规模大都参照相对应的期货合约，以方便交易。

3. 期货与期权交易都由统一的清算机构负责清算

清算机构对交易起担保的作用，清算所都是会员制，清算体系采用分级清算的方式，
即清算所只负责对会员名下的交易进行清算，而由会员负责对其客户进行清算。

4. 期货与期权交易都具有杠杆作用

交易时只需要交纳相当于合约总额很小比例的资金（保证金和期权费），就能使投资
者以小博大，因而两者都成为投机和风险管理的有效工具。

（二）期货与期权的区别

1. 合约标的物不同

期货合约的标的物是商品或金融产品，而期权合约的标的物则是一种标的资产或期货
合约的买卖权利。

2. 投资者的权利和义务不同

期货合约的双方都被赋予相应的权利和义务，除非用方向相反的合约对冲，否则这种

权利和义务在到期日必须行使，也只能在到期日行使，且期货的空头方还拥有在交割月选择在哪一天交割的权利。期权合约只赋予买方权利，卖方没有任何权利，只有在买方要求行权时进行对应买卖标的物的义务。尤其是在美式期权中，买方可在约定期限内的任何时间执行权利，也可以放弃这项权利；期权的卖方则需做好随时履约的准备。

3. 履约保证金不同

期货交易的买卖双方都必须交纳保证金。在期权交易中，期权的买方因为到期时只有权利，没有义务，他的亏损不会超过他已支付的期权费，因此无须交纳保证金；而期权的卖方在场内交易时必须像期货交易一样交纳保证金，场外期权交易的卖方是否需要交纳保证金则取决于当事人的意见。

4. 盈亏特点不同

期货的交易双方都面临着无限的盈利和无止境的亏损。而期权交易买方的亏损风险是有限的（以期权费为限），盈利风险可能是无限的（看涨期权），也可能是有限的（看跌期权）；期权交易卖方的亏损风险可能是无限的（看涨期权），也可能是有限的（看跌期权），盈利风险是有限的（以期权费为限）。

5. 套期保值效果不同

运用期货进行套期保值时，在把不利风险转移出去的同时，也转移了有利风险；而运用期权进行套期保值时，只是把不利风险转移出去而把有利风险留给了自己。

法律法规链接

《期货交易管理条例》（2007 年 3 月 6 日发布，2007 年 4 月 15 日施行）

《期货交易所管理办法》（2002 年 5 月 17 日发布，2002 年 7 月 1 日施行）

《期货公司管理办法》（2007 年 4 月 9 日发布，2007 年 4 月 15 日施行）

《期货公司董事、监事和高级管理人员任职资格管理办法》（2007 年 7 月 4 日发布，2007 年 7 月 4 日施行）

《期货从业人员管理办法》（2007 年 7 月 4 日发布，2007 年 7 月 4 日施行）

《期货市场客户开户管理规定》（2009 年 8 月 27 日发布，2009 年 9 月 1 日施行）

《国家外汇管理局关于人民币对外汇期权交易有关问题的通知》（2011 年 2 月 14 日发布，2011 年 4 月 1 日施行）

本章思考题

1. 简述期货合约的主要条款。

2. 对比现货交易、期货交易的特征。

3. 简述期货交易制度。

4. 简述期权交易双方在权利和义务上的区别。

5. 简述美式期权和欧式期权的区别。

6. 简述买进看涨期权和买进看跌期权的盈亏特征和适用场合。

第四章 其他金融衍生品

本章概要

本章主要介绍期货、期权之外的其他金融衍生品，具体包括远期、互换、结构型衍生品和信用衍生工具等。阐释远期、互换、结构型衍生品、信用衍生工具等的基本概念、利率互换和货币互换的定价、结构型衍生品的特点与作用等。

本章重点知识

- 远期合约的定义和种类
- 期货合约与远期合约的比较
- 远期利率协议的结算金计算
- 金融互换的概念、种类、定价
- 结构型衍生品的定义、类别、特点和作用
- 信用衍生工具、存托凭证、权证、资产证券化产品的定义

引读案例

中航油事件

1993年5月，中航油新加坡公司在新加坡成立。2001年12月，中航油在新加坡证券交易所挂牌上市。

2003年下半年，公司开始交易石油期权，最初涉及200万桶石油，进行空头投机，中航油在交易中获利。

2004年一季度，油价攀升导致公司潜亏580万美元，公司决定延期交割合同，期望油价能回跌，交易量也随之增加。

2004年二季度，随着油价持续升高，公司的账面亏损额增加到3000万美元左右。公司因而决定再延后到2005年和2006年才交割，交易量再次增加。

2004年10月，油价再创新高，公司此时的交易盘口达5200万桶石油，账面亏损再度大增。

2004年10月10日，面对严重资金周转问题的中航油，首次向母公司呈报交易和账面亏损。为了补加交易商追加的保证金，公司已耗尽近2600万美元的营运资本、1.2亿美元银团贷款和6800万元应收账款资金。账面亏损高达1.8亿美元，另外已支付8000万美元

的额外保证金。

2004年10月20日，母公司提前配售15％的股票，将所得的1.08亿美元资金贷款给中航油。

2004年10月26日和28日，公司因无法补加一些合同的保证金而遭逼仓，蒙受1.32亿美元实际亏损。

2004年11月8日到25日，公司的衍生商品合同继续遭逼仓，截至25日的实际亏损达3.81亿美元。

2004年12月1日，在亏损5.5亿美元后，中航油宣布向法庭申请破产保护令。

第一节 远 期

一、远期合约

（一）远期合约的定义

远期合约（Forward Contracts）是一种交易双方约定在未来的某一确定时间，以确定的价格买卖一定数量的某种实物商品或者金融资产的合约。实物商品可以是大豆、铜等实物商品，金融资产可以是股票指数、债券指数、外汇等金融产品。并且，合约中规定了交易的标的物、有效期和交割时的执行价格等项内容。

（二）远期合约的种类

根据标的资产不同，常见的金融远期合约包括远期利率协议、远期外汇合约、远期股票合约。

（三）远期合约的特征

①远期合约实行场外交易，与期货合约相比，远期不在固定的交易所进行交易，而是在金融机构之间或金融机构与客户之间通过谈判后签署的。其交易主要是私下进行的，基本不受监管当局的监管。

②远期合约的金额和到期日灵活，有时只对合约金额最小额度作出规定，到期日经常超过期货的到期日。

③签订远期合约不需要缴纳保证金，履约没有保证，因而风险比较大。

④远期一般不可买卖，每份远期合约千差万别，给远期合约的二级流通造成较大不利，因此远期合约的流动性较差。

（四）远期合约的盈亏

远期合约并不能保证其投资者未来一定赢利，但投资者可以通过远期合约获得确定的未来买卖价格，从而消除了价格风险。

如果到期标的资产的市场价格高于交割价格 K，远期多头（合约中规定的在将来买入标的物的一方）就赢利，而空头（合约中规定的在将来卖出标的物的一方）就会亏损；反之，远期多头亏损，而空头会赢利。如图 4-1 所示。

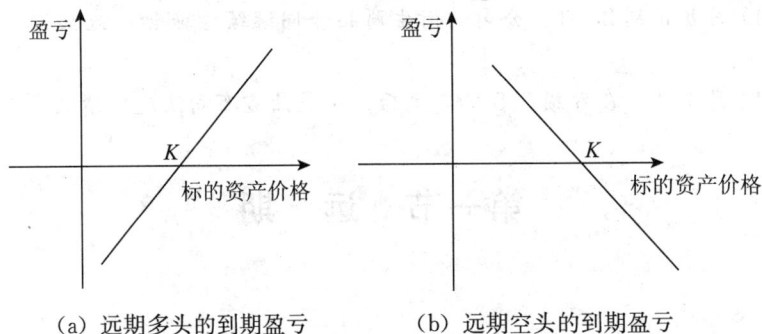

（a）远期多头的到期盈亏　　　　　（b）远期空头的到期盈亏

图 4-1　远期合约的盈亏示意图

（五）期货合约与远期合约的比较

期货合约是远期合约的发展产物，是远期合约的标准化，但这两者有很大不同，主要表现在以下几个方面。

1. 合约产生的方式不同

期货合约是由期货交易所根据市场需求和变化推出的，合约的交易规模、标的资产的品质、交割日期、交割地点都由交易所确定，买卖双方进入交易所买卖合约就意味着接受了合约的内容。远期合约是由商品买卖双方通过协商达成的，是为了满足双方要求特别制定的合约。

2. 合约内容的标准化不同

期货合约的内容都是标准化的，由交易所在合约上做明确的约定，无须买卖双方自行协商，节约了交易时间，提高了交易效率，期货合约的唯一变量是价格；远期合约的条款则是由买卖双方协商约定的，具有很大的灵活性。

3. 合约的交易地点不同

期货合约在交易所内进行集中买卖，有固定的交易时间和地点，交易行为需要遵循期货交易所依法制定的交易规则；远期合约在交易所场外达成，具体时间、地点由交易双方自行商定。

4. 价格的确定方式不同

期货合约众多买者和卖者选择适合自己的合约后，按照各自的意愿出价和报价，通过经纪人在交易所汇合，以竞价方式来确定成交价格；远期合约的交易价格则是由买卖双方私下协商确定、一对一达成的。

5. 交易风险不同

期货交易所通过实行严格的保证金制度，为买卖双方提供了信用担保，使得市场参与者只面临价格波动的风险，不承担信用风险；远期合约交易不但存在价格风险，还要面对信用风险，因而买卖双方一般要根据对方信用状况在合约中约定违约赔偿的条款，以降低信用风险，但即便远期合约在签约时采取了交纳定金、第三方担保等措施，交易中的违约、毁约现象仍时有发生。

6. 合约的流动性不同

期货合约在到期前转让、买卖，可以通过相反的交易，即对冲平仓来了结履约责任；远期合约受条款个性化的限制，很难找到交易对手，因此，多数情况下只能等到期时履行合约，进行实物交割，否则就属于违约。

7. 结算方式不同

期货交易每天都要由结算机构根据当天的结算价格对所有该品种期货合约的多头和空头计算浮动盈余或浮动亏损，并在其保证金账户上体现出来，如果账户出现亏损，使得保证金账户可动用的余额低于维持保证金水平，会员或客户就会被要求追加保证金，否则交易所会对其合约进行强行平仓；远期合约签订后，只有到期才能进行交割清算，期间均不能进行结算。

二、远期利率协议

（一）远期利率协议定义

远期利率协议（Forward Rate Agreements，FRA）是买卖双方同意从未来某一商定的时刻开始，在某一特定时期内按协议利率借贷一笔数额确定、以特定货币表示的名义本金的协议。合约中最重要的条款要素为协议利率，通常称之为远期利率，即现在时刻的将来一定期限的利率。

例如，1×4 远期利率，表示 1 个月之后开始的期限 3 个月的远期利率；3×6 远期利率，则表示 3 个月之后开始的期限为 3 个月的远期利率。远期利率协议中，借贷双方不必交换本金，只是在结算日根据协议利率和参考利率之间的差额以及名义本金额，由交易一方付给另一方结算金。

（二）结算金的计算

结算金计算公式如下：

$$结算金 = \frac{(参考利率 - 合同利率) \times \dfrac{合同期限}{天数基数} \times 合同金额}{1 + \left(参考利率 \times \dfrac{合同期限}{天数基数}\right)}$$

其中，天数基数又称为天数计算惯例，如美元为 360 天，英镑为 365 天。名义资金的需求者为 FRA 的买方，名义资金的供给者为 FRA 的卖方。

若参照利率超过合同利率，那么卖方就要支付买方一笔结算金，以补偿买方在实际借款中因利率上升而造成的损失，反之，若参照利率小于合同利率，则买方就要支付卖方一笔结算金。

【例4-1】 假设 A 公司在 6 个月之后需要一笔金额为 1000 万美元的资金，为期 3 个月，其财务经理预测届时利率将会上涨，因此，为锁定其资金成本，该公司与某银行签订了一份协议利率为 5.9%、名义本金额为 1000 万美元的 90 天远期利率协议。

如果 6 个月后市场利率果然上涨，3 个月期市场利率上涨为 6%，则远期利率协议结算日应交割的金额计算如下：

$$\frac{(6\%-5.9\%)\times10000000\times\frac{90}{360}}{1+6\%\times\frac{90}{360}}=USD2463.05$$

（三）远期利率协议的运用

未来时间里持有大额负债的银行，在面临利率上升、负债成本增加的风险时，必须买进 FRA。

未来时间里持有大笔资产的银行，在面临利率下降、收益减少的风险时，必须卖出 FRA。

三、远期外汇合约

（一）远期外汇合约概述

远期外汇合约（Forward Exchange Contracts）是指双方约定在将来某一时间按约定的汇率买卖一定金额的某种外汇的合约。

按照远期的开始时期划分，远期外汇合约又分为直接远期外汇合约和远期外汇综合协议。

1. 直接远期外汇合约

直接远期外汇合约是指远期的期限直接从签约的时候开始，到规定日期进行交割的外汇合约，它实际上仅是双方的一种约定，在签约时任何一方不需要向另一方支付任何款项。

2. 远期外汇综合协议

远期外汇综合协议是指双方约定买方在结算日按照合同中规定的结算日直接远期汇率用第二货币（本币）向卖方买入一定名义金额的原货币（外币），然后在到期日再按合同中规定的到期日直接远期汇率把一定名义金额原货币出售给卖方的协议，其实质是远期的远期。

（二）远期外汇交易方式

1. 直接的远期外汇交易

它指直接在远期外汇市场做交易，而不在其他市场进行相应的交易。银行对于远期汇率的报价，通常并不采用全值报价，而是采用远期汇价和即期汇价之间的差额，即基点报价。远期汇率可能高于或低于即期汇率。

2. 期权性质的远期外汇交易

公司或企业通常不会提前知道其收入外汇的确切日期，因此，可以与银行进行期权外汇交易，即赋予企业在交易日后的一定时期内如5～6个月内执行远期合同的权利。

3. 即期和远期结合型的远期外汇交易

将即期与远期外汇交易结合起来进行操作的方式，以此来规避可能的汇率波动风险。

（三）进行远期外汇买卖的动机

远期外汇买卖产生的主要原因在于企业、银行、投资者规避风险之所需，具体包括以下几个方面。

1. 进出口商预先买进或卖出期汇以避免汇率变动风险

汇率变动是经常性的，在商品贸易往来中，时间越长，由汇率变动所带来的风险也就越大，而进出口商从签订买卖合同到交货、付款又往往需要相当长时间（通常达30～90天，有的更长），因此，进出口商为避免汇率波动所带来的风险，就想尽办法在收取或支付款项时按成交时的汇率办理交割。

2. 外汇银行为了平衡其远期外汇持有额而交易

远期外汇持有额就是外汇头寸（Foreign Exchange Position）。外汇银行之所以有风险，是因为它在与客户进行了多种交易以后，会产生一天的外汇"综合持有额"或总头寸（Overall Position），在这当中难免会出现期汇和现汇的超买或超卖现象。为此，外汇银行就设法把它的外汇头寸予以平衡，即要对不同期限不同货币头寸的余缺进行抛售或补进，由此求得期汇头寸的平衡。

3. 短期投资者或定期债务投资者预约买卖期汇以规避风险

在没有外汇管制的情况下，如果一国的利率低于他国，则该国的资金就会流往他国以谋求高息。假设在汇率不变的情况下纽约投资市场利率比伦敦高，两者分别为9.8%和7.2%，则英国的投资者为追求高息，就会用英镑现款购买美元现汇，然后将其投资于3个月期的美国国库券，待该国库券到期后将美元本利兑换成英镑汇回国内。这样，投资者可多获得2.6%的利息，但如果3个月后，美元汇率下跌，投资者就得花更多的美元去兑换英镑，因此就有可能换不回投资的英镑数量而遭致损失。为此，英国投资者可以在买进美元现汇的同时，卖出3个月的美元期汇，这样，只要美元远期汇率贴水不超过两地的利差（2.6%），投资者的汇率风险就可以消除。当然，如果超过这个利差，投资者就无利可图而且还会遭到损失。这是就在国外投资而言的，在国外有定期外汇债务的人，则要购进期汇以防债务到期时多付出本国货币。

4. 外汇投资者为攫取投机利润而进行期汇买卖

远期外汇投机有以下两种形式。

（1）先卖后买

即卖空或称空头（Bear）。当投机者预期某种外币如美元将贬值或汇率将大幅度下跌时，就在外汇市场趁美元价格相对较高时先行预约卖出，到期如果美元汇率真的下跌，投机者就可按下跌的汇率买进美元现汇来交割美元远期，赚取差价利润。

（2）先买后卖

即买空或称多头（Bull）。当投机者预期某种货币将升值时，就在外汇市场上趁该币价格相对较低先行预约买进该种货币的远期，到期该货币汇率真的上升，投机者就按上升的汇率卖出该货币现汇来交割远期，从中赚取投机利润。

四、远期股票合约

远期股票合约（Equity Forwards）是指在将来某一特定日期按特定价格交付一定数量单个股票或一篮子股票的协议。远期股票合约在世界上出现时间不长，总交易规模也不大。

这种交易与远期外汇的交易相似，其条款一般包括：①交易的股票名称、数量；②交易的结算日期；③在结算日的特定价格；④双方违约责任。

第二节 互 换

一、金融互换

（一）金融互换的概念

按照国际清算银行（BIS）的定义，金融互换（Financial Swap）是约定的两个或两个以上的当事人按照商定条件，在约定的时间内，交换一系列现金流的合约。产生的原因是交易双方对利率或汇率变化方向或幅度的看法不一致。金融互换的主要目的是改变交易者资产或负债的风险结构（如利率或汇率结构），从而规避相应的风险。

（二）金融互换的种类

1. 利率互换

利率互换，也称固定利率和浮动利率互换，这是一种合约性的互换，是指双方同意在未来的一定期限内根据同种货币的同样的名义本金交换现金流，其中一方的现金流根据浮动利率计算出来，而另一方的现金流根据固定利率计算。互换的期限通常在 2 年以上，有时甚至在 15 年以上。

（1）息票互换

息票互换（Coupon Swaps），指固定利率与浮动利率的利息互换。

（2）基差互换

基差互换（Basis Swaps），是指按两种不同的浮动利率的互换，如互换双方同意对某一数量的名义本金作一个月期美元 LIBOR 和 6 个月期美元 LIBOR 互换。

（3）交叉货币利率互换

交叉货币利率互换（Cross-Currency Interest Rate Swaps），是指在一笔交易中既有不同货币支付的互换，又有不同种类利率的互换。

2. 货币互换

货币互换是将一种货币的本金和固定利息与另一货币的等价本金和固定利息进行交换。其主要原因是双方在各自国家中的金融市场上具有比较优势。

3. 其他互换

（1）增长型互换、减少型互换和滑道型互换

增长型互换：名义本金随着时间的推移逐步增大。减少型互换：名义本金随着时间的推移逐步减少。滑道型互换：名义本金在互换期内时而增大时而缩小。

（2）基点互换

双方都是浮动利率，只是两种浮动利率的参照利率不同。

（3）可延长互换和可赎回互换

可延长互换：互换的一方有权在一定时间内延长互换期限。可赎回互换：互换的一方有权提前中止互换。

（4）零息互换

零息互换是指固定利息的多次支付流量被一次性的支付所取代，该一次性支付可以在互换期初也可以在互换期末。

（5）后期确定互换

其浮动利率是在每次计息期结束之后确定的。

（6）差额互换

差额互换是对两种货币的浮动利率的现金流量进行交换，只是两种利率的现金流量均是按同种货币的相同名义本金计算。

（7）远期互换

远期互换是指互换生效日是在未来某一确定时间开始的互换。

（8）互换期权

互换期权从本质上属于期权而不是互换，该期权的标的物为互换。

（9）股票互换

股票互换是以股票指数产生的红利和资本利得与固定利率或浮动利率交换。

（三）金融互换的功能

①通过金融互换可在全球各市场之间进行套利，从而一方面降低筹资者的融资成本或提高投资者的资产收益，另一方面促进全球金融市场的一体化。
②利用金融互换，可以管理资产负债组合中的利率风险和汇率风险。
③金融互换为表外业务，可以逃避外汇管制、利率管制及税收限制。

二、互换的定价

（一）金融互换的定价

假如不存在违约风险，金融互换可以看作债券的多空组合或一系列远期合约的组合。

金融互换的定价具体有利率互换的定价和货币互换的定价两种。

1. 利率互换的定价

例如，A、B公司签订了2003年9月1日生效的一份3年期的利率互换协议，名义本金为1亿元，B公司同意支付A公司的年利率为5％的利息，同时，A公司同意支付B公司6个月的LIBOR的利息，利息每半年支付一次。

A公司持有的互换头寸可以看成为一份年利率为5％的固定利率债券多头与一份以6个月的LIBOR计算利息浮动利率债券空头的组合。

用公式表示为：

$$V = B_{fix} - B_{fl}$$

式中，B_{fix} 为固定利率；B_{fl} 为浮动利率。

对B公司来说，它的收入是浮动利率，支出的为固定利息，则：

$$V = -B_{fix} + B_{fl}$$

2. 货币互换的定价

货币互换的定价可以分解为债券的多空组合或一系列远期合约的组合两部分。将货币互换看成债券的多空组合。对支付外币利息、收取本币利息的互换者来说：

$$V = SB_F - B_D$$

式中，B_F 为外币债券的价值；B_D 为本币债券的价值；S 为现汇汇率。

因此，货币互换的价值取决于本国利率、外币利率及现汇汇率。

(二) 利率互换和货币互换实例

1. 利率互换

【例4-2】 市场提供给A、B两公司的借款利率为：

	固定利率	浮动利率
A公司	10.00％	6个月期 LIBOR+0.30％
B公司	11.20％	6个月期 LIBOR+1.00％

假定A、B两公司都想借入5年期的1000万美元的借款，A公司想借入与6个月期相关的浮动利率借款，B想借入固定利率借款，但两家公司由于其信用等级不同，故市场向他们提供的利率也不同。

A公司相对B公司来说，无论是固定利率市场还是在浮动利率市场，都有"绝对优势"。

相对而言，在浮动利率市场上，A和B的利率差较小，B具有相对优势。

若采用互换的方法，即A公司按固定利率借款，B公司按浮动利率借款，然后再交换，若不计交换费用，则两家公司可节约利率为：

(LIBOR+0.30％+11.20％) － (10.00％+ LIBOR+1.00％) = 0.50％（互换利益）

假定双方各分享一半的互换利益，则A公司的实际借款利率为：

(LIBOR+0.30％ －0.25％) = LIBOR+0.50％

B公司的实际借款利率为：

11.20％－0.25％=10.95％

这种结果的出现是因为存在比较优势：

$$11.20\%-10.00\% > (LIBOR+1.00\%) - (LIBOR+0.30\%)$$

其流程图如图4-2所示。

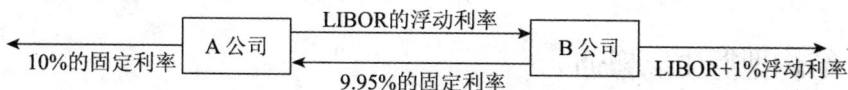

图4-2 利率互换流程示意图

2. 货币互换

【例4-3】 市场向A、B公司提供的借款利率为：

	美元	英镑
A公司	8.0%	11.6%
B公司	10.0%	12.0%

假定A公司想借入5年期的1000万英镑的借款，B公司想借入5年期的1500万美元借款，英镑与美元的汇率为：1英镑＝1.5000美元。两家公司由于其信用等级不同，故市场向它们提供的固定利率也不同。

若采用互换的方法，即A公司按固定利率借款美元，B公司按固定利率借款英镑，然后再交换，若不计交换费用，则两家公司可节约利率为：

$$（10.0\%美元+11.60\%英镑） - （8.0\%美元+12.0\%英镑）$$
$$=2.0\%美元-0.40\%英镑=1.6\%（互换利益）$$

假定双方各分享一半的互换利益，若不考虑本金问题，则A公司的实际借款利率为：

$$11.60\% -0.8\%=10.80\%$$

B公司的实际借款利率为：

$$10\% -0.8\%= 9.2\%$$

这种结果的出现是因为存在比较优势：

$$10.0\%-8.0\% >12.0\%-11.6\%$$

货币互换可用图4-3所示的流程图来表示。

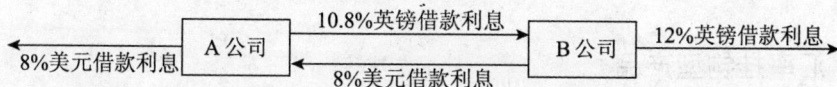

图4-3 货币互换流程示意图

第三节　结构型衍生品

一、结构型衍生品概述

结构型金融衍生产品（Structured Financial Derivatives）是一种将固定收益产品（通常是定息债券）和具有选择权的金融产品（如远期、期权、掉期等）进行组合的金融产品。它将固定收益产品（通常是定息债券）与金融衍生交易（如远期、期权、掉期等）合二为一，增强产品收益或将投资者对未来市场走势的预期产品化。

二、结构型金融衍生产品的类型

产品构成具有灵活性及复杂性，根据所挂钩基础资产的种类，可将结构性产品进行如下分类。

（一）利率挂钩型产品

利率挂钩型结构型产品的收益水平与某一个利率指标或者债券指数的变动挂钩。例如，可转换付息方式的债券，债券的持有人或发行人有权选择计息方式（如可选择采用固定利率或者浮动利率）。此外，还有所支付的利息与某种证券挂钩的产品，比如说某种产品的利率与 10 年期国债的利率挂钩。

（二）股票挂钩型产品

股票挂钩型结构型产品是指通过与股票、股票指数、股票基金等权益类资产表现挂钩，构造满足投资者不同收益形态的产品。股票挂钩型结构型产品通常内嵌期权，且多数具备保本或者部分保本等低风险特点，其风险比股票、基金低，预期收益通常比同期限的固定收益类证券高，是介于股票、固定收益证券之间的投资工具，可满足投资者多样化投资需求。

（三）汇率挂钩型产品

汇率挂钩型结构型产品的收益水平与某种汇率的变动挂钩，汇率挂钩型产品与全球金融市场的变化有着密切的关系，一旦市场持续动荡、外汇波动加剧，相关汇率型产品的投资风险和难度就会大幅增加。

（四）信用挂钩型产品

信用挂钩型结构型产品的收益水平与某个公司或者某几个公司的信用水平挂钩，主要是通过与这些标的公司所发行的公司债券挂钩来实现。信用保护卖方创设特殊目标机构，由该特殊目标机构发行产品给投资者，特殊目标机构再与信用保护买方从事信用交换，由信用保护买方支付固定费用于该特殊目标机构。当标的公司的信用水平发生变化时，与其挂钩的结构型产品的收益发生变化。

（五）商品挂钩型产品

商品挂钩型结构型产品的收益水平与某种大宗商品或大宗商品的价格指数挂钩，例如，与黄金价格挂钩的结构型存款产品，这种产品虽然被称为存款，但它的收益不是确定的，而是随着黄金价格的变动而变动。当黄金价格上涨时，这种产品的收益增加；反过来，当黄金价格下降时，这种产品的收益减少。

（六）其他结构型产品

结构型产品的结构复杂多样，还包括通胀挂钩型产品、奇异期权嵌入型产品等，甚至有更为复杂的产品是由前述几种结构型产品组合而成。

三、结构型产品的特点与作用

（一）结构型产品的特点

1. 风险可控性

结构型产品发行收入大部分用于投资固定收益证券，仅小部分用于投资衍生品，并设定风险限额。投资固定收益证券部分能够确保投资人最低本金保证，再通过衍生品的高杠杆增加产品收益，投资者通过购买结构型产品能够获得低风险及合理收益。

2. 产品种类多样化

结构型产品种类繁多，一般有外汇、利率、股票、股票指数、商品挂钩型理财产品等，并不断推出创新产品。此外，对应不同种类，产品收益形式灵活多样，有保本型与非保本型，有固定比例和浮动比例，其中，浮动比例包括最低收益保证型、阶梯型、上下限型等。

3. 产品结构设计较为复杂

衍生品设计较为复杂，不仅包括远期合约、期权合约、互换合约等多种形式，还在结构设计上引入多种期权组合。另外，支付条款设计多样化，如根据参考价格与上限价格的大小关系，设计不同支付条款。产品结构越复杂，对机构专业性的要求则越高，这是普通投资者难以达到的。

（二）结构型金融衍生产品的作用

1. 使金融衍生产品市场更加完备

完备市场，在任何市场状况下，投资人均可以组合现存的各种投资工具，来复制任意既存有价证券的风险及报酬的市场。

2. 深化了金融衍生产品市场的风险配置功能

结构型金融衍生产品灵活设计的特点使其能够产生多样的风险报酬形态，吸引有不同风险偏好的投资者，这增强了衍生品市场的风险分散和配置功能。

3. 增强了金融衍生市场中资本的流动性

结构型金融衍生产品独特的设计特点在很大程度上增强了投资者的投资需求，增大了金融产品交易量，并且降低了投资者风险管理的成本。

4. 提高了金融衍生市场的信用水平

结构型产品的一个核心机制就是发行机构利用自身的信用来减少其交易的违约风险。

5. 对基础资产市场和期权市场产生重要影响

结构型金融衍生产品是对市场现有产品的分解、组合，对各组成部分市场如债券市场、期权市场都将产生重要影响；结构型产品套期保值的需求将增加衍生品市场的交易，增加衍生品市场的流动性；一些结构型产品还会降低标的资产市场价格的波动性。

第四节　其他相关衍生品

一、信用衍生品

（一）产生背景与定义

传统的信用风险管理如分散投资、防止授信集中化、加强对交易对手的信用审查、要求交易对手提供抵押或担保等措施一般都需大量人力和物力投入。而且，传统管理方法只能在一定程度上降低信用风险水平，而很难使投资者完全摆脱信用风险，无法适应现代信用风险管理发展的需要。20 世纪 90 年代以来，信用衍生产品的出现和发展为投资者的信用风险管理提供了新的对冲工具，也为金融机构开拓出了新的业务品种和利润来源。

信用衍生产品是指以贷款或债券的信用状况为基础资产的衍生金融工具，具体说是一种双边金融合约安排。这一合约下，交易双方同意互换商定的现金流，而现金流的确定依赖于预先设定的未来一段时间内信用事件的发生。这里的信用事件通常与违约、破产或者信用等级降低等情况相联系，必须是可观测到的。

（二）信用衍生品分类

信用衍生品主要通过采用分解和组合技术来改变资产的整体风险特征，按其价值决定因素分类：①基本的信用衍生品，它的价值主要取决于违约概率的期限结构；②一篮子信用互换（BDS），它的价值与纳入篮子中信用体的相关性有关；③信用价差期权（CSO），它的价值取决于信用价差的波动性。

（三）国际上常见的信用衍生工具

1. 违约互换

在这种合约下，交易双方就基础资产的信用状况达成协议，合约购买方（一般是希望规避信用风险的市场主体）向合约出售方支付一定的费用，以换取在基础资产违约实际发生时，合约出售方向合约购买方支付全部或部分违约金额。这实际上是合约购买方以一定的费用为代价将基础资产的信用风险转移给合约出售方。

2. 总收益互换

在这种合约下，合约购买方将基础资产的总收益（包括基础资产的利率加减基础资产价值的变化）支付给合约出售方，同时作为交换，合约出售方支付给合约购买方一个以利率 LIBOR 为基础的收益率。这种支付的互换一般每季度进行一次，交易形式类似于利率互换。

3. 信用联系票据

这是一种表内交易的货币市场工具，在发行时往往注明其本金的偿还和利息的支付取决于约定的参考资产的信用状况，如果参考资产出现违约，则该票据得不到全额的本金偿还。票据发行者在发行这一融资票据时，将参考资产的信用风险转嫁给票据投资者。这实际上是一个普通的固定收益证券和一个信用衍生工具的混合产品。

二、存托凭证

（一）存托凭证概述

存托凭证（Depository Receipts，DR），又称存券收据或存股证，是指在一国证券市场流通的代表外国公司有价证券的可转让凭证，属公司融资业务范畴的金融衍生工具。存托凭证一般代表公司股票，但有时也代表债券。1927 年，美国人 J. P 摩根为了方便美国人投资英国的股票发明了存托凭证。

以股票为例，存托凭证是这样产生的：某国的某一公司为使其股票在外国流通，就将一定数额的股票委托给某一中间机构（通常为一银行，称为保管银行或受托银行）保管，由保管银行通知外国的存托银行在当地发行代表该股份的存托凭证，之后存托凭证便开始在外国证券交易所或柜台市场交易。存托凭证的当事人，在国内有发行公司、保管机构，在国外有存托银行、证券承销商及投资人。从投资人的角度来说，存托凭证是由存托银行发行的几种可转让股票凭证，证明一定数额的某外国公司股票已寄存在该银行在外国的保管机构，而凭证的持有人实际上是寄存股票的所有人，其所有的权利与原股票持有人相同。存托凭证一般代表公司股票，但有时也代表债券。

存托凭证的当事人，在本地有证券发行公司、保管机构，在国外有存托银行、证券承销商及投资人。按其发行或交易地点之不同，存托凭证被冠以不同的名称，如美国存托凭证（American Depository Receipt，ADR）、欧洲存托凭证（European Depository Receipt，EDR）、全球存托凭证（Global Depository Receipts，GDR）、中国存托凭证（Chinese Depository Receipt，CDR）等。

（二）存托凭证的优点

1. 对发行人的优点

①市场容量大，筹资能力强。以美国存托凭证为例，美国证券市场最突出的特点就是

市场容量极大，这使在美国发行 ADR 的外国公司能在短期内筹集到大量的外汇资金，拓宽公司的股东基础，提高其长期筹资能力，提高公司证券的流动性并分散风险。

②避开直接发行股票与债券的法律要求，上市手续简单，发行成本低。

除此之外，发行存托凭证还能吸引投资者关注，增强上市公司曝光度，扩大股东基础，增加股票流动性；可以通过调整存托凭证比率将存托凭证价格调整至美国同类上市公司股价范围内，便于上市公司进入美国资本市场，提供了新的筹资渠道。对于有意在美国拓展业务、实施并购战略的上市公司尤其具有吸引力；便于上市公司加强与美国投资者的联系，改善投资者关系；便于非美国上市公司对其美国雇员实施员工持股计划等。

2. 对投资者的优点

①以美元交易，且通过投资者熟悉的美国清算公司进行清算。

②上市交易的 ADR 须经美国证监会注册，有助于保障投资者利益。

③上市公司发放股利时，ADR 投资者能及时获得，而且是以美元支付。

④某些机构投资者受投资政策限制，不能投资非美国上市证券，ADR 可以规避这些限制。

三、权证

(一) 权证的定义

权证（Share Warrant），是指基础证券发行人或其以外的第三人发行的，约定持有人在规定期间内或特定到期日，有权按约定价格向发行人购买或出售标的证券，或以现金结算方式收取结算差价的有价证券。权证作为一种新兴的与股票紧密联系的投资工具，具有与期权很相近的本质特征。

(二) 权证分类

1. 按买卖方向不同分类

按买卖方向不同，可分为认购权证和认沽权证。

认购权证属于期权当中的"看涨期权"，认沽权证属于"看跌期权"。两者的区别如表 4-1 所示。

表 4-1　　　　　　　　　　　认购权证与认沽权证的区别

	认购权证	认沽权证
持有人的权利	持有人有权利（而非义务）在某段期间内以预先约定的价格向发行人购买特定数量的标的证券	持有人有权利（而非义务）在某段期间内以预先约定的价格向发行人出售特定数量的标的证券
到期可得的回报	（权证结算价格－行权价）×行权比例*	（行权价－权证结算价格）×行权比例*

注：＊未考虑行权有关费用

2. 按权证行使期限不同分类

按权证行使期限不同分类，可分为美式权证、欧式权证和百慕大式权证。

欧式权证的持有人只有在约定的到期日才有权买卖标的证券，而美式权证的持有人在到期日前的任意时刻都有权买卖标的证券。百慕大式权证是权证的一个名称，是同欧式、美式权证相对应的，是根据权证行权期限来划分的。

欧式权证的行权期限只有一天，美式权证的行权期限为自上市开始后所有的交易时间。而百慕大式权证的行权期限既不是天天，也不是一天，而是一段时间，即权证投资者可以在一段时间内行使权证所赋予的这项权利。

3. 按发行人不同分类

（1）股本权证

股本权证通常由上市公司自行发行，也可通过券商、投行等金融机构发行，标的资产通常为上市公司或其子公司的股票。股本权证通常给予权证持有人在约定时间、以约定价格购买上市公司股票的权利，目前绝大多数股本权证都是欧式认购权证。在约定时间到达时，若股票的市面价格高于权证行使价格，则权证持有人会要求从发行人处购买股票，而发行人通过增发的形式满足权证持有人的需求。

（2）备兑权证

备兑权证是由标的资产发行人以外的第三方（通常为信誉好的券商、投行等大型金融机构）发行的权证，其标的资产可以为个股、一篮子股票、指数以及其他衍生品。备兑权证可为欧式或美式，持有人的权利是可以买入或卖出标的资产。备兑权证的行使操作与股本权证基本一样，不同的是，交割方式既可以是股票也可以是现金。两者的区别如表 4-2 所示。

表 4-2　　　　　　　　　股本权证与备兑权证的区别

比较项目	股本权证	备兑权证（衍生权证）
发行人	标的证券发行人	标的证券发行人以外的第三方
标的证券	需要发行新股	已在交易所挂牌交易的证券
发行目的	筹资或激励高管人员	为投资者提供避险、套利工具
行权结果	公司股份增加、每股净值稀释	不造成股本增加或权益稀释

4. 按权证行使价格是否高于标的证券价格分类

按权证行使价格是否高于标的证券价格分类，可分为价内权证、价平权证和价外权证。

对于认购权证，若标的股价高于行权价，则称为价内权证；若低于行权价，则称为价外权证；若二者相等，则为价平权证。对于认沽权证，若标的股价高于行权价，则称为"价为权证"；若低于行权价，则称为"价内权证"；若二者相等，则为"价平权证"。

5. 按结算方式不同分类

按结算方式不同分类，可分为记券给付结算型权证和现金结算型权证。

权证如果采用证券给付方式进行结算，则其标的证券的所有权发生转移；如采用现金结算方式，则仅按照结算差价进行现金兑付，标的证券所有权不发生转移。

(三) 权证的优点

①可以确定投资的最大风险，在标的股票下跌时，权证持有人的最大损失限定为投资权证的全部成本。

②可以利用权证的高杠杆性，在股票上涨时，充分享受股票上涨的收益。

四、资产证券化与证券化产品

(一) 资产证券化与证券化产品的定义

资产证券化是以特定资产组合或特定现金流为支持，发行可交易证券的一种融资形式。传统的证券发行以企业为基础，而资产证券化以特定的资产池为基础发行证券。

1. 广义的资产证券化

广义的资产证券化是指某一资产或资产组合采取证券资产这一价值形态的资产运营方式，它包括以下 4 类。

（1）实体资产证券化

即实体资产向证券资产的转换，是以实物资产和无形资产为基础发行证券并上市的过程。

（2）信贷资产证券化

是指把欠流动性但有未来现金流的信贷资产（如银行的贷款、企业的应收账款等）经过重组形成资产池，并以此为基础发行证券。

（3）证券资产证券化

即证券资产的再证券化过程，就是将证券或证券组合作为基础资产，再以其产生的现金流或与现金流相关的变量为基础发行证券。

（4）现金资产证券化

是指现金的持有者通过投资将现金转化成证券的过程。

2. 狭义的资产证券化

狭义的资产证券化是指信贷资产证券化。具体而言，它是指将缺乏流动性但能够产生可预见的稳定现金流的资产，通过一定的结构安排，对资产中风险与收益要素进行分离与重组，进而将其转换成在金融市场上可以出售的流通证券的过程。

(二) 资产证券化的相关主体

1. 发起人

也称原始权益人，是证券化基础资产的原始所有者，通常是金融机构或大型工商企业。

2. 特定目的机构或特定目的受托人（SPV）

他们是接受发起人转让的资产，或受发起人委托持有资产，并以该资产为基础发行证券化产品的机构。

3. 资金和资产存管机构

为保证资金和基础资产的安全，特定目的机构通常聘请信誉良好的金融机构进行资金和资产的托管这类机构就是资金和资产存管机构。

4. 信用增级机构

信用增级机构负责提升证券化产品的信用等级，为此要向特定目的的机构收取相应费用，并在证券违约时承担赔偿责任。有些证券化交易中，并不需要外部增级机构，而是采用超额抵押等方法进行内部增级。

5. 信用评级机构

发行的证券化产品属于债券，发行前必须经过评级机构进行信用评级。

6. 承销人

承销人是负责证券设计和发行承销的投资银行，如果证券化交易涉及金额较大，可能会组成承销团。

7. 证券化产品投资者

他们是证券化产品发行后的持有人。

除上述相关主体外，证券化交易还可能需要金融机构充当服务人，服务人负责对资产池中的现金流进行日常管理，通常可由发起人兼任。

法律法规链接

《中华人民共和国票据法》（1995 年 5 月 10 日正式颁布，1996 年 1 月 1 日起实施，2004 年 8 月 28 日第二次修正即日生效）

《中华人民共和国证券法》（1998 年 12 月 29 日通过，2004 年 8 月 28 日修正，2005 年 10 月 27 日修订，2006 年 1 月 1 日起施行）

《中华人民共和国证券投资基金法》（2003 年 10 月 28 日正式颁布，2012 年 12 月 28 日修订通过，自 2013 年 6 月 1 日起施行）

《上市公司证券发行管理办法》（2006 年 5 月 6 日证监会令第 30 号）

《中国证券监督管理委员会发行审核委员会办法》（2006 年 5 月 9 日证监会令第 31 号）

《证券发行与承销管理办法》（2006 年 9 月 17 日证监会令第 37 号）

《证券投资基金销售管理办法》（2004 年 6 月 25 日证监会令第 20 号）

《证券投资基金运作管理办法》（2004 年 6 月 29 日证监会令第 21 号）

《中华人民共和国信托法》（2001 年 4 月 28 日通过，2001 年 10 月 1 日生效施行）

《信贷资产证券化试点管理办法》（中国人民银行、中国银行业监督管理委员会制定，2005 年 4 月 20 日公布）

本章思考题

1. 简述远期合约的定义和种类。
2. 简述期货合约与远期合约的比较。
3. 简述金融互换的概念、种类、定价。
4. 简述结构型衍生品的定义、类别、特点和作用。
5. 简述信用衍生工具、存托凭证、权证、资产证券化产品的定义。

第五章　金融衍生品法律制度概述

本章概要

　　金融衍生品法律制度概述是对金融衍生品法的总体介绍，本章首先介绍了金融衍生品法律制度的概念及特征，阐明了与金融衍生品相关的概念、含义，然后介绍了金融衍生品法律制度的基本价值理念，即金融安全、市场透明度和投资者保护。

本章重点知识

- 金融衍生品法律制度的基本概念
- 金融衍生品法律制度的特征
- 金融衍生品法律制度的基本原则

引读案例

"KODA" 事件

　　2008年10月，随着中信富泰澳元外汇合约巨亏150亿元、碧桂园投资金融衍生品亏损12亿元和中国内地投资者香港理财导致数亿元亏损等事件的曝光，一种名为"KODA"（全称为"Knock Out Discount Accumulator"）的金融衍生品进入公众的视野，其实质上是由香港外资银行发售的结构较为复杂的金融衍生品，属于累计期权的一种。

　　"KODA"这种金融衍生品具有创新性和高收益性，吸引了大量投资，然而，在华尔街风暴的影响下，"KODA"产品的收益率直线下跌，最后席卷投资者的财富积累，即使是具有丰富投资经验的中信富泰和碧桂园也未幸免于难。同时，大多数内地投资者在香港难以维权，无法向出售"KODA"产品的金融机构主张权利。

　　在金融衍生品不断创新的今天，如何从法律层面完善和规范金融衍生品市场参与主体的各种交易活动，维护金融消费者的交易安全，促进金融衍生品市场的健康发展，是金融衍生品法研究的重要内容。

第一节　金融衍生品法律制度的概念及特征

一、金融衍生品法的概念

金融衍生品法是调整金融衍生品市场参与者与金融衍生品监督管理者在衍生品的发行、交易、监督管理过程中所发生的社会经济关系的法律规范的总称。

金融衍生品法的概念有狭义和广义之分。狭义的金融衍生品法，是指一国制定的关于金融衍生品的专门法律。从国外经验来看，对于金融衍生品的监管，各国都没有形成一部专门的法律，所以，现在各国的衍生品法律属于广义的法律，即凡是调整金融衍生品关系的法律规范都属于金融衍生品法范畴。它不仅包括专门的金融衍生品法的内容，还包括其他法律部门中关于金融衍生品方面的规定，如《证券法》、《合同法》、《期货交易管理条例》以及其他法律、法规关于金融衍生品方面的规定。

从金融衍生品法的规范层级与效力来看，其主要由3方面的规范组成：一是国家立法机关制定的法律；二是国家最高行政机关制定的有关金融衍生品管理的行政法规；三是有关金融衍生品主管机构根据立法机关的授权制定的与金融衍生品法相关的规则、规章、办法及其对有关金融衍生品法规的解释。此外，期货交易所、证券业协会或其他自律性机构制定的组织章程、交易规则和其他自律规范虽然不属于法律规范，但具有法律承认的约束力，是对金融衍生品法律的重要补充。

二、世界主要国家地区的金融衍生品法律发展现状

世界各国及地区的金融衍生品法律制度体系不太相同，但存在着逐渐融合的趋势。

（一）美国金融衍生品法律制度发展现状

美国是金融衍生品的发源地，其拥有最大规模的业务量和最齐全的金融产品种类。美国的金融衍生品市场已经拥有较成熟的运作方式和良好的制度环境。

早在1848年，美国就成立了芝加哥谷物期货交易所，专门从事谷物期货交易。但是那时期货市场品种单一、规模小，并没有专门的法律。直到1921年，美国最早的期货市场管理法——《期货交易法》才正式出台。1972年，货币期货合约、利率互换协议等金融衍生品相继在芝加哥商品交易所进行交易①，但是当时并没有对金融衍生品进行专门的立法，而是将《期货交易法》的调整范围由商品期货扩展到金融衍生品。1936年，《商品交易法》成为了美国金融衍生品场内交易的基础性法律制度。1974年，美国国会通过《商品期货交易委员会法》，并据此设立了商品期货交易委员会，赋予它对期货合约的专属

---

① TEWELES R J, JONES F J. the Futures Games [M]. McGraw-Hill Book Co. ，1987：515.

管辖权。1989 年通过的《期货交易法》、1991 年通过的《期货交易实务法案》则初步划清了商品期货委员会和证券交易委员会的监管权限和监管范围。根据这两个法案，证券交易委员会在金融创新产品方面的管辖范围是在证券交易所上市的金融创新产品之外的绝大数金融创新产品，包括集中交易和场外交易的金融创新产品。① 1999 年通过的《金融服务现代化法案》允许混业经营，但仍然延续多头监管或分类监管制度，这为金融衍生品提供了更为合适的法律依据。2000 年生效的《商品期货现代化法案》，取消了许多《商品交易法》的限制性规定，提倡更灵活的原则，大大扩充了受监管的交易所进行创新的自由空间，使得受商品期货交易委员会监管的期货交易所可以在自我认证程序基础上，不经商品期货交易委员会事先批准就可以上市新的产品和制定新的规则。这样，交易所可以更及时地推出新产品和制订新规则，增强了美国金融机构和金融市场的竞争力。

从美国关于金融衍生品立法历史可以看出，作为金融衍生品市场的创新者，基于对金融衍生品市场重要性和风险性的深刻认识，美国重视从国家层次上对金融衍生品进行立法规范，紧随着市场发展需要进行立法规则，其中又特别注意了监管当局的权力分工，避免了由于监管真空和监管重叠给市场带来的不确定性。这样既保证了金融衍生品在资本市场中发挥独特作用，促进市场经济体系的繁荣，又有效地抑制和防范了金融衍生品市场风险，维护了金融衍生品市场的正常运转。

（二）英国金融衍生品法律制度发展现状

区别于美国的监管体制，英国的金融市场监管采取的是"统一监管模式"，即以金融服务局作为唯一监管机构，所有监管均通过其进行。其主要职责包括：为英国金融服务法制定具体的实施细则；对银行、保险公司等金融机构进行监督；对各金融机构违法违规行为进行惩罚等。在金融衍生品市场的监管方面，英国采取了由政府监管、行业自律、交易所自我管理的三层次监管架构。不同的是，英国主要以行业组织、交易所自我管理以及参与者的自我监管为主，而美国则强调政府干预并通过立法来加强监管。

20 世纪 70 年代以前，英国传统的金融监管以金融机构自律管理为主、英格兰银行监管为辅，其监管主要是依靠监管者与被监管者之间的相互信任与合作，对被监管者的监管主要采取"道义劝说"、"君子协定"等方式。但随着金融交易范围的扩大，金融市场日益活跃，这种放任式的金融监管模式开始不断暴露出危机。1973—1975 年，大量的英国二级银行（Secondary Bank，意为小银行）发生挤兑危机，并波及到核心银行。这次危机迫使政府改变立场，最终促使《1979 年银行法》出台。该法的出台标志着英国金融监管进入了规范化和法制化的轨道。20 世纪 80 年代以后，随着金融全球化的发展，混业经营盛行，国际、国内金融竞争加剧。在此背景下，英国政府于 1986 年出台了《金融服务法》，确立了以自律管理为基础的现代金融监管框架。根据该法规，证券与投资委员会（SIB）和证券期货管理组织（SFA）等非政府机构成为英国金融自律监管的组织核心，各交易所和结算所也建立了一套较为完善的自我约束机制。SIB 在财政部授权下取得了准法律地位，直接对财政大臣负责。成立 SIB 是为了促进金融市场发展、保障投资环境，该机构通

①宁敏. 国际金融衍生交易法律问题研究 [M]. 北京：中国政法大学出版社，2002.

过对各类金融机构进行资格审核以及对各交易主体进行资格审查来进行监管。

随后，英国伦敦证券交易所实施重大改革，即英国金融"大爆炸"，这标志着英国金融业由分业经营向混业经营的历史性转变。20 世纪 90 年代，英国爆发了一连串影响国际金融秩序的重大金融事件，如国际商业信贷银行破产、巴林银行倒闭、国民西敏寺银行危机等，最终迫使英国政府于 1997 年 5 月提出了改革金融监管体制的方案，剥离英格兰银行的银行监管职能，将银行业监管与投资服务业监管并入新成立的全能金融监管机构——金融服务局（Financial Service Authority，FSA）。2000 年 6 月，英国通过了《2000 年金融市场与服务法案》，该法案从法律上进一步明确了金融服务局与被监管者的责任、权利和义务，统一了监管标准，规范了金融市场的运作，是英国规范金融业的一部"基本法"，并实现了英国金融监管的统一。[①]

（三）新加坡金融衍生品法律制度发展现状

新加坡有一个较发达的期货市场，这也是国际上比较有代表性的期货市场之一。长期以来，新加坡政府一直将金融业作为本国发展经济的重要支柱，并为其做出了不懈努力。其中，充分利用后发优势加强法制建设，是新加坡期货市场繁荣昌盛的关键因素之一。新加坡期货市场建立初期，政府并没有制定专门的规制交易行为的法律法规。对那些因期货交易而发生的法律关系，主要依靠民法的契约原则来加以调整。新加坡第一部专门规范期货市场的法律是 1986 年颁布的《期货交易法》，该法一直到 2001 年的《证券期货法》生效后才被废止。1992 年颁布的《商品期货法》主要针对除金融衍生品、石油、黄金期货外的天然橡胶期货、咖啡期货等一般期货品种，2001 年更名为《商品交易法》。目前，规制金融期货和能源期货的《证券期货法》和规制一般商品期货的《商品交易法》是现行的新加坡期货市场的主要法律渊源。此外，《公司法》、《新加坡金融管理局法》、《新加坡国际企业委员会法》、《所得税法》、《民法》、《银行法》、《商业信托法》等商事、金融法律，也维护着新加坡期货市场的秩序，并对投资者的保护起着不可替代的重要作用。[②]

三、中国金融衍生品法律制度的发展现状

自 20 世纪 80 年代以来，中国各金融机构、企业、外汇调剂中心和证券交易所等分别推出了一些金融衍生品业务，政府监督部门、主管部门也颁布了相关交易管理办法。但是，随着金融衍生品业务的停滞，相关立法也同时被废止。

2004 年伊始，国务院发布了《关于推进资本市场改革开放和稳定发展的若干意见》，提出了发展期货市场和开发金融衍生品的要求。银监会于 2004 年 2 月 5 日颁布了《金融机构衍生产品交易管理暂行办法》。2006 年 9 月 8 日，中国金融期货交易所在上海挂牌成立，这是中国内地成立的第 4 家期货交易所，也是中国内地成立的首家金融衍生品交易所。2010 年 1 月 8 日，国务院原则同意了推出股指期货业务，开创了中国金融衍生品发展

①胡滨，尹振涛. 英国的金融监管改革 [J]. 中国金融，2009（17）.
②刘晓农，王晓娣. 发达国家期货法律制度及其对中国期货立法的启示 [J]. 江西社会科学，2010（1）.

的新纪元。目前为止，现行的金融衍生品法律制度主要分为 5 个层次：第 1 层次是法律，如《中华人民共和国民法通则》、《中华人民共和国合同法》、《中华人民共和国公司法》、《中华人民共和国刑法》等，尤其是《刑法修正案》将有关期货犯罪的条款正式列入《刑法》，进一步增强了对期货违法犯罪行为的查处力度；第 2 层次是行政法规，行政法规是国务院专门制定和颁布的规范性法律文件，国务院于 2007 年颁布了《期货交易管理条例》，此条例对期货市场和期货交易的各项制度进行了较为详尽的规定，成为权力部门行政管理制度的基础；第 3 层次是部门规章，主要指证券、期货监管机构为履行市场监管职责，依据有关法律法规发布的行政管理规定，主要有《期货交易所管理办法》、《期货公司管理办法》、《期货公司高级管理人员任职资格管理办法》、《期货业从业人员资格管理办法》、《证券公司为期货公司提供中间介绍业务试行办法》、《关于加强期货经纪公司内部控制的指导原则》、《期货经纪公司高级管理人员任职资格审核程序指引》、《期货从业人员执业行为准则》、《期货经纪合同指引》和《期货交易风险说明书》等；第 4 层次是司法解释，司法解释虽没有法律规范的约束力，却是人民法院解决期货纠纷重要的参考依据，对于明确期货交易主体权利、义务和责任具有重要的指导作用，2003 年 6 月，最高人民法院颁布了《关于审理期货纠纷案件若干问题的规定》，新的司法解释以意思自治、过错归责、风险与责任相一致为原则，涵盖了 13 个方面的内容，其核心是遵循公开、公平、公正和诚实信用原则，禁止欺诈、内部交易和操纵市场等侵害消费者利益的违法行为，成为指导解决期货市场法律纠纷的操作性指南，极大推动了期货市场的法制化进程；[①] 第 5 层次是自律规则，如中国金融期货交易所制定的《中国金融期货交易所风险控制管理办法》、《股指期货消费者适当性制度实施办法（试行）》等。

虽然中国加入世贸组织以后在金融衍生品立法上开始与国际接轨，但还是没有形成一套完整的金融衍生品法律体系，呈现出立法层次低、禁止或限制性规范过多、惩戒机制缺位等不足。中国应该借鉴国际其他国家及地区的立法经验，并与中国本土情况结合，制定出一套完整的金融衍生品法律体系。

四、金融衍生品法的调整对象

金融衍生品法的调整对象是指金融衍生品法加以规定，可以适用金融衍生品法解决矛盾、缓解冲突的特定社会关系。金融衍生品法的调整对象主要包括金融衍生品发行关系、金融衍生品交易关系以及金融衍生品监管关系。

（一）金融衍生品法发行关系

金融衍生品发行关系是由金融衍生品发行人向金融衍生品投资者出售所发行的金融衍生产品而产生的金融衍生品买卖关系，可分为金融衍生品募集关系和金融衍生品交付关系。前者是金融衍生品发行人向金融衍生品投资者招募资金而形成的权利、义务关系，后者是金融衍生品发行人向金融衍生品投资者交付投资凭证而发生的权利、义务关系。

---

① 王泽鉴. 民法总则 [M] . 北京：中国政法大学出版社，2003：48.

（二）金融衍生品交易关系

金融衍生品交易关系是金融衍生品投资者采取转让或者其他方式处置金融衍生品并与其他投资者发生的交易关系，金融衍生品交易关系以金融衍生品买卖关系为典型形式。

（三）金融衍生品监管关系

金融衍生品监管关系是金融衍生品市场监管者因规范、调控金融衍生品发行和交易关系而与金融衍生品关系参与者形成的社会关系。金融衍生品监管者必须严格遵守法律、法规和规章，公正处理与金融衍生品发行和交易有关的各种关系。国务院金融监管机构实施金融衍生品监管职责而与其他行为人发生的金融衍生品监管关系，具有行政关系的性质；因自律监管机构实施监管而发生的金融衍生品监管关系，则具有民事关系性质。

五、金融衍生品法的特征

相对其他法律调整的社会关系，金融衍生品法作为调整金融衍生品法律关系的规范，其体现了法的一般特征，但由于金融衍生品的高杠杆性、高风险性和虚拟性，金融衍生品法也呈现出有别于其他法律的一些特征，主要表现如下。

（一）金融衍生品法规范主要是强制性规范

金融衍生品法的规范既包括强制性规范，也包括任意性规范，但以强制性规范为主。如强制发行人公开披露消息，禁止从事内幕交易、操纵市场、欺诈客户、虚假陈述等欺诈行为。金融衍生品法的强制性还体现在严格的法律责任上。违反金融衍生品法的法律责任，不仅有民事责任，还有行政责任、刑事责任。例如，2006 年实施的《刑法修正案（六）》中第一百八十二条规定的操作期货价格罪，违反了该款规定，会被认定为犯罪，要承担刑事责任。

（二）金融衍生品法具有较强的技术性

金融衍生品的发行和交易必须遵守一定的规则，才能保证金融衍生品发行和交易的公平、安全、快捷、有效。《期货交易管理条例》中包含了大量的技术性操作规则，如金融衍生品交易集合竞价规则、信息披露规则等，均具有较强的技术性。这是相对于一般法律的不同之处。所以，在制定金融衍生品法律时，要熟悉金融衍生品的发行、交易规则，要清楚信息披露制度和信用评级机构评级的流程及方法等。金融衍生品的高技术性，给立法者、执法者都提出了更高的挑战，立法者和执法者要随时做好提高自身素质的准备，必要时应听取金融衍生品专业人士的意见。

（三）金融衍生品法是公法与私法的结合

一般认为，公法规定的是国家或其他公共团体间的相互关系，以及国家或其他公共团体与私人之间的相互关系，公法保护的是公共利益。私法则规定的是私人间或私人团体之间的相互关系，保护的是私人或私人团体利益。私法与公法本是泾渭分明，但随着社会的发展，二者出现相容之势。金融衍生品法既调整金融衍生品发行人、金融衍生品经纪公司、期货交易所、投资者之间的平等主体关系，又调整国家金融衍生品管理机构与市场参与者之间隶属性质的监督管理关系。所以说，金融衍生品相关法律是公法和私法结合的一套法律体系，一方面保障了投资者、发行人、经纪公司和期货交易所之间的合法权益，另一方面通过证监会及国家相关机构的监管，加强了金融衍生品参与者自律的程度，有利于金融衍生品市场健康稳定的发展。

（四）金融衍生品法是实体法与程序法的结合

实体法是指规定具体权利义务内容或者法律保护的具体情况的法律。程序法是指规定以保证权利和职权得以实现或行使，义务和责任得以履行的有关程序为主要内容的法律。而在金融衍生品的相关法律体系中，呈现出来的特征是实体法和程序法的结合。具体表现：有关金融衍生品发行人、经纪人、投资者及其他主体的权利和义务，法律责任等规范属于金融衍生品法的实体法规范，而金融衍生品的发行、上市、交易等程序均属于程序法规范。

（五）金融衍生品法是具有一定国际性的法律规范

金融国际化促进了国际金融衍生品业的相互合作，金融衍生品法的诸多基本概念和基本模式世界各国大体相同，各国的金融衍生品法也应兼顾国际上的通行做法。中国的金融衍生品相关立法也在逐步与国际惯例接轨。

第二节　金融衍生品法律制度的基本原则

法律的基本原则，不仅是构建法律基本框架、设立具体法律制度的基础，同时也是相关司法实践的宏观依据。金融衍生品法律制度的原则在于实现金融安全、市场透明化和对投资者的保护。也就是说，金融衍生品法律制度的基本原则是以金融安全为基础，以透明化为中心，以投资者为导向的。

一、金融安全原则

金融安全是一个宏观的概念，它要求金融体系的3个组成部分——金融机构（商业银行、政策性银行、金融资产管理公司及证券公司等）、金融市场（股票、证券、金融衍生品市场等）和金融基础设施（法律、支付、清算和评估机构）都能正常运转，保持一种安全的状态。金融安全是金融创新、金融发展的基础，如果一个市场丧失了安全性，投资者就会失去信心，金融交易就很难开展，更谈不上发展了。在金融衍生品交易中，对于安全性的强调显得更加重要，因为金融衍生品市场不但与其他市场一样存在垄断性、外部性、信息不对称性等市场失灵现象，而且其失灵较其他任何市场都更为严重、破坏力更强。比如，在次贷危机中，金融衍生品发行者利用投资者对金融衍生品定价理论不熟悉和定价信息不充分的情况，对金融衍生品进行过高的定价，让投资者对其有更大的收益预期，纷纷购买此种金融衍生品，投资者竞相购买的行为加重了金融衍生品价格泡沫的膨胀，又增加了金融衍生品的价格风险，这种价格风险又传递到了保险市场、证券市场，甚至实体经济领域。随着金融全球化的趋势，美国金融衍生品定价中出现的问题，不仅危及本国金融体系的安全，而且会迅速传导到各主要金融市场，引起全球性的金融动荡，进而可能引发社会经济秩序的混乱。由此可见，在进行金融衍生品交易时，更要注重对安全性的维护。

谈到维护金融衍生品的安全，就不能回避金融安全与金融创新、金融效率的关系。

金融创新是金融发展的强大动力，它通过在金融领域创造和引进新的手段和新的方法，以及在运用中的能量释放，推动着金融从低级到高级、从初始到发达的发展。但是，金融创新也会对金融安全造成威胁，比如，金融衍生品的产生是定价技术创新的产物，金融衍生品通过无套利的定价方式，利用金融市场杠杆效应，达到规避风险、增加财富的效果。但是，当无套利定价机制被异化滥用，杠杆率被随意地、过快地放大，风险在不同市场之间的转移得不到有效管理和监管的时候，就有可能导致金融泛滥，严重威胁金融安全。因此，我们不能以牺牲安全性为代价，换取金融创新所带来的虚假繁荣，而应对金融创新的动机和方向加以引导，以法律的形式规制盲目的金融创新。在金融衍生品发展中，要对滥用套利理论进行高杠杆金融衍生品交易的行为进行规制，以维护金融衍生品的安全，也就是维护金融市场的安全。

在规制金融衍生品时，除了应理性处理金融安全和金融创新的关系之外，还要注意对于金融安全的强调不能妨碍市场参与者对金融效率的追求。保证金融衍生品市场的安全就是为了提高交易效率，提高金融衍生品交易效率也必须以金融安全为前提。金融衍生品无套利定价理论与传统的成本定价理论相比，无疑是推进了金融衍生品交易的效率，但是每一次衍生的过程却都是对金融安全的挑战，当衍生程度超过了金融安全极限时，这种所谓的效率也变成了一种无效率。所以，对金融衍生品进行规制，就是让安全和效率达到和谐的统一。

在金融安全与金融创新、金融效率之间，金融安全是第一目标。在金融安全的指导下，兼顾金融创新、金融效率，就离不开法律制度对金融衍生品进行的监管，例如，提高金融衍生品的信息透明度是保障金融安全的基本条件。复杂的金融创新工具对信息要求非常高，只有信息充分、透明，投资者（包括专业的金融机构）才有可能了解金融创新产品的风险，并对风险进行评估，才能作出科学的投资决策。监管机构应该要求金融创新产品发行者进行强制性的信息披露。再比如，金融安全的核心是投资者资产的安全，对投资者利益的保护是金融安全最基本的内容，因为金融衍生品要求专业性的知识，普通投资者基本不具备对金融衍生品准确判断的能力，因此，发行者应在投资前向投资者充分说明与金融衍生品相关的所有情况，对投资者进行特别的保护，来增加投资的安全性。最后，在金融安全体系中，不能缺少对金融中介机构的安全性要求，评级机构在次贷危机中的表现，已经让人们意识到，其对金融安全构成的巨大威胁。因此，对信用评级机构的监管也体现了对金融安全的维护。

二、市场透明化的原则

金融衍生品法律制度的另一个重要原则就是要实现金融衍生品市场的透明化，使投资者能够及时获得其作为投资判断所需要的相关重大信息。实现市场透明度的核心就是信息公开，也就是在金融产品发行和交易的过程中，发行者和其他有关当事人必须向社会公众披露能够影响投资者做出决定的一切信息资料。实行市场的透明化有利于投资者在全面了解情况的基础上做出投资决定，以维护投资者的利益；有利于发行公司受到广大股东和社会公众的监督，从而改善自身的经营管理；有利于国家及时掌握金融衍生品发行和交易信息，对金融衍生品市场实行统一管理和监督。

金融衍生品信息的不公开直接影响到金融市场的透明化。比如，金融衍生品的发行者或承销商在推销金融产品时，只极力强调它可能的收益预期，却并不会说明未来预期是如何计算的，金融产品的价格是如何确定的。投资者在巨额收益的蛊惑下，忽视对其是否合理的判断，而做出错误的投资决策。如果投资者受到了损失，就会质疑金融机构的可信度和市场的透明度，进而对金融发展造成影响。因此，要实现市场的透明度，就必须对金融衍生品信息进行公开，并对内幕交易等行为进行监管。

实现市场透明化主要体现在以下几个方面。

（一）发行市场的透明化

保持发行市场的透明化就是要求在发行市场上，发行者欲公开发行金融产品筹集资金，必须向社会公开金融衍生品的性质、构成、原则、模型及前提假设、盈利机会和可能的风险等，以便投资者依据这些信息资料做出自己的投资判断。比如，发行衍生证券，就要发布招股说明书，投资者需要了解的全部信息，都应当在招股说明书中反映出来。招股说明书具有以下几个特点：一是招股说明书的内容应当真实、准确、完整；二是招股说明书也是发行人向证券审批机关申请报批的文件之一。

（二）上市的透明化

上市指发行人发行的有价证券，依法定条件和程序，在证券交易所或期货交易所公开挂牌交易。上市的结果是投资者在证券交易所或期货交易所可以自由买卖该种金融产品。保持上市的透明化就是指发行者如果想让金融产品上市、交易，就必须公开相关信息。比如，衍生证券上市就需要发布上市公告书。上市公告书是上市公司依法律要求，于该公司证券上市前，就其公司及证券上市事宜，通过指定报刊向社会公众披露的法律文件。投资者既可以在一级市场上直接向证券发行者购买证券，也可以在二级市场上向其他投资者买卖证券，在二级市场上买卖证券的依据是上市公告书所公开的信息。

（三）交易市场的透明化

保持交易市场的透明化就是要求发行者在金融产品交易中，对随时发生的重大信息进行披露。保持交易市场透明化的形式有定期报告和重大事件①的临时报告，定期报告包括中期报告和年度报告。中期报告是在每个会计年度上半年结束之日起二个月内向证券管理部门提交，并向社会公众公告的定期报告。年度报告是在每个会计年度结束之日起 4 个月内向证券管理部门或期货监管部门提交，并向社会公众公告的定期报告。重大事件临时报告指公司在无法事先预测的重大事件发生后，应当立即向证监会、证券交易所、期货交易所报告，在重大事件通知书编制完成后，在规定的场所公告事件实质。②

（四）防止内幕交易、价格操纵行为

防止内幕交易、价格操纵是维护市场透明度的重要方面。所谓内幕交易，就是指市场主体依据内幕消息进行金融产品的交易或其他有偿转让行为。这里的内幕消息是指为内幕交易人员所知悉的、尚未公开的和可能影响金融产品价格的重大信息。价格操纵是指市场参与者利用资金或信息的优势或滥用职权，操纵、垄断市场的供给和需求，将市场价格推动到一个虚假、误导、反常或人为的水平，以便获利的行为。适度透明的市场，可最大限度地缩小发行者及其他投资者内幕交易和价格操纵的可能，让所有的投资者有平等的权利了解金融产品信息，而做出投资决策。

市场透明是个相对的概念，只有为投资者进行适当的投资判断所必需的资料才需要公开，一般商业秘密及对投资决策或金融资产不构成影响的非重大信息则不必公开。③

三、保护投资者合法权益的原则

由于金融衍生品特殊的机制，它的价格中包含了很多非理性因素，如投资者对金融衍生品未来收益的信心。投资者的信心对金融衍生品市场十分重要，如果没有对市场信誉、透明度和稳定性的信心，投资者便不会介入；如果没有投资者，自然不会有金融衍生品市场及其发展。因此，为了维护投资者对金融投资的信心，就必须加强对投资者的保护。对投资者利益的保护是规制金融衍生品的首要原则。对投资者保护的重视源于 1929 年 10 月美国股票市场的崩溃进而引起全球性经济危机，危机引发了美国国会对投资者信心的深入思考。这种大萧条的持续是由于大部分投资者对市场缺乏信心，这使得即使具有良好发展前景的公司也无法募集到所需要的资金。美国国会在 1934 年通过了《证券交易法》并成立了证券交易委员会（Securities and Exchange Commission，SEC），其目的就在于保护投资者对证券市场的信心。在 1936 年，制定了《商品期货交易法》，确保在期货市场投资者的信心不会减损，此部法律在 1938—1970 年间经历了 9 次修改，但是都把投资者利益的保护作为首要目标。在次贷危机爆发后，金融衍生品投资者的利益又一次受到重创，2010 年 7 月 21 日，美国总统奥巴马签署《多德—弗兰克华尔街改革与消费者保护法》，法案专门设立了消费者金融保护局（Consumer Financial Protection Bureau，CFPB），将对金融

---

①重大事件指可能对金融产品价格产生重大影响而投资者尚未得知的事件。
②杨玉环. 证券信息公开原则的基本标准［J］. 经济论坛，2001（2）.
③谭立. 证券信息披露法理论研究［M］. 北京：中国检察出版社，2009：70.

投资者及消费者的保护提升到了前所未有的高度。除了美国之外，国际社会和其他国家在金融立法中同样高度重视对投资者的保护。国际证监会就将保护投资者和保持证券市场的透明、公正和效率作为监管的两大目标。欧洲证券委员会论坛于 2001 年 2 月发布了《协调保护投资者的核心商业行为准则》（*Standards and Rules for Harmonizing Core Conduct of Business Rules for Investor Protection*）[1]，对投资者保护制定专项规则。中国《期货交易管理条例》第 1 条和《期货法》（草案）第 1 条均开宗明义：把保护投资者的合法权益作为立法的宗旨。

在金融衍生品交易过程中，投资者的利益经常会受到侵害。首先，投资者对信息获取无相对优势。投资者需要有关发行公司的公司财务状况、未来收益、竞争状况等方面的信息，并且以一种统一的形式公布。如果没有这些信息，投资者就很难做出判断。其次，投资者受到损害时缺乏相应的保护。由于严格意义上的信息不对称性和非强市场效率的广泛存在，加之投资者对投机利润的关心，即使是充分的信息披露也不足以给投资者提供充分的保护。最后，缺乏投资者保护制度会间接损害资源配置效率。在缺乏监管的市场上，上市公司有动力向投资者发布夸大的甚至是虚假的信息以提高价格或谋取其他利益，通过操纵价格，破坏了金融衍生品市场的价格发现机制。因此，为了达到保护投资者的目的，就必须对金融衍生品交易行为进行规制，要保证金融衍生品投资者拥有相应的权利，以获得与发行者讨价还价的资格。保护投资者利益是对金融衍生品是否规制、如何规制、规制方式的终极要求，规制金融衍生品也是保护投资者利益的重要方面。

法律法规链接

《证券法》（1998 年 12 月 29 日第九届全国人民代表大会常务委员会第六次会议通过，根据 2004 年 8 月 28 日第十届全国人民代表大会常务委员会第十一次会议《关于修改〈中华人民共和国证券法〉的决定》修正，2005 年 10 月 27 日第十届全国人民代表大会常务委员会第十八次会议修订，自 2006 年 1 月 1 日起施行）

《期货交易管理条例》（2007 年 3 月 6 日，中华人民共和国国务院令第 489 号公布，根据 2012 年 10 月 24 日中华人民共和国国务院令第 627 号公布的《国务院关于修改〈期货交易管理条例〉的决定》第一次修订，根据 2013 年 7 月 18 日《国务院关于废止和修改部分行政法规的决定》第二次修订）

《证券公司参与股指期货国债期货交易指引》（2013 年 8 月 21 日，中国证券监督管理委员会公告〔2013〕34 号公布，自公布之日起实施）

《公开募集证券投资基金参与国债期货交易指引》（2013 年 9 月 3 日，中国证券监督管理委员会公告〔2013〕37 号公布，自公布之日起施行）

---

[1] Standards and Rules for Harmonizing Core Conduct of Business Rules for Investor Protection, European Securites Commission, Fesco/00 — 124b, February, 2001, para. 1.1, http://www.cesr — eu.org/data/document/00 _ 124b.pdf.

本章思考题

1. 简述金融衍生品法律制度的基本概念及特征。
2. 简述金融衍生品法律制度的基本原则。

第六章　金融衍生品发行与交易制度

本章概要

　　金融衍生品发行与交易制度是金融衍生品法的重点内容之一。本章首先系统阐述了金融衍生品的发行制度，详细介绍了金融衍生品发行制度的 3 种主要模式，并对这 3 种模式进行了分析比较，然后回顾了金融衍生品交易发展的历程，进而对金融期货、金融期权以及其他金融衍生品的交易制度进行了深度剖析，最后简要介绍了中国金融衍生品发行、交易制度的发展进程以及存在的问题和解决机制。

本章重点知识

- 金融衍生品的发行制度
- 金融期货交易制度
- 金融期权交易制度
- 金融远期交易制度
- 金融互换交易制度

引读案例

巴林银行倒闭事件

　　20 世纪 80 年代，金融衍生品市场的飞快发展引发了多起震撼国际金融界的衍生品交易巨亏的灾难性事件。英国巴林银行倒闭事件就是其中之一。巴林银行建立于 1763 年，是一家具有悠久历史的英国老牌银行。但由于一个名叫尼克·里森（Nicholas Leeson）的年轻交易员屡次在金融衍生品市场上实施违法交易行为，从而造成了 12.5 亿美元的巨大亏损，最终导致巴林银行于 1995 年 2 月 26 日宣布破产。一个小小的交易员竟然能够导致整个巴林银行的破产，除了金融衍生品具有的"杠杆性"之外，对金融衍生品交易制度的违反是其主要原因。所以，在金融衍生品市场飞速发展的时代，如何制定及完善金融衍生品的交易制度便成了极重要的问题。

第一节　金融衍生品的发行制度

一、金融衍生品发行制度概述

(一) 证券发行制度的提出

1602 年，荷兰阿姆斯特丹正式印刷了世界上最早的股票——东印度公司股票，该股票是荷兰东印度公司于 1606 年发行的，也是世界上最古老的股票。17 世纪，随着企业经营规模的扩大，各大公司为了融资纷纷发行股票。美国最早的证券发行管理可以追溯到 19 世纪下半期，1852 年马萨诸塞州对公用事业发行证券加以限制。早期的证券发行管理主要是依据各州的公司法、股东章程和各交易所的自我管理。英国证券发行始于 16 世纪中期，英国商人所组建的专营海外贸易的合股公司就通过发行股票来筹集资金。1720 年，政府为管制类似"南海公司泡沫事件"这样散布虚假信息获取发行机会的现象，颁布了著名的《泡沫法》(Bubble Act)，这是英国最早的证券法规之一。该法规定组建公司和发行股票需要经议会的特许。日本证券发行最早可追溯到明治维新时期，1878 年日本政府颁布了《证券交易所条例》，随即在东京和大阪开始大量发行证券。第一次世界大战后，日本重工业发展迅速，大企业急需大量资金，这就为证券发行创造了条件。这一时期的特点是公司通过大量发行债券来筹措资金，公司债券的发行额已经超过了股票的发行额。[①] 到 1928 年，形成了债券发行的黄金时代。[②]

(二) 金融衍生品发行制度的提出

金融衍生品的发行起源于证券发行，始于 17 世纪。1865 年，芝加哥谷物交易所推出了一种被称为"期货合约"的标准化协议，取代 1851 年以来沿用的远期合同，成为人类历史上最早发行的金融衍生品。20 世纪 70 年代以来，全球经济环境变化使金融资产面临较大的价格风险。汇率、利率这些基本经济变量的频繁变动，使企业、金融机构和个人的金融资产面临很大的价格风险，从而产生了风险转移的迫切需要。早期的金融衍生品发行具有明显的自发性质，处于无政府监管状态，在不断的发展过程中，各国确立了本国金融衍生品发行制度的核心，美国金融衍生品发行制度要求实行公开原则，即发行的注册登记、信息披露制度；英国金融衍生品发行制度确定了发行注册和信息公开原则；德国金融衍生品发行制度则强调中央监管力度的增强。

---

①卞耀武．日本证券法律［M］．北京：法律出版社，1999.
②郭明新．证券发行与上市制度国际比较研究［D］．长春：吉林大学，2005.

二、金融衍生品发行制度的界定

金融衍生品发行，是指政府、金融机构、工商企业等以募集资金为目的向投资者出售代表一定权利的产品或有价证券的活动。

（一）金融衍生品发行的主体

金融衍生品发行中的主体，也就是指在金融衍生品发行中的双方，分别为金融衍生品的发行人以及金融衍生品的投资人。

1. 发行人

金融衍生品在中国的发行制度采取的是核准制与审批制，在没有经过核准或者是审批的前提下，任何组织或者个人都不能擅自发行金融衍生品。在中国当前的实践做法中，金融衍生品的发行人不可能是个人，也不可能是非法人组织，而只能是依据相关法律法规设立的法人组织。同证券发行的相关规定相类似，金融衍生品的发行人要去相关管理机构进行金融衍生品的审批或者核准，凡是没有经过审批或者没有经过核准的发行人，都不能够发行金融衍生品，否则会构成非法集资的行为。

金融衍生品的发行人主要包括政府、金融机构以及企业等。政府筹集资金的方式之一就是通过金融衍生品市场来发行各种类型的金融衍生品，政府所发行的各类金融衍生品可以分为中央政府的金融衍生品和地方政府的金融衍生品两种。中央政府发行金融衍生品的主要目的是弥补国家财政赤字，地方政府发行金融衍生品的主要目的则是为地方建设筹集资金。中国发行金融衍生品的金融机构，主要包括国有商业银行、政策性银行还有非银行的金融机构，这3类主体根据相关部门的批准和有关法律法规的规定，通过金融衍生品市场来发行金融衍生品，其目的和功能之一就是有效地增加资金来源。企业发行金融衍生品，主要是指设立在中国境内，同时还具有法人资格的企业，根据中国的法律规定与相关程序，开展有回报的筹集资金的行为。对于那些有资格发行金融衍生品的企业法人来说，其不会受到企业组织、地区以及所有制等因素的限制。

2. 投资者

所谓投资者，是指在金融衍生品的发行领域，依据金融衍生品的发行人所发出的招募要约，有权利购买或者有权利认购发行的金融衍生品的个人或者组织。这其中不仅包括了已经购买或者已经认购了金融衍生品的投资者，同时还包括依据招募文件所发出的要约而购买金融衍生品的投资者。综上所述，在金融衍生品的发行领域当中，有没有实际获得该金融衍生品，不会影响该组织或个人成为投资者，原因就在于他们都处在金融衍生品发行人的相对方。

金融衍生品的投资者可以分为不同的类型，依照身份的不同，可以把金融衍生品投资者分为机构和个人两种类型，即机构投资者与个人投资者。根据投资者所属国籍或者投资者注册地的不同，金融衍生品领域的投资者可以分为境外投资者与境内投资者两种。这其中，所谓的境内投资者，是指具有中华人民共和国国籍的企业法人或其他组织，根据中国法律法规的相关规定，在中华人民共和国境内注册登记的企业法人或者其他组织也可以称为金融衍生品领域当中的境内投资者。与此相对应的，境外投资者则是指将资金投入中国境内的境外自然人或机构。金融衍生品市场随着近年来的不断发展，其水平与开放程度正在不断增强，在这种背景之下，金融衍生品市场当中的投资者也随之产生着巨大的变化，同样也出现了许多新类型的投资者，这其中包括作为机构投资者之一的战略投资者、金融机构投资者等。

（二）金融衍生品发行的客体

金融衍生品发行的对象根据产品形态，可以分为远期、期货、期权和互换四大类。根据基础资产不同，可以分为股权类衍生品、货币衍生品、利率衍生品、信用衍生品以及其他衍生品。如果再加以细分，股权类衍生品中又包括具体的股票（股票期货、股票期权合约）和由股票组合形成的股票指数期货和期权合约等；利率衍生品中又可分为远期利率协议、利率期货、利率期权、利率互换等；货币衍生品中包括远期外汇合约、货币期货、货币期权等；信用衍生品主要包括信用互换、信用联结票据等。根据交易场所分类，可分为场内交易和场外交易。场内交易即通常所指的交易所交易，指所有的供求方集中在交易所进行竞价交易的交易方式。场外交易即柜台交易，指交易双方直接成为交易对手的交易方式，其参与者仅限于信用度高的客户。按照金融衍生品自身交易的方式及特点，可以分为金融远期合约、金融期货、金融期权以及金融互换，这是金融衍生品进行交易制度的主要分类，在以下各小节将具体介绍这4类金融衍生品的交易制度。

三、金融衍生品发行的主要模式

金融衍生品发行制度的主要模式包括注册制、核准制和审批制。对于这些准入模式，主要发达国家和地区根据自己的监管传统、市场经济基础条件等不同，采取不同的模式。

（一）注册制

注册制是指准备发行金融衍生品的发行人在发行之前，必须将与其发行相关的各种材料准确、完整、清晰地申报给相关管理部门并同时向社会公布，经过一定的时间，如果申请人所申报并且向社会公布的信息不存在虚假和遗漏等问题，那么申请人的申请即自动生效，发行人也就因此有权利进行发行活动的一种制度。

在注册制模式下，发行人如果想要发行金融衍生品，则其要做到以下几点。首先，发行人必须依照法律法规的相关规定，将完整、准确且清晰的资料提交给政府相关主管部门，以申请获得发行的权利，同时要向社会公布。其次，申请人提交了相关的资料之后，就要等待政府主管部门的回复，如果在法律规定的期间内政府主管部门对申请人提出异议，则申请人应当对该异议做出合理的解释或者根据该异议做出补正。如果政府主管部门没有提出异议，则法定期限经过之后，该申请自动生效。最后，申请人将申请发行的资料提交并向社会公布，其主要目的是向未来可能的投资者提供一种信息，供投资者对发行人进行判断，决定是否进行投资。

注册制所奉行的是一种形式上的审查，也就是说相关监督管理机构只是按照法律法规的要求，对申请人提交的各项资料进行一个形式上的审查，审查范围包括申请人提交资料的全面性、准确性以及真实性，而对于申请人一些实质上的问题，诸如企业发展前景、发行数量、发行价格等因素，则不作审查。所以说，在发行公开方式适当的前提之下，投资者要自己承担投资决策带来的风险。

美国金融衍生品发行制度以信息披露为中心，在国内习惯称之为"注册制"，美国金融衍生品发行适用《1933 年证券法》。《1933 年证券法》是一部关于信息披露的法律，其规定为只要全面真实披露发行人的情况，就可以进行金融衍生品的公开发行。法律不对金融衍生品的发行设置条件，不对投资价值进行判断。即使存在发行人经营历史短于 3 年，历史上有重大违法违规记录，存在重大法律纠纷，面临巨大债务，或处于风险高的新行业，长期未能赢利等风险，只要进行充分披露，也可以发行金融衍生品。各种风险在充分披露后，由市场赋予一定的折扣率反映在定价中，由投资人基于自己的投资策略和风险偏好进行选择。是否设置发行条件，实质上是政府和市场之间的边界划分问题，政府是否需要代替市场对金融衍生品的风险价值进行判断，决定其是否可以发行，对这个问题的不同回答就形成了不同的发行体制。美国"注册制"认为，政府不应该也没有能力对金融衍生品的价值进行判断，不宜对发行设置条件，任何发行人，不管何种风险、风险多高，只要充分披露，就可以发行金融衍生品，风险让市场去自行判断。

（二）核准制

核准制就是指证券申请人不仅要依法公开一切与证券发行有关的信息并确保其真实性，而且还要符合法律、法规和证券监督管理机构规定的实质要件，由证券审核机构决定是否准予其发行证券的一种制度。金融衍生品发行核准制的核心在于审核机构在审查发行人的发行申请时，不仅要求发行人充分公开、披露真实情况，而且披露的内容必须符合有关法律和监管机构规定的必备条件；申请经过监管机构或其授权单位的审查并获批准后，发行人方可发行金融衍生品。

在核准制模式下，发行人如果想要发行金融衍生品就要做到以下两点。首先，发行人提出申请时所提供的信息必须是准确、完整且真实的。相关的监督管理机构要对发行人所提供的信息进行审查，确保发行人所提供信息的真实性。相关的监督管理机构要决定是否对申请人的申请进行批准，就要对申请人的相关条件是否符合法律的规定进行实质性的审查，这些条件包括申请人的资本结构是否合理、申请人公司的治理能不能符合规范、公司的发展前景是不是具有可持续性以及申请人营业资格是不是符合法律的规定等。其次，申请人要想获得发行金融衍生品等产品的权利，就必须要获得政府相关监督管理机构的批准，没有获得批准，申请人不得从事任何发行活动，只有在获得了政府的批准之后，才可以进行上述活动。核准制制度下，除了在申请人进入市场之前对其提交的申请进行实质性的审查外，对该发行人在进入市场之后的活动也要进行监督与管理，此称之为事前审查与事后审查并行，一旦在事后审查过程当中，相关管理部门发现发行人有违法违规的现象，如披露虚假信息，相关管理部门就有权利撤销之前的批准，需要追究责任的，管理部门有权利对当事人追究责任或将其移送相关部门追究责任。

核准制以欧洲大陆法系国家，如德国、法国、瑞士和中国的台湾地区等为代表。另外，一些新兴的金融市场由于市场不成熟、立法确立的信息公开制度不完善、投资者的投资知识比较欠缺、风险意识不够等因素，政府多采用这一制度。中国的股指期货发行采用核准制，发行人在发行时必须提交有关文件报请主管机关审核，所必须提交的文件包括计划书、发起人姓名、资力、认购数目及出资种类、代收款之银行或邮局名称及地址、承销主管机构的名称及约定事项等。在核准制下，主管机关承担了在注册制下由投资者自己承担的对股指期货进行价值判断和风险评估的责任。监管部门除对发行人提交的法律文件进行审查外，还对公司的营业性质及经营状况等实质内容进行审查。发行人发行股指期货被核准后，一旦被主管机关发现核准事项有违法或存在虚假、舞弊等现象，主管机关有权撤销其发行资格，并可以对当事人采取相应处罚措施。

（三）审批制

审批制是指准许发行的实质条件已经由法律法规所规定，想要申请发行的发行人应当把自己的材料交给审批部门予以审批，这些材料必须能够证明其符合法律法规规定进行金融衍生品发行的实质条件，审批部门在收到这些申请材料之后，根据法律法规的相关规定以及其他有关判断标准，来决定是否对其申请予以批准的一种法律制度。

在审批制下，金融衍生品的发行人如果想要发行金融衍生品，必须要先取得金融衍生品主管部门设定的发行数量指标，并且以该指标为上限，在发行时不能超越指标。发行人上交的材料中应包括发行类别、价格、发行方式、存续期间、日期、结算方式等内容。

从目前期货新品种上市应提供的大量材料以及程序来看，中国采用的是非市场化的两级审批制。交易所准备上市的金融衍生品新品种，首先要向中国证监会申请，中国证监会再报国务院批准，只有经过两个程序后才能上市交易。具体而言，一个期货新品种上市，首先要经过期货交易所的反复研究审核，之后上报中国证监会；证监会做出相应审核后，再向国务院上报；国务院则需要征询国家相关部委、现货管理部门以及有关省区市意见，综合各方面反馈后，再做出同意或不同意的批示。最复杂的时候，上市品种的推出要18个部委批准（而且实行一票否决制，最近有所松动）。[1] 按照此路径，中间只要有任何一个部门或环节提出异议，这个品种的降生就要卡壳，面临暂时搁浅甚至夭折的命运。此外，交易所期货品种资源选择或期货品种上市地点的选择基本上由证监会来协调，新品种的上市时间也由证监会来决定。总体来看，审批制作为中国金融衍生品新品种上市机制，其对市场的需求缺乏足够的重视，体现了政府对交易品种的实质性要求，掺杂着政府的主观意愿，任何政策都可以通过行政手段贯彻到期货市场中，可以说是政府干预程度最深的审批制度之一。

（四）注册制、核准制与审批制的比较

1. 注册制与核准制的比较

注册制与核准制相比，在以下方面存在着重大差别。①在发行条件及主管机关审查内容上，核准制下常常会对发行人的资格、条件做出规定，主管机关对申请人公开披露的信

---

①田晓军. 期货新品种上市机制省思［J］. 资本市场杂志，2004（7）：55.

息资料与法定条件之间进行适法性审查；注册制下对产品发行条件往往不直接做出明确规定，即使有规定也是最基础的，主管机关主要对申请人所提交的文件进行形式上的审查。②在投资者素质的假设上，注册制以投资者在平等获取信息的条件下能够准确地判断投资利益、趋利避害为前提，保证投资者平等享有有关信息的责任则落在主管机关肩上；核准制则以广大投资者是非专业投资者作为其假设前提，投资者缺乏根据市场信息进行准确投资决策的能力。③在理论机制及立法思想上，核准制强调法律的实质管理，并在一定程度上排除基金发行人、市场的自由，排除公众投资者的合理选择，以维护公共利益和社会安全，带有浓厚的国家干预色彩；注册制推崇"太阳是最有效的消毒剂，灯光是最有能力的警察"的思想精神，认为在基金市场中，只要信息完全、真实、及时公开，市场本身会自动择优选择，管理者的职责是保证信息公开与禁止信息滥用，因而强调"卖者审慎"，将提供真实信息的义务赋予发行人，使其成为诚信发行证券和公众树立对市场信心的动力。管理者对投资者利益的保护是以对市场诚信经营活动最小妨碍为前提的，始终强调市场本身功能的最大发挥，避免对市场的过多干预。

2. 核准制与审批制的比较

核准制与审批制相比，审批制下金融衍生品能否发行上市不是取决于申请人是否达到法定要求，而是取决于主管机关的意志及计划，甚至申请人的地位、社会背景、与主管机关的情感关系等非正当人为因素时常起着重要的作用。核准制事先规定金融衍生品发行的条件，凡是符合条件者，均应予以核准，如日本规定，若主管机关采取不正当手段准许发行将追究主管机关的法律责任；英国及中国台湾地区实行的是严格的核准制，赋予了主管机关一定的抉择权，有时即使申请人符合法定条件也可以不予核准，但须给予申请人申辩权利，并须对申请人的申辩理由认真分析，然后做出最终决断。因此，审批制是依主管机关的意志和计划对产品进行发行，一些非法定因素可能会使金融衍生品发行市场产生一定负面作用；核准制则主要是依法律标准来决定金融衍生品的发行与否，主管机关的意志虽然有时也会产生影响，但其所起的作用非常有限，从而有效地克服了非法定因素所带来的负面效应。审批制下，主管机关对经其审批的基金所带来的投资风险不承担责任，主管机关撤销已做出的审批许可时不承担责任；而在核准制下，主管机关应对发行人送审材料的合法性负责。

3. 审批制与注册制的比较

审批制与注册制相比，审批制下的金融衍生品发行与否忽视市场的需求，人为因素往往起决定性作用。注册制则完全取决于市场，主管机关处于一种"超然"地位，凡符合一定条件者都有权发行金融衍生品。

综上所述，3种新品种上市制度模式中，核准制和注册制所表现出的价值观念反映了市场经济的自由性、高效性以及政府管理经济的规范性，因而是与市场经济相吻合的金融衍生品发行制度，要建立以市场为主导的金融衍生品机制，应将核准制和注册制作为金融衍生品发行机制的追求目标。

第二节　金融衍生品交易制度概述

一、证券交易制度的提出

　　证券交易的开端可以追溯到 17 世纪，随着企业经营规模的扩大，企业面临着资本需求不足的状况，亟须一种能让公司获得大量资本金的融资模式来解决这一问题，于是就产生了以股份公司形态出现的，股东共同出资经营的企业组织。发行股票逐渐成为公司发展的融资模式。各个股东所占的股份份额即是其所持有的股票。股份公司的变化和发展产生了股票形态的融资活动，股票融资的发展产生了股票交易的需求，股票的交易需求促成了股票市场的形成和发展。于是，1602 年世界上第一个股票交易所在荷兰的阿姆斯特丹成立。1698 年柴思胡同——乔纳森咖啡馆，因众多经纪人在此交易而闻名，1773 年英国第一家证券交易所在该咖啡馆（乔纳森咖啡馆）成立，1802 年获得英国政府批准；1790 年美国第一个证券交易所在费城成立；1792 年 5 月 17 日，华尔街梧桐树协定订立最低佣金标准以及其他交易条款；1793 年汤迪咖啡馆在纽约从事证券交易，1817 年更名为纽约证券交易会，1863 年更名为纽约证券交易所。纽约证券交易所在独立战争之前主要从事政府债券交易，之后股票交易盛行，于是带动了股票市场的出现和形成，并促使了股票市场发展和完善。目前，股份有限公司已经成为最基本的企业组织形式之一。股票已经成为大企业筹资的重要渠道和方式，亦是投资者投资的基本选择方式。股票市场（包括股票的发行和交易）与债券市场成为证券市场的重要基本内容。

二、金融衍生品交易的提出

　　20 世纪 70 年代，随着布雷顿森林体系的解体和世界性石油危机的爆发，西方主要发达国家的经济陷入滞涨泥潭。受此影响，各国金融市场上的资产利率和货币利率开始出现剧烈波动，黄金等贵金属以及石油等初级产品的价格风险也明显加大。在这样的时代背景下，为了规避利率波动带来的巨大风险，金融创新交易的步伐明显加快，大量的金融衍生工具不断涌现，使金融衍生品的交易进行得如火如荼。

　　金融期货交易产生于 20 世纪 70 年代的美国。届时，伴随着第二次世界大战后布雷顿森林体系的瓦解，国际经济形势发生急剧变化：固定汇率制被浮动汇率制所取代；利率管制等金融管制政策逐渐被取消；汇率、利率频繁剧烈波动，促使人们不得不重新审视期货市场。

　　1972 年 5 月，美国芝加哥商品交易所（Chicago Mercantile Exchange，CME）在该交易所内设立了国际货币市场（International Monetary Market，IMM）部门，该部门专门从事金融期货业务，首次推出包括英镑、加拿大元、西德马克、法国法郎、日元和瑞士法郎等在内的外汇期货合约。继 CME 首次推出外汇期货合约后，1975 年 10 月美国芝加哥期货交易所（Chicago Board of Trade，CBOT）上市国民抵押协会债券（Govermment National Mortgage Association，GNMA）期货合约，从而成为世界上第一个推出利率期货合约的交易所。随后，其他类型的期货合约也纷纷引入到场内进行交易。1977年8月，美国长期国债期货合约在芝加哥期货交易所上市，是迄今为止国际期货市场上交易量较大的金融期货合约之一。1982年2月，美国堪萨斯期货交易所（Kansas City Board of Trade，KCBT）开发了价值综合指数期货合约，使股票价格指数也成为期货交易的对象。随后，伦敦LIFFE也开始上市股票价格指数期货。至此，金融期货的三大类别外汇期货、利率期货和股票指数期货均已上市交易，并形成了一定的规模。20世纪90年代后，金融期货交易不断地涌进欧洲和亚洲的期货市场，占领了金融期货市场的大部分份额。可以说，金融期货的出现，给欧亚金融期货市场注入了崭新的力量，使得金融期货市场发生了翻天覆地的变化，从此彻底改变了欧亚金融期货市场的发展格局。与此同时，在国际期货市场上，金融期货也成为交易的主要产品。1986年5月，中国香港期货交易所推出恒生指数期货；同年10月，新加坡SIMEX开始交易日经225种股票指数期货。

目前，金融期货交易逐渐成为金融市场的主要内容之一。在很多重要的金融市场中，金融期货交易量甚至超过了其基础金融产品的交易量。随着金融市场的全球化发展趋势的蔓延，金融期货的国际化特征也越来越明显，不仅增强了世界主要金融期货市场的互动性，同时也加剧了竞争的激烈性。[1]

世界上第一个期权交易所——芝加哥期权交易所（Chicago Board Options Exchange，CBOE）于1973年产生于美国，这是一个专门从事股票期权交易的期权交易所，并且在日后的经营中股票期权交易获得了突飞猛进的发展。1983年1月，美国芝加哥商品交易所推出了S&P500股票指数期货期权，从此开始了金融期货的期权交易；随后，美国纽约证券交易所也推出了纽约股票交易所股票指数期货期权交易。随着世界经济和期权市场的发展，期权交易逐渐扩展到包括农产品、外汇及黄金白银在内的近100个品种。近年来，世界期权市场发展速度迅猛，直至2008年，全球期权交易量达到79.92亿张，占期货期权交易总量的近60%。[2]

第三节 金融期货交易制度

一、金融期货交易制度概述

金融期货交易制度是由期货交易所制定的，交易者在交易过程中必须遵守的规则。期货交易制度是期货交易特征的具体体现。期货交易所在制定交易制度时要遵循公开、公平、公正的原则，并将控制交易中的高风险作为重点内容，以保证期货市场正常、平稳

---

[1] 陈汉平，蔡金汉．证券投资学 [M]．北京：北京大学出版社，2011：136.

[2] 赵文君．证券交易 [M]．北京：清华大学出版社，2012：140.

运行。

二、金融期货交易制度的基市特征

(一) 交易集中化

期货交易必须在专门的期货交易所内进行，属于场内交易，一般不允许场外交易。期货交易所实行会员制，只有会员方能进场交易，其他交易者若想参与期货市场，只能通过期货经纪公司代理交易。期货交易所不仅为期货交易者提供了一个专门交易的场所，提供了进行期货交易所必需的各种设备和服务，而且为期货交易制定了严密的规章制度，使得期货市场成为一个组织化、规范化程度很高的市场。由于期货交易所内汇集了众多的买方和卖方，并对交易行为进行了规范，为期货合约的买卖创造了有利条件，使得交易者寻找交易对手比较容易，将期货交易都集中在交易所内进行，大大提高了市场流动性。

(二) 交易对象标准化

期货交易的对象是标准化的期货合约，且是在未来特定时间交割的具有远期性质的合约。现代期货市场的产生正是以标准化期货合约的出现为标志的，这也是期货交易与现货远期合约交易的最大区别。正是鉴于现货远期合约交易非标准化的交易不便性，在期货交易产生之初，期货交易所就为期货交易制定了标准化的期货合约，这在期货发展史上具有里程碑式的意义。期货合约的数量、等级、交割时间、交割地点等条款都是标准化的，买卖双方唯一可进行协商的就是期货合约的价格。标准化期货合约的出现，既简化了交易手续、降低了交易成本，又防止了交易双方因为对合约条款的不同理解而可能出现的争议和纠纷。同时，期货合约是标准化的，有利于合约持有者以后进一步转让该合约，提高了期货合约的流动性。

(三) 交易所具有担保履约职责

期货交易所为所有在期货交易所内达成的交易提供财务上和合约履行方面的担保，这是期货交易区别于现货即期交易和现货远期交易的一个重要方面。交易所为交易提供担保使得交易者不必担心交易的安全性而专心于期货合约的买卖。期货交易双方在交易时并不需要了解交易对手的信用状况，因为每笔交易达成后，交易所将成为交易双方的交易对手，承担履约职责。当交易者中的一方违约时，交易所将代替他履约，从而保障交易按规定进行。

(四) 期货交易是通过买卖双方公开竞价进行的

在期货交易中，期货合约的买卖是由代表众多的买方和卖方的经纪人在交易所内通过公开喊价或计算机自动撮合的方式达成的，这更有利于保证交易的公开、公平、公正和竞争。期货交易的这种特征，使得期货市场上的期货合约价格能够较为准确地反映出现货市场上真实的供求状况及其变动趋势。

（五）期货交易实行保证金制度

期货交易实行保证金制度，也就是说交易者在期货市场进行交易需要交纳一定数量的履约保证金，一般为成交合约价值的 5%～15%，并且在交易的过程中，需要维持一个最低的履约保证金水平，随着期货合约交割期的临近，保证金水平会不断提高，这种做法是为了给期货合约的履行提供一种财务担保，也就是说，如果交易者未能将其所持有的期货合约在合约到期前进行对冲平仓，那么就必须在合约到期后根据合约的规定进行实物交割。保证金制度对于期货交易来说是至关重要的，它增加了期货交易的安全性，使得期货交易所和结算所能够为在交易所内达成并经结算所结算的期货交易提供履约担保。

（六）期货交易具有杠杆性

由于期货交易实行保证金制度，投入 5%～10% 的资金，就能完成数倍乃至数十倍的合约交易，因此，期货交易具有以少量资金就可以进行较大价值额投资的特点，即"杠杆机制"。这种杠杆原理决定了期货交易是一种高风险，同时也是一种高投资回报的交易。投入一定数量的资金，交易者可以获得数倍甚至数十倍于这笔资金的投资风险。保证金比率越低，期货交易的杠杆作用就越大，高收益高风险的特点就越明显。然而，也正是由于期货市场的这种特点，吸引着越来越多的投资者源源不断地加入到期货市场中来，活跃了整个市场。

（七）双向交易和对冲机制

双向交易，是指期货交易者既可以买入期货合约作为期货交易的开端（称为买入建仓），也可以卖出期货合约作为交易的开端（称为卖出建仓），也就是通常所说的"买空卖空"。与双向交易的特点相联系的还有对冲机制，在期货交易中大多数交易者并不是通过合约到期时进行实物交割来履行合约，而是通过做一笔与建仓时交易方向相反的交易来解除履约责任，具体说就是买入建仓之后可以通过卖出相同合约的方式解除履约责任，卖出建仓后也可以通过买入相同合约的方式解除履约责任。期货交易最后进行实物交割的比例一般只有 1%～3%，绝大多数的期货交易都以对冲平仓的方式了结交易。

三、金融期货交易市场

（一）金融期货交易市场的功能

金融期货交易制度的基本功能是价格发现和风险管理，这两大功能是期货市场建立和发展的理论基石，但随着期货市场的不断成熟，越来越多的投机者参与到市场中，投机功能也成为期货市场的主要功能之一。

1. 发现价格，合理配置资源

价格发现，也叫价格形成，是指大量的买方和卖方通过竞争性的叫价之后形成市场货币价格。这种竞争性的价格一旦形成并被记录下来，再通过现代化的通信手段迅速传到世界各地，就会形成世界性的价格。期货市场通过有组织、正规化的期货交易，由买卖双方公开竞价产生期货价格，它反映了众多的买卖双方对当前、几个月或一年以后现货供求关系、价格走势预期的均衡，具有"晴雨表"的作用。

期货交易的价格发现功能有利于形成公平、合理、统一的价格，进而有利于消除垄断，促进竞争，使各生产经营者、投资者和金融机构都根据这一价格做出合理的生产经营决策和投资决策。随着期货市场的不断发展完善，尤其是随着国际性联网期货市场的出现，期货价格在更大范围内综合反映了潜在的供求关系及其变化趋势，期货交易的价格发现功能因此越来越完善。

2. 转移风险，规避价格波动

风险转移是期货诞生的最根本目的。风险转移是指生产经营者通过套期保值的方式，将市场价格波动风险转移出去，以实现规避风险的目的。套期保值是指在现货市场某一笔交易的基础上，在期货市场上做一笔价值相当、期限相同但方向相反的交易，这样就在期货市场和现货市场之间建立了一种盈亏冲抵机制，以一个市场的盈利弥补另一个市场的亏损，实现了稳定收益的目的。

期货市场的风险转移功能，一方面，可以帮助生产经营者规避现货市场的价格风险，达到锁定生产成本、实现预期利润的目的，避免企业生产活动受到价格波动的干扰，保证生产经营稳定进行；另一方面，期货市场为农产品、金属、能源、金融等在国民经济中占据重要地位的行业提供了转移价格风险的工具，有利于减缓价格波动对经济发展的不利影响，稳定国民经济，化解系统性风险。

3. 投机功能

期货市场中的交易者通过套期保值并不能消灭风险，而是把风险转移出去，这种风险转移必须以有人愿意承担风险作为前提，而期货投机者正是期货市场的风险承担者。投机，是指人们根据对期货市场价格变动趋势的预测，通过看涨时买进、看跌时卖出而获利的交易行为。投机者虽然在主观上是出于获取投机利润的目的参与期货交易，但在客观上，同时也通过期货市场上频繁的买卖活动承担了相应的价格波动风险。

投机者愿意在期货市场进行交易，承担风险，是因为期货交易方便灵活，保证金数额较低，且交易信息透明度高，具备了良好的投机功能。

（二）金融期货交易市场组织结构

期货市场主要由期货交易者、期货中介机构、期货交易所、期货结算机构和期货监管机构等构成。

1. 期货交易者

期货交易者是指在期货市场上参与期货交易的主体，是期货交易盈亏的直接承担者。根据进入期货市场目的的不同，期货交易者可以分为保值者和投资者。

（1）保值者

保值者，即套期保值者，是指那些把期货市场当作回避与转移价格风险的场所，利用期货合约作为将来在现货市场上买卖商品的临时替代物，对其现在已买进准备以后出售的商品或者对将来需要买入商品的价格进行风险回避的交易者。商品期货的保值者通常是该商品的生产商、加工商或贸易商等，金融期货的套期保值者通常是金融市场的投资者，证券、银行、保险等金融机构或进出口商等。

（2）投资者

投资者是指运用一定资金通过期货市场的交易以期获取投资收益的主体，根据其交易方式的不同，又可以分为投机者和套利者。投机者是指通过预期期货价格的未来变动趋势，以低买高卖的手段赚取期货价格波动差额的交易者；套利者是指通过暂时存在的不合理的价格关系，通过同时买进和卖出相同或相关的期货合约而赚取其中的价差收益的交易者。

2. 期货中介机构

期货中介机构是为期货交易者服务，连接期货交易者和期货交易所及其结算组织机构的中介者。期货中介机构克服了期货交易中实行的会员交易制度的局限性，吸引了更多交易者参与期货交易，使期货市场的规模得以发展。期货中介机构还负责代理客户入市交易，对客户进行期货交易知识的培训，向客户提供市场信息、市场分析、提供相关咨询服务等。目前，中国大陆期货中介机构主要包括期货公司、介绍经纪人和居间人3类。

3. 期货交易所

期货交易所是专门供期货交易者进行集中公开的期货合约买卖的场所。期货交易所按照其章程的规定实行自律管理，以其全部财产承担民事责任，它是一种非营利性的经济组织，本身不参加期货交易，不拥有任何商品，不买卖期货合约，也不参与期货价格的形成，只为期货交易者提供设施和服务。

4. 期货结算机构

期货结算机构也是期货市场的一个重要组成部分，是负责期货交易的结算，包括到期未平仓期货合约的交割和未到期合约的平仓，并承担每笔交易的清算和期货合约到期履约等责任的场所。期货结算机构在保证期货交易安全和控制风险上扮演着重要角色，其主要职能包括担保交易履行、结算期货交易盈亏和控制市场风险等。

5. 期货监管机构

期货监管是指政府通过特定的机构对期货交易行为主体进行的一些限制或规定，以保证期货行业的平稳运行。期货监管体制则构成了监督与控制期货市场行为主体的一个完整的系统。在该系统中，监管主体是国家立法、司法和行政部门以及行业自律机构，监管对象是期货业务本身以及与期货业相关的其他利益组织和个人。目前，中国期货市场形成了由中国证监会、证监会各地派出机构、中国期货业协会、交易所、保证金监控中心共同组成的"五位一体"的监管体系。

四、金融期货交易具体制度

每个交易所制定的交易制度都不尽相同，但主要的交易制度有集中竞价制度、保证金制度、持仓限额制度、涨跌停板制度、大户报告制度、每日无负债结算制度、强行平仓制度和其他交易制度等。

(一) 集中竞价制度

集中竞价制度，是指期货交易中所有买卖指令必须在交易所内进行集中撮合交易的制度。这意味着，在同一时点上能够汇集大量买卖指令，并且信息都是公开的，这一交易机制体现了期货交易的公平竞争和公开透明的特点。

集中竞价根据其采取的形式不同，可分为公开喊价方式和计算机撮合成交两种。公开喊价方式是指依靠人工方式形成交易价格，是传统的报价方式。计算机撮合成交是根据公开喊价的原理设计而成的一种计算机自动化交易方式，是指期货交易所的计算机交易系统对交易双方的交易指令进行配对的过程。计算机撮合成交方式相对于公开喊价来说，具有准确、连续等特点，并且可以突破空间和时间的限制，交易速度快，成本低，但有时也会因出现交易系统故障而带来风险。计算机撮合方式是目前主要的期货交易方式，在亚洲等新兴市场中被普遍运用，而以人工喊价方式交易的欧美老牌交易所，在激烈的国际竞争中，也纷纷采用计算机撮合方式，将其与公开喊价相结合，两种交易方式互为补充。目前，我国国内期货交易所均采用计算机撮合成交方式。

(二) 保证金制度

如果两个投资者相互间直接接触并同意在将来某时刻按某一特定的价格交易一项资产，这就存在一定的风险，一方投资者可能会后悔该项交易而有违约意图，或者虽有履行合约的意愿，但没有财力来保证该项协议的执行。为了有效防止交易者因市场价格波动而导致的违约给结算公司带来损失，期货交易建立了保证金制度。期货交易者在进行期货合约买卖时，必须按照规定缴纳期货合约价格的一定比例资金作为期货合约的履约担保。

国际上，期货保证金通常分为初始保证金和维持保证金两类。初始保证金是指签约成交每一份新期货合约时，买卖双方都必须向交易所交纳的存入其保证金账户的保证金。初始保证金是按照合约价值的一定比率来计算的，该比率是根据合约价格波动的一般波动幅度和结算制度确定的，一般为合约价值的 5%～10%。这一比率由经纪人确定，但不得低于结算公司为此规定的最低标准，并保证在合约成交的下一个交易日，交纳的初始保证金足以抵偿价格不利波动时所带来的账面亏损。维持保证金是客户必须保持其保证金账户内的最低保证金金额，当保证金账户资金低于维持保证金水平时，交易者必须追加保证金，使账户资金达到初始保证金水平。

期货交易的保证金制度对于保障期货市场的正常运转具有重要作用，首先，保证金制度使期货交易具有杠杆效应，提高了资金使用效率；其次，保证金制度为期货交易提供了履约担保，保障了期货交易的安全性；最后，保证金制度已经成为交易所控制市场风险的重要手段，交易所可以根据不同情况对期货合约制定不同的保证金比例，还可以根据市场变化对保证金比例进行调整，以此来控制市场风险。

(三) 持仓限额制度

持仓限额是指交易所规定会员或客户可以持有的，按单边计算的某一合约持仓的最大数额。持仓限额制度主要限制投机头寸的持仓，对套期保值头寸不做限制。实行持仓限额制度的目的在于防止市场风险过度集中于少数交易者手中，防范操纵市场行为。

持仓限额制度主要包括以下规定：①根据不同期货品种的具体情况，分别确定每一品种每一月份合约的持仓限额；②某一月份合约在其交易过程中的不同阶段，分别适用不同的限仓数额，进入交割月份的合约限仓数额从严控制；③采用限制会员持仓和限制客户持仓相结合的办法，控制市场风险；④如果同一客户在不同会员处开仓交易，则要将该客户在各账户下的持仓合并计算。

（四）涨跌停板制度

涨跌停板制度，又称每日价格波动最大限制，是指交易所对大多数的期货合约所规定的每天价格相对于上一交易日收盘价可以波动的最大限度，如果价格变化超过这一幅度，交易就自动停止。涨跌停板制度包括涨停板和跌停板两种。

涨跌停板制度是为了防止价格暴涨暴跌，减缓或抑制一些突发事件和过度投机行为对期货价格的巨大冲击。在市场面临剧烈波动时，涨跌停板的实施可以为市场管理者争取时间，及时掌握局面。同时，也给交易者理性思考判断的空间，避免市场的过度反应。不过，涨跌停板制度毕竟干预了价格正常的形成，阻碍了相关信息在价格上的传递，因此其不利于发挥价格发现功能。

（五）大户报告制度

大户报告制度是与限仓制度紧密相关的另外一个制度，主要是为了控制交易风险，防止大户操纵市场。期货交易所建立限仓制度后，当会员或客户持有某交易品种持仓合约的投机头寸，达到了交易所规定的投机头寸持仓限量的80％以上时，必须向交易所申报。申报的内容包括客户的开户情况、交易情况、资金来源和交易动机等，以便于交易所审查大户是否有过度投机和操纵市场行为，并掌握大户的交易风险情况。

（六）每日无负债结算制度

每日无负债结算制度又称每日盯市制度，是指每日交易结束后，交易所按当日各合约结算价，结算所有合约的盈亏、交易保证金及手续费、税金等费用，对应收应付的款项净额一次划转，相应增加或减少会员的结算准备金。同时，经纪会员负责按同样的方法对客户进行结算。

该制度实际上是对持仓合约实施的一种保证金管理方式。按正常的交易程序，交易所在每个交易日结束后，先由结算部门计算出当日各种期货合约的结算价格，再以此为依据计算各会员的当日盈亏、当日结算时的交易保证金、当日应交的手续费及税费等相关费用，最后对各会员应收应付的款项实行净额一次划转，相应调增或调减结算准备金。若结算完毕后会员保证金账户资金低于最低限额，交易所则要求会员在下一交易日开市前30分钟追加保证金，以做到"每日无负债"。

（七）强行平仓制度

强行平仓制度是与持仓限额制度和涨跌停板制度等相互配合的风险管理制度，是指当会员、投资者违规时，交易所对其持有的未平仓合约进行强制性平仓处理。一般情况下，强行平仓发生的情形有会员或客户的交易保证金不足并未在规定时间内补足；会员或客户的持仓量超出规定的限额；会员和客户有其他违规行为。强行平仓制度是交易所控制期货高杠杆风险的手段之一，投资者持有的合约被强行平仓后，由此造成的损失由投资者自己负责。

（八）其他交易制度

除以上主要的期货交易制度外，大多数的期货交易所还规定了其他各项交易制度。例如，套期保值审批制度对有大规模保值需求的交易者进行审批，经审批的保值者不受持仓限额制度的限制；风险准备金制度规定交易所从自己收取的会员交易手续费中提取一定比例的资金作为担保履约的备付金；信息披露制度要求交易所定期向会员、投资者和社会公众提供期货交易信息等。

五、金融期货交易的基本流程

金融期货交易的流程主要包括期货合约要素、金融期货市场的组织机构和交易主体以及具体流程 3 个方面。其中，金融期货合约要素以及金融期货市场的组织机构和交易主体在本书第三章节期货中也有详细讲解，此处不再赘述。下面详细介绍一下金融期货交易的具体流程。

（一）选择委托的期货经纪公司

期货交易者想要进行期货交易的第一步即选择并委托一家期货经纪公司来代替自己进场交易。因为非期货交易所会员进行期货交易必须通过交易所会员才能实现，所以选择期货经纪公司便成为期货交易者首先要面对的事情。期货经纪公司作为期货交易者与交易所之间的纽带和桥梁，必须做好自己的专职工作，为期货交易者提供有效的服务。由于期货经纪公司服务质量的高低直接关系到期货交易者的利益，所以期货交易者选择经纪公司时一定要慎重，这是期货交易成功的关键。

期货投资者在选择经纪公司时，可以参照以下几点：投资者应该尽可能地选择那些具有交易所会员资格的经纪公司，委托这样的经纪公司进场交易，这样不仅可以缩短交易的流程，提高交易的速度和效率，还能减少交易的环节，从而降低交易的成本。所以，期货交易者选择一个具有合法代理资格、信誉好、资金安全、运作规范、收费合理的经纪公司是至关重要的。

（二）开户申请

选择好要委托的期货经纪公司后，就可以申请在该期货经纪公司开户了。在期货投资者开户之前，应向经纪人了解以下情况。一是在期货交易所内上市交易的品种。不同的期货交易所经营的期货品种是不同的，期货投资者选择投资交易的对象一定要在该期货交易所上市的商品范围内，经纪公司才能受开户人委托代理其进行期货交易。二是交易单位。

期货交易的对象是标准化的期货合约，每份合约的数量都是既定的，这就意味着期货投资者每次买卖的量只能是每份合约规定数量的整倍数。三是报价单位。交易所公布的每种商品单位价格的变动额就是报价单位。四是交易时间。各个期货交易所均对期货交易时间有明确严格的规定。五是停板额。六是该期货交易所的其他应注意事项。

客户对其所要进行投资交易的期货品种充分了解之后，就可以通过经纪人向期货经纪公司申请开户了。期货的开户流程如下。

1. 客户向经纪人提供开户所需资料、证明

申请开户的期货交易者可以是自然人，也可以是法人。自然人申请开户所需要提供的资料：客户本人的身份证件原件、客户本人的银行卡或者存折（外地客户需要提供本人的正面数码大头照片、身份证扫描件、银行或者存折的复印件，均采用电子版）、留存印鉴或者签名样卡。法人申请开户所需要提供的资料：营业执照（正本复印件，副本原件、复印件）、税务登记证（复印件）、组织机构代码证（原件、复印件）、机构法定代表人身份证件原件或加盖机构公章及法定代表人名章的《法人授权委托书》和开户代理人的身份证件原件、银行开户许可证、机构授权的指令下单人、资金调拨人、结算单确认人的身份证件原件。

2. 阅读《期货交易风险说明书》并签字确认

期货公司应该向客户说明期货交易的风险，并出具《期货风险揭示书》。客户在阅读《期货风险揭示书》并准确理解了上面的内容之后，就可以在《期货风险揭示书》上签字、盖章了。

3. 签署期货经纪合同

期货经纪公司与客户须签署《期货经纪合同》，并且有义务向客户说明合同条款的含义，如果客户对合同条款有补充说明，应该在合同中表明，以免日后因约定不明确产生纠纷。

4. 取得客户交易编码

中国《期货交易管理暂行条例》第36条第4款规定："期货经纪公司应当为每一个投资者单独开立专门账户，设置交易编码，不得混码交易。"交易编码是会员按照交易所制定的细则为投资者编制的进行期货交易的专用代码，是交易所计算机系统进行交易、结算、交割和标准仓单确认的依据，应"一户一码"，专码专用，不得"混码"交易。客户编码由12位数字组成，前4位是会员号，后8位是客户号。例如，客户编码为"000200002009"，那么，会员号就是前4位"0002"，后8位是客户号"00002009"。

5. 缴纳保证金

客户签署《期货经纪合同》并获取交易编码之后，应该按照交易所规定缴纳开户保证金。客户缴纳的保证金被期货经纪公司存入指定的客户账户中，以方便客户进行期货交易。期货经纪公司收取的这一份保证金是归客户所有的，按照中国证监会对期货公司的规定，严禁期货公司挪用客户缴纳的保证金。在开户时，期货公司对客户存入的保证金数额原则上没有限制，但是在交易时必须有足额缴纳保证金。

案例评析

（多选题，2009 年 6 月期货从业资格考试）期货经纪公司为客户开设账户的基本程序包括（　　）。

    A. 风险揭示

    B. 签署合同

    C. 缴纳保证金

    D. 下单交易

【答案】　ABC

【解析】　开户程序包括申请开户、风险揭示、签署合同、申请交易编码并确认资金账号、缴纳保证金。

（三）交易指令的下达

期货交易指令按照价格限制方式可做以下划分。

1. 市价指令（Market orders）

即客户通知经纪人立即以指令到达交易所时所能得到的最优价格购进或卖出的指令。市价指令虽然执行效率高，但是往往隐含有较大风险。

2. 限价指令（Limit orders）

即期货市场价格达到某一限定价格时才执行的指令。限价指令虽然执行明确，但是执行要取决于价格的波动状况，所以可能无法快速实现交易甚至无法交易。

3. 止损指令（Stop orders）

这一指令也可以称为停止指令，即客户要求在价格跌（或涨）至预定限度内即以市价卖出或者买入的指令。这是客户经常使用的一类指令，当客户对价格走势判断失误或市场出现逆转时，客户可以通过此指令保护既得利益或限制亏损的额度。

4. 止损限价指令（Stop-limit orders）

即客户要求在价格跌（或涨）至预定限度后才以限定价格卖出或者买入的指令。这个指令不仅考虑了价格逆转的可能性，还将再反弹的可能性也考虑了进去。

5. 阶梯价格指令（Ladder orders）

即按照指定的价格间隔，逐步购买或出售指定数量期货的指令。发出这个指令是为了防止因判断失误仓促行事而蒙受损失。[①]

（四）竞价

期货价格的形成方式与股票价格形成方式原理相同，主要有口头公开叫价和计算机撮合交易两种方式。

1. 口头公开叫价方式

口头公开叫价方式还可以分为连续竞价制和一节一价制。连续竞价制是指交易者通过

---

①孙静、李玉曼、李宏伟．证券投资学［M］．北京：经济科学出版社，2012：145.

手势和叫价在交易所交易池内公开竞价的方式。这种方式在欧美期货市场比较流行。一节一价制是在日本期货市场比较流行的方式，是指把每一个交易日分为若干节，每节交易中一种合约只有一个价格的方式。

2. 计算机撮合交易方式

计算机撮合交易方式是根据口头公开叫价方式的原理设计出来的，这种交易方式相对公开叫价具有准确、连续的特点。目前，中国期货交易所使用的竞价方式是计算机撮合交易方式。计算机撮合交易方式的流程有以下几个步骤。

指令下达的方式包括当面委托、书面委托、电话委托3种方式。

接受指令的期货经纪公司受令人首先应对客户指令、保证金是否足额、指令是否超过有效期以及指令的内容是否明确、齐全进行审核，最终确定指令是否有效。指令有效即可受令。

期货经纪公司的交易指令中心在接到交易单后，在单上记载日期并审核后以电话方式将交易单信息立刻传递给该期货经纪公司在期货交易所的出市代表。该出市代表在收到指令后以最快速度将指令输入计算机内。

指令中心将成交结果信息反馈回来，记载日期后按照原程序反馈给客户。

客户收到成交信息后，每成交一手合约（买或卖）都要向经纪公司缴纳一定的佣金。

（五）结算

结算包括交易所对会员的结算和期货公司对客户的结算。

1. 交易所对会员的结算

在每一个交易日的交易结束后，隶属交易所结算机构就会立即对成交结果和持仓状况分别对每一会员的保证金、手续费等款项进行结算，结算结果形成会员当日成交合约表、会员当日盈亏表、会员当日持仓表以及会员当日资金结算表，会员根据这些数据核对交易状况。如果会员对交易数据结果存在异议，应该在次日开市前30分钟以书面形式告知结算机构，以便核实。如果会员未在规定时间内将异议告知结算机构，将视为会员认可结算数据准确无误，结算所就会对会员当日发生的有关交易费用和出入款项进行资金结算和划拨，且当会员的结算准备金低于规定的最低准备金余额时，将通知会员追加补充资金。最后，交易所在交易结算完成后，将会员资金的划转数据传递给有关结算银行。

2. 期货经纪公司对客户的结算

期货经纪公司对客户的结算与交易所的方法如出一辙。即每一交易日结束后，对每一客户的盈亏、交易手续费、交易保证金等款项进行结算，并在闭市后向客户发出交易结算单。交易结算单应载明户名、户码、账号、成交日期、成交品种、合约月份、成交数量、成交价、买入/卖出、平仓/开仓、当日结算价、保证金占用额、手续费、税款、准备金余额等。与交易结算所不一样的是，期货经纪公司的手续费和保证金率高于交易结算所：手续费约为标准合约规定的3倍；保证金率也增加3%。

当每日结算后，客户保证金低于期货交易所规定的最低保证金水平时，期货经纪公司就可以按照客户与期货经纪公司签订的期货经纪合同约定的方式通知客户追加保证金。如若客户不能按时追加保证金，期货经纪公司应当将该客户部分或全部持仓强行平仓，直至保证金余额能够维持其剩余头寸。

（六）交割

当前国际上实货交割的主要形式如下。

1. 标准仓单交割

由交易所认可注册的仓库根据卖方提交的合格实货开出交易所认可的标准仓单，合约卖方持此标准仓单到结算机构交割并结算货款。

2. 三日滚动交割

三日滚动交割开始是在交割月第 1 交易日，到期持仓合约卖方可以提出交割要求，在第 2 交易日，到期持仓合约买方将被通知要准备交割，第 3 交易日，该买卖双方按照章程具体办理交割手续。

3. 价差现金交割

价差现金交割是买卖双方补偿差价部分以现金支付方式来实现合约平仓的方法，主要用于金融期货合约的交割。

目前，中国商品期货主要采用标准仓单交割方式，股指期货则采用现金交割的方式。①

第四节　金融期权交易制度

一、金融期权交易制度概述

金融期权交易制度是一个市场合理运行的基础。与金融期货交易相比，金融期权交易要复杂得多，只有深入了解期权交易制度，才能有针对性地进行产品开发、设计、定价等，因此，各国金融期权交易所都极为重视期权交易的制度设计。

二、金融期权交易制度的特点

相对于金融期货交易来说，金融期权交易最突出的特点主要表现在以下几个方面。

（一）金融期权交易的对象是一种权利，而不是任何证券实物

金融期权交易是在未来一定时期内，按特定价格买进或卖出一定数量的特定资产的权利的交易。

（二）金融期权交易过程中期权买卖双方的权利和义务是不对称的

对于期权购买者来说，只需支付买入金融期权的期权费即可获得该期权权利；而对卖

---

① 李一智. 期货与期权教程 [M]. 5 版. 北京：清华大学出版社，2013：44.

出期权的出售者来说，只有接受出售期权权利的义务，即当期权买方要求其行使权利时，卖方只有应买方要求履行合约的义务，而没有拒绝对方选择的权利。

（三）金融期权交易对于期权购买者来说是一种很好的回避风险的方式

在期权交易过程中，期权买方若因判断失误导致操作失败，则其承担的风险仅限于损失期权费，而收益可能是无限的（如购买看涨期权），也可能是有限的（如购买看跌期权）。

三、金融期权交易的具体制度

（一）做市商制度

做市商制度是指由具备一定实力和信誉的法人充当做市商，不断地向投资者提供买卖价格，并按其提供的价格接受投资者的买卖要求，以其自有资金和证券与投资者进行交易的制度。做市商通过买卖价差实现一定的利润，该买卖价差是衡量市场流动性、价格连续性和市场深度的重要指标。

做市商制度可以确保满足私人投资者购买特殊期权的需要，并确保买卖指令在某一价格立即执行而没有任何拖延。因此，做市商给公众提供了立即执行交易的方便，为市场提供了即时性和流动性。如果市场波动过于剧烈，做市商觉得风险过大，也可以退出做市。另外，并非所有的期权交易所都采用做市商制度，有一些特定产品的交易中并没有实行做市商制度。

（二）保证金制度

保证金制度是控制期权违约风险的主要方法之一。期权的保证金制度与期货的保证金制度有着相同的性质和功能，但在具体执行中，这两种保证金制度又有很大的不同。在购买期权时，投资者必须全额支付期权费，不允许用保证金的方式购买。这是由于期权本身已经包含了一定的杠杆率，再按保证金方式购买将使这一杠杆率上升到难以接受的程度。当投资者出售期权时，他必须在保证金账户中保持一定的资金金额，以保证在购买方行权时，期权的出售者不会违约。

保证金的收取方法是由清算所直接向各清算成员收取，再由清算成员向自己所代表的经纪公司收取，各经纪公司则向具体的投资者收取。保证金的收取对象主要集中在期权的出售方，而针对不同的交易，交易所制定了不同的保证金标准。初始保证金的大小不仅取决于不同类型的客户、期权标的资产的差异以及期权有无担保等因素，还取决于期权处于实值还是虚值状态。在期权处于实值状态时，期权卖出方违约的风险要大于虚值状态，因此缴纳的初始保证金更多一些。

（三）部位限制

部位限制是指交易所对每一账户所持有的期权部位的最高限额。期权部位一般包括期权的持仓总量和限额总量，持仓总量是指任何一个实体所持有的同一方向上的期权头寸总量，执行总量则是指任何一个作为期权多头的实体，在一个连续的时间中所执行的统一标的物的期权合约数量。这样的规定主要是为了防止某一投资者承受过大的风险或对市场有过大的操纵能力。

不同的交易所有不同的部位限制，有的以合约数量作为限制的标准，也有的以合约总值作为限制的标准。另外，一般要分别对每一单方和整个账户的部位做出规定。所谓单方，是指某一类期权（看涨期权或看跌期权）的净买方或净卖方。在特殊的期货期权交易中，有的交易所将期权部位与对应的期货部位合并计算，而有的交易所则对两者分开计算。

（四）大户报告制度

同期货交易一样，大户报告制度也是期权市场管理风险的基本手法。大户报告的主要内容包括客户的开户情况、交易情况、资金来源、交易动机等。期权市场的大户报告制度，主要是为了防止跨市操纵。期权上市后，期货与期权市场之间存在着诸多的价格联系，不同执行价格、不同合约月份的期货与期权合约之间的价格形成了一个网状的、相互影响的价格关系。如果价格关系不合理，就会有投资者进行套利。利用期权，投资者可以有效地规避期货持仓风险，操纵者如果想操纵期货市场价格，不能不考虑期权市场的情况。因此，如果有人有意操纵市场，必定是跨期货、期权两个市场的操纵，而且以操纵期货价格为主，以实现两个市场持仓的获利。这也是有的交易所将期权部位与对应的期货部位合并计算持仓限额的原因。

（五）期权清算制度

期权市场中的清算制度是由期权清算公司来贯彻执行的。期权市场中的清算公司与期货市场上清算公司的功能十分相似，它确保期权的出售方按照合约的规定条款履行他的义务，同时记录所有的多头和空头头寸的情况。在期权清算体系中，清算公司的责任是登记所有的交易，直到期权头寸被了结。清算公司完成登记后，原先交易双方的对手协议就被打破，清算公司随即成为买卖双方的交易对手，这样，所有交易者的信用风险均来自清算公司而不是其他公司或个人。期权清算公司拥有一定数量的会员，并且所有的期权交易必须通过其会员来清算。

在期权清算所机制下，期权购买者必须在下一个交易日交易之前支付全部期权费，这些资金全部被存入期权清算公司。而期权出售者必须在经纪人那里开设保证金账户，经纪人同时在负责结算其交易的清算公司会员那里开设保证金账户。结算时，清算公司与其会员公司之间的结算属于一级结算，而会员经纪公司与客户之间的结算则被称为二级结算。

四、金融期权交易流程

由于期权在场外交易时是由交易双方自行通过电话、柜台等方式进行的，没有固定的交易流程，因此这里以场内交易为例介绍期权的交易流程，场外交易流程则在此基础上进行了一定的简化，但基本原理相同。

期权交易的基本流程包括选择经纪商、开户、下单、成交、了结和结算。投资者需要根据对有关信息的识别和判断选择恰当的期权经纪商，然后在经纪商的帮助下按照一定的流程开立期货账户。下面主要介绍具体交易时下单、成交、了结和结算的基本流程。

(一) 下单

下单指投资者发出一项交易指令，买入或卖出一份期权合约，经纪公司接受指令，并将其传送到交易所的交易大厅内，由出市代表执行该指令，也可通过远程交易系统直接将指令下达到交易所的主机撮合系统。一项期权指令一般包括期权标的物、期权价格、买入卖出方向、开仓或平仓、数量、合约到期月份、执行价格、期权种类（看涨期权或看跌期权）等。

(二) 成交

经纪商接到交易者下达的指令后，会立刻以各种方式将其传递至场内，再由跑单者递交至场内经纪人，场内经纪人在该期权的交易柜台边，通过公开喊价方式争取最好的成交价格，寻找交易对手。当交易双方谈妥价格及合约数后，均会记录下来，待交易所比对后便称为成交。

当然，以上过程也可以通过交易所电子撮合系统完成，由计算机按照价格优先、时间优先的成交原则撮合成交。

(三) 了结

期权了结有 3 种方式：对冲平仓、履约平仓和放弃行权。

期权的对冲平仓与期货对冲类似，都是将先前买进（卖出）的合约卖出（买进），即最初的期权买方想通过对冲了结手中的合约头寸，就必须再卖出同样数量、同样执行价格和同样到期日的期权合约。期权交易的绝大部分都是通过对冲平仓来了结的。

期权的履约平仓是指在期权的到期日内，买方有权要求执行期权，然后交易双方按照合约规定，对标的物进行买卖，转移所有权。对于期权购买方而言，当期权在到期日处于实值状态时，行权有正的现金流，则会通过履约平仓的方式了结期权；当期权在到期日处于虚值状态时，执行期权对期权的购买方来说是不利的，则期权的买方会放弃行权，损失期权费。

(四) 结算

当期权交易达成时，交易所首先要将期权费从买方的结算账户中划出，将其划入卖方结算准备金账户，同时从卖方结算保证金账户中划出所需的初始保证金。在期权了结时，交易所要根据实际了结方式进行结算，买方只有在履约了结时涉及结算，卖方保证金在期权了结后自动划入其结算保证金账户。

法律法规链接

《中华人民共和国证券法》(1998 年 12 月 29 日通过,2004 年 8 月 28 日修正,2005 年 10 月 27 日修订,2006 年 1 月 1 日起施行)

《中国证券市场金融衍生品交易主协议》、《证券公司金融衍生品柜台交易业务规范》、《证券公司金融衍生品柜台交易风险管理指引》(2013 年 3 月 14 日通过,2013 年 3 月 15 日施行)

《期货交易管理条例》(2007 年 2 月 7 日国务院第 168 次常务会议通过,2007 年 4 月 15 日起施行;2012 年 10 月 24 日国务院第 216 次常务会议第一次修订,2012 年 12 月 1 日起施行)

《期货交易所管理办法》、《期货公司管理办法》(中国证券监督管理委员会令第 42 号,2007 年 3 月 28 日通过,自 2007 年 4 月 15 日起施行)

《股指期货投资者适当性制度实施办法(试行)》、《股指期货投资者适当性制度操作指引(试行)》(2010 年 2 月 8 日公布施行)

本章思考题

1. 简述发行制度当中注册制、核准制与审批制的比较。
2. 简述金融期货交易的基本功能。
3. 简述金融期货交易的基本制度。
4. 简述金融期权交易与金融期权交易的异同。

第七章　金融衍生品信息披露制度

本章概要

金融衍生品信息披露制度对衍生品的发行、交易具有重要作用。一方面，有利于保障投资者的利益，另一方面，有利于金融衍生品交易秩序的稳定。金融衍生品信息披露制度是指信息披露主体通过一定的媒体向监管部门、社会公众充分、完整、准确、及时地公开信息，以供投资者作出投资价值判断的法律制度。本章首先回顾了金融衍生品信息披露制度的发展过程和理论基础，接下来介绍了金融衍生品信息披露制度的内容，包括发行、交易的信息披露制度及信息披露制度的会计准则，最后分析了中国目前金融衍生品信息披露制度存在的问题并提出了完善的建议。

本章重点知识

- 金融衍生品信息披露制度的概念
- 金融衍生品信息披露制度的基本原则
- 金融衍生品发行的信息披露制度
- 金融衍生品交易的信息披露制度
- 金融衍生品信息披露的会计准则

引读案例

高盛"欺诈门"事件

2010年4月，美国证券委员会（the U. S. Securities and Exchange Commission, SEC）指控高盛集团及其一位副总裁欺骗投资者，在一项与次贷有关的金融产品上向投资者提供虚假陈述或加以隐瞒。SEC以高盛未向投资者披露保尔森对冲基金公司对该产品做空的"关键性信息"为由向纽约曼哈顿联邦法院提起民事诉讼。双方最终以和解完成此次控辩对抗，在达成的和解协议中高盛承认自己的市场推广材料不完整，并愿支付5.5亿美元来平息此事。高盛"欺诈门"是继2008年金融危机爆发以来对金融衍生品交易案件的新一轮审视，反映出场外金融衍生品交易仍然存在大量漏洞，尤其是不规范的信息披露机制所导致的对投资者保护不足的问题。

如何制定及完善金融衍生品信息披露制度，才能保障金融衍生品交易的安全性呢？

第一节 金融衍生品信息披露制度概述

一、信息披露制度的提出

现代资本市场存在的信息不对称以及由此产生出来的信息和激励问题阻碍了资源配置的有效性。信息披露制度，又称信息公开制度或公示制度，是指通过一定的媒体向监管部门、社会公众充分、完整、准确、及时地公开信息，以供投资者作出投资价值判断的法律制度[①]。信息披露制度最早起源于证券信息披露制度，证券信息披露制度是指为了维护公司股东或者债权人的合法权益，为了使发行人与投资者处于公平的交易地位，法律规定公开发行证券的上市公司，在证券发行或流通的整个过程中，依照法定的程序和方式将与其发行的证券有关的一切真实信息适当、准确、及时地向社会进行披露，以供投资者作为投资决策参考的法律制度。它主要分为初始信息披露制度、定期信息公开制度、临时信息披露制度。信息披露的形式主要是财务报表，传统的财务报表是以实现原则为确认基础，以历史成本为计量基础，以表内货币性指标为主要信息的报告模式。

从西方发达国家证券市场发展历史来看，证券市场的发展总是伴随着信息披露制度的不断规范，这也提升了信息披露制度质量、缓和了证券市场发行与交易过程中信息不对称的问题，增强了股票的流动性，降低了公司股权融资和债权融资的成本，提高了公司的投资效率。作为政府干预证券市场的重要手段，信息披露制度最早出现在1844年英国的《公司法》中，但美国是最早建立信息公开制度的国家。尽管英国很早就有了相关规定，但由于其关于证券的法律规范素无制定成文法的传统，证券问题均规定在《公司法》中，因此信息公开制度在立法上落了美国后面。在借鉴英国相关法律的基础上，1911年得克萨斯州颁布的《蓝天法》，进一步完善了信息公开制度。美国1933年《证券法》规定，初次公开发行的公司必须登记注册，并使用公开说明书。1934年《证券交易法》对此又作了补充，规定依1933年《证券法》注册并已发行的公司和在证券交易所上市的公司，必须依法定期作出报告，负有持续公开义务。这种持续公开的范围在1964年《联邦证券法》的修正案中更扩展到了证券店头市场。1934年的《证券交易法》还规定了公司内部人员持股及变动报告等制度。美国的信息公开制度是比较彻底和全面的，因而也是最复杂的，世界其他国家的公开信息制度多以之为蓝本。信息披露原则贯穿于整个证券发行和流通的全过程，是现代证券市场法律规制的核心内容和基本制度。信息披露制度有助于解决投资者和发行人之间信息不对称的情况，维护市场建立健康、有序的投资环境，保护投资者利益，帮助发行人在发行前自觉鉴别发行产品的质量，从根源上减少劣质金融衍生品流入市场。美国知名法学家路易斯·D.布兰代斯（Louis. D. Brandeis）在其著作《别人的钱》中有如下形象的描述：公开原则犹如太阳，是最佳的防腐剂；犹如点灯，是最有效的

---

① 祁敬宇. 金融监管学［M］. 西安：西安交通大学出版社，2007：305.

警察。

二、金融衍生品信息披露制度的提出

金融衍生品交易中存在着信息不对称，这可能会影响金融衍生品交易的公平性，增加对金融衍生品交易的成本，损害金融衍生品定价技术的透明度，并影响法律责任的追究，因此，合理解决这个问题的途径就是建立金融衍生品信息披露制度。

（一）金融衍生品信息披露制度的发展历程

1981 年 12 月，美国财务会计准则委员会（Financial Accounting Standards Board，FASB）发布的第 52 号财务会计准则公告《外币折算》（SFAS NO.52），首次对金融衍生品的信息披露作出会计处理规定。随后从 1981 年发布第 52 号财务会计准则至 1998 年发布第 133 号会计准则，历时 17 年，分阶段推出了 9 个涉及金融衍生品的会计准则。在 1994 年，以巴塞尔委员会和国际证监会组织（International Organisation of Securities Commissions，IOSCO）为代表的国际金融监管组织也开始探索关于交易复杂、监管难度大的衍生业务的信息披露制度，这是第一次从法律角度对金融衍生品信息披露制度的研究，并制定出了一系列法律制度，比如，1994 年 7 月，巴塞尔委员会发布了《衍生业务风险管理准则》，IOSCO 同时也发布了类似内容的报告《场外衍生业务运作及金融风险控制机制》；1996 年 1 月，巴塞尔委员会颁布了《关于资本协议市场风险补充规定的概述》和《资本协议市场风险补充规定》；巴塞尔委员会和 IOSCO 于 1995 年 3 月联合发布了《关于银行和证券公司衍生业务的监管信息框架》，在 1998 年 9 月，两委员会再次颁发《关于衍生业务和交易活动的监管信息框架》；巴塞尔委员会于 1998 年 9 月颁布了名为《增强银行的透明度》的报告（"克劳丝报告"），"克劳丝报告"提出了银行应披露的 6 类信息及其 5 个数量特征。在次贷危机爆发后，世界各国都越发重视对金融衍生品信息披露制度的构建和改革。2009 年 4 月在伦敦举行 G20 高峰会议之后，美、英等国家对包括金融衍生品信息披露制度在内的金融监管进行了一系列的改革。美国奥巴马政府启动的《金融改革框架》（2009）、英国政府《银行法案》（2009）以及《改革金融市场白皮书》（2009）、《欧盟金融监管改革》方案与巴塞尔新资本协议的修订，无一不将金融改革放在首位，其中都包含有对金融市场透明度持续增强的规定，尤其是对有关系统性风险的及时披露方面提出了更高的要求，也就是希望借助对金融衍生品信息披露等制度的规定，完善金融监管立法。另外，在会计准则方面，次贷危机后国际会计准则呈现加速趋同态势，简化金融工具会计准则，完善公允价值会计，提高会计信息的可靠性已经逐渐被更多国家接受。在 2010 年 9 月 28 日，国际会计准则理事会（International Accounting Standards Board，IASB）[①] 和 FASB 发布的共同概念框架联合项目中，会计信息质量也被着重提出，为后金融危机时代

_____

①IASB 的前身是国际会计准则委员会（IASC），IASC 在 2000 年进行全面重组并于 2001 年年初改为国际会计准则理事会。

的会计信息质量提供了进一步的保证，以及提出了更明确、更具可操作性的要求①。

（二）金融衍生品信息披露制度的法律原则

金融衍生品信息披露制度的基本原则贯穿于整个金融衍生品的信息披露当中，指导着信息披露制度的实施。

1. 保证信息质量原则

信息质量的基本标准应为完整性标准、真实性标准、易解性标准。完整性标准是指要求信息披露人依法充分完整地公开所有可能影响投资者投资判断价值的信息，证券发行者必须全部记载于法定文件中，并予以公开，不得有任何遗漏。真实性标准是指发行者公开的信息应当属实，不得虚假记载，误导或欺诈。易解性标准是针对公开信息必须容易理解而确立的，指发行公司公开的资料应为投资者所容易认识、理解、掌握和运用的。因为投资者的专业水平与地位方面的限制，为了公平，理应给投资者提供完整、真实、易解的信息。

2. 重大充分原则

重大充分原则包括信息的重大性和充分性两个方面的要求。重大性是指当一项信息被遗漏时，可能影响依赖该信息的人所作出的判断。换言之，如果一项信息的重要性达到影响决策的程度，那它就是重大信息，就应当予以披露。充分性是指凡是对决策有影响的信息，都应该进行披露，但是并不是意味着事无巨细地揭示信息，而是用简洁明了的方法，提供重要的相关信息，而对于商业秘密和不重要的信息可以不予披露。但是这里会涉及一个重要的问题，即产生于"商业秘密"保护与信息公开之间的矛盾。当市场透明和商业秘密保护这两种制度发生冲突时，要看哪种制度体现了对投资者的保护，对公平、正义的追求，从而确定对两者的取舍。法律的公平价值能否实现，不仅要看是否保障了个体利益的实现，还要看是否维护了社会公共利益的实现。

3. 及时正当性原则

及时正当性是指信息披露不仅要符合法律规定的时间，还要以法律规定的形式进行。及时性原则是针对公开资料的时效性而确定的，指发行者向社会公开的信息应当是最新的且是在合理时间内的。最新是指发行者公开的信息应反映公司当前的财务、营业及其他状况，而非公司过去的资料。合理时间的判断有两个标准：一是法律明文规定公开期限的，在法定期限内公开即为合理；二是法律没有明文规定公开期限的，以公开时该信息是否对投资判断产生影响为依据。公开信息的及时性是一个动态概念，即从发行到上市后的持续经营活动期间，发行者向公众披露的资料应当始终具有及时性。正当性原则是指金融衍生品信息披露应合理并符合法律规定的方式。例如，发行说明书、上市公告书、终止上市提示性公告、终止上市公告、季报和年报等应按照法律规定及时以法定的格式、内容等在指定的报纸、网站、场所向社会公众公开②。

---

①杨雨荭. 基于金融危机的国际会计准则改革 [J]. 科技经济市场，2012（3）：36.

②资料公开方式有3种：第一，由发行者或出售者直接向投资者交付公开资料；第二，将公开文件备置主管机关、交易所、证券公司、期货公司等一定场所，供公众阅览；第三，通过公众新闻媒介，如电视、证监会指定的报刊等传播，客观评价。3种方式各有所长，各有所短，在实践中，应将3种方式结合使用。

三、金融衍生品的信息披露制度的理论依据

信息披露制度的产生和存在有其理论基础，金融衍生品作为现代经济领域比较活跃的因素，其必然是在这些理论的基础上发展的。

(一) 有效资本市场理论

有效市场理论是传统金融学的基本前提，最早提出有效市场概念的是美国芝加哥大学法玛（Eugene Fama）教授。1965 年，法玛教授在《股市价格行为》一文中提出，如果在一个证券市场中，证券价格完全反映了所有可获得的信息，那这样的市场就是有效市场。他后来又阐述，在一个有效的资本市场中，证券价格的变动并不存在内在的联系，而且除了相关的信息外，所有不相关的信息都不会引起人们的重视。由此，便产生了著名的"有效市场假说"理论。

有效市场理论的核心前提是理性人假设，力图通过解释证券价格与信息披露之间存在的内在关系，进而说明资本市场的效率与信息的互动关系，为信息披露制度奠定理论基础。然而，有效资本市场假说理论毕竟是一种理想状态不可或缺的过渡状态，现实生活中是无法达到的，据罗伯茨（Harry Robert）等人的研究，金融市场效率由弱至强分为 3 种形态，即弱式有效、半强式有效和强式有效。对应的金融市场分别为弱式有效市场、半强式有效市场和强式有效市场。这里划分的标准是消费者是否能根据市场信息对金融资产价格进行合理的评估。也就是说，金融资产的价格反映的信息量越大，反映的速度越快、越准确，则市场越有效。根据这一标准，上述 3 种市场所能及时、准确反映的信息范围分别成为历史信息、公开信息和所有信息（包括内幕信息）。由此，一定的信息范围与市场形成对应关系。

弱式有效市场是指证券价格充分反映了历史上一系列交易价格和交易量中所隐含的信息，由此产生两种状况：一是迟延反映，另一个是过度反映或者反映不够。可见，消费者在弱式有效市场上仍然可以利用未公开的内幕消息和当前已公开的信息，凭借其信息优势地位而赚取超额利润。半强式有效市场主要特征是，金融资产的价格反映了所有公开有用的信息，包括历史信息和当前公开的信息。只有内幕交易信息才能获得非正常的回报。半强式市场的投资行为需要利用比弱式市场复杂得多的信息和推理。只有相当成熟的金融市场，消费者普遍具有理性，信息传播途径通畅，覆盖面广，有大量的机构消费者，信息披露制度完善，并拥有一批高素质的投资咨询机构、信用评级机构，才能成为半强式市场。强式有效市场的主要特征是，所有有用的相关信息都在金融资产价格中得到反映，即金融资产价格除了充分反映所有公开有用的信息外，也反映了尚未公开的或者属于保密的内幕消息。在强式有效市场上，消费者无法通过任何信息的占有而获得超额利润。强式有效市场为人们描述了一种完美的理想状态。

中国的证券市场，对外公开信息已具备较快的反应速度，总体已达到弱式有效市场，但未达到半强式有效市场。按照有效市场假说理论，在进入强式有效市场以前，严格规范信息披露不可或缺，加强和规范信息披露制度就是为了使市场逐步有效。信息披露制度的

完善程度是衡量一国股票市场成熟的主要标志之一。

因此，提高证券市场的有效性，根本问题就是要解决证券价格形成过程中在信息披露、信息传输、信息解析以及信息反馈各个环节所出现的问题，其中，最关键的一个问题就是建立信息披露制度。只有相关信息能够得到足够和真实的公开披露，投资者才有可能真正把握证券产品的投资价值，才有可能作出合理有效的投资决策，形成合理的对证券产品的需求，产生能够反映足够市场信息、符合实际资本运动状态的证券价格。所以说，建立信息披露制度是建立有效市场的基础和起点。

（二）信息不对称理论

信息不对称理论是在突破了新古典经济理论关于交易双方信息完全对称的假设之下，由乔治·阿克劳夫、迈克尔·斯宾赛和约瑟夫·斯蒂格利茨3位诺贝尔经济学奖得主在20世纪70年代完成的。新古典经济学存在四大基本假设：第一，有众多的买主和卖主，没有任何市场参与者能决定市场的价格和产量；第二，买卖双方自由进出市场；第三，产品是同质的；第四，买卖双方的信息是完全对称的。西方经济学家证明，在完全竞争的市场中，资源能够得到最优配置，并能实现社会福利最大化。但是这种假设在现实生活是不存在的，所以说该理论对现实没有很强的指导意义。但是关于信息不对称理论突破了信息完全的假设，极大地推进了经济学体系的完善和解释现实的能力。由他们完成的信息不对称及相关理论构成了当代信息经济学的核心。[1]

与有效资本市场假说理论不同，非对称信息理论则从实证的角度强调了资本市场上现实存在的不对称信息状态。该理论认为，当市场出现一方行动的完全信息时，就出现了"信息不对称"。这种情况因为证券市场上信息成本过高而无法根除。

自由主义大师哈耶克曾言："资源的配置都是特定决策的结果，而人们做出的任何决策都基于给定的信息。"[2] 在金融衍生品市场中，信息不对称现象给投资者的定价行为造成了很大的障碍。绝大多数的金融衍生品不具备稳定的物理形态，因此投资者不能对金融衍生品的"品质"进行现场考核。投资者无法像购买普通商品一样，从作为权利载体的股票或债券的表面形态中获得对其资质的评价，何况现在的绝大多数金融衍生品已经无纸化。因而，金融衍生品所面临的根本问题，就是如何整合分散在整个市场中的不同信息。主要表现如下。

1. 金融衍生品发行者和投资者之间的信息不对称问题

金融衍生品在一级市场进行发行定价时，金融衍生品的发行者无疑拥有信息比较优势，在一般情况下，他比投资者更清楚该项投资项目的市场状况、赢利前景和风险因素。而投资者在相当程度上却不得不依赖于发行人根据市场形势和自己的偏好提供的信息进行投资判断。但是，投资者常常会担心发行者有可能提供不真实的信息，在缺乏有效的信息披露机制的情况下，投资者很难识别金融衍生品品质之高下，因而只愿意按平均价格来购

---

①王德禄，刘铭源. 上市公司信息披露制度的理论基础及博弈分析［J］. 江西社会科学，2009（1）.
②［英］哈耶克. 个人主义与经济秩序［M］. 贾湛，等，译. 北京：经济学院出版社，1991：74.

买金融衍生品，从而引发逆向选择（Adverse Selection）① 的机会主义行为，其最终结果是导致金融衍生品市场失灵。

2. 金融衍生品投资者之间的信息不对称问题

金融衍生品在二级市场定价时，流通市场上投资者之间的地位也因其与金融衍生品发行者的不同联系以及经济实力的差距而呈现迥异的形态。那些与发行者关系密切或有经济实力的投资者肯定比其他普通投资者能获得更多的内幕消息。

为缓和这种信息的不对称分布，消除和减少信息不对称给市场机制作用的正常发挥带来的不利影响，保护处于信息弱势的投资者的合法权益，信息披露制度就成为一种必然，并且上升到法律层面，由国家权力强制实施。

（三）博弈论

在古典经济学中，个人的决策既不考虑自己的选择对别人的影响，也不考虑别人的选择对自己的影响。但是实际上，人们之间的决策往往是互相影响的。针对人们之间这种相互影响的对策行为所进行的分析研究，就是博弈论。用博弈论分析问题的目的在于说明各个行为主体如何在缺乏其决策后果的充分信息的条件下做出合理的决策。一个博弈是对多个行为主体的"战略互动"的一种正式表述。所谓"战略互动"，其含义是指每个行为主体都认识到自己所获得的支付（效用或利润）不仅取决于自己的行动，也取决于其他行为主体的行动；而且，对自己来说最佳的行动，可能取决于自己预期其他行为主体会采取什么样的行动。只要给定其他行为主体的策略选择，没有任何一个局中人（行为主体）有积极性去选择其他策略，因而没有任何一个局中人（行为主体）有积极性去想改变这种均衡。这样的一种组合是由所有参与者的最优策略构成的，这就是"纳什均衡"。

按照经济学关于理性人的假定，上市公司信息披露博弈中的参与者——政府监管部门、上市公司、投资者及利益相关者都是"理性的经济人"，都会根据自身利益最大化的原则来行动，由于各个主体的目标利益不一致，因此在对信息运用的过程中互相作用，形成了复杂多样的博弈过程。

大致包括3类主体的博弈，即投资者之间的博弈、企业和投资者之间的博弈及上市公司和监管机构的博弈。每种情况各不相同，其共同之处就是一方主体只有在另一方主体做出某种反应时才会选择一种方案，而另一方主体到底做不做不会取决于另一方主体。这就是一种博弈的过程。

四、金融衍生品信息披露制度的内容

金融衍生品信息披露制度的内容主要包括3个方面，即金融衍生品发行信息披露制度、金融衍生品交易信息披露制度和金融衍生品信息披露法律制度的会计准则。

---

①逆向选择是指由于交易双方信息不对称和市场价格下降产生的劣质品驱逐优质品，进而出现市场交易产品平均质量下降的现象。例如，在产品市场上，特别是在旧货市场上，由于卖方比买方拥有更多的关于商品质量的信息，买方由于无法识别商品质量的优劣，只愿根据商品的平均质量付价，这就使优质品价格被低估而退出市场交易，结果只有劣质品成交，进而导致交易的停止。

（一）金融衍生品发行信息披露制度

金融衍生品发行信息披露制度要求发行者欲公开发行金融衍生品筹集资金时，必须向社会公开其金融衍生品产品的性质、构成、定价原则、定价模型及前提假设，盈利机会和可能的风险等，投资者依据这些信息资料做出自己的投资判断。

（二）金融衍生品交易信息披露制度

金融衍生品交易信息披露制度要求发行者在金融产品交易中，要对随时发生的重大信息进行披露。主要形式有定期报告和重大事件的临时报告。重大事件临时报告指公司在无法事先预测的重大事件发生后，应当立即向证监会、证券交易所、期货交易所报告，在重大事件通知书编制完成后，在规定的场所公告事件实质。

（三）金融衍生品信息披露制度的会计准则

金融衍生品信息披露制度的会计准则在现阶段的主要形式还是财务报表，财务会计准则的完善是金融衍生品信息披露的基础，由于金融衍生品的特殊性，传统的会计制度无法满足金融衍生品确认与计量的要求。金融衍生品定价是以未来收益为确认基础，不符合传统会计要素的定义和确认标准，无法通过资产负债表、现金流量表、损益表的形式进行信息披露，只能在报表附注中加以说明，它一直被视为"表外项目"而不被重视。所以，对于金融衍生品信息披露的改革重点在于如何将表外信息纳入财务报表之内，以方便投资者、监管者了解相关信息。

第二节　金融衍生品发行信息披露制度

一、金融衍生品发行信息披露制度的概念

发行信息披露制度是指发行者欲公开发行金融衍生品筹集资金时，必须向社会公开其金融衍生品产品的性质、构成、定价原则、定价模型及前提假设，盈利机会和可能的风险等，投资者依据这些信息资料做出自己的投资判断。金融衍生品的发行者应该在金融衍生品交易市场中对潜在的产品投资者履行相关金融衍生品信息的披露义务。

二、金融衍生品发行信息披露制度的内容

金融衍生品发行信息披露制度的内容包括金融衍生品发行信息披露制度的主体、客体、披露方式以及它的披露要求，了解发行信息披露制度的基本内容有助于我们更全面理解发行披露主体以何种方式和形式来披露发行信息的内容。

（一）金融衍生品发行信息披露制度的主体

金融衍生品发行信息披露制度的主体是发行信息披露的参与者，可分为发行信息披露的权利人和发行信息披露的义务人。发行信息披露的权利人是依法有权获得相关信息的人，一般包括投资者和监管部门等。如银行等金融机构，拥有极具专业性的人员，他们完全有能力在向客户推销金融产品时让客户充分了解所售产品的技术或者价值等信息。发行信息披露的义务人有狭义与广义之分，狭义上的信息披露义务人包括上市公司、证券公司、期货公司以及投资公司等从事金融衍生产品发售的机构，广义上义务人还包括证券交易所与期货交易所等交易市场组织者。

（二）金融衍生品发行信息披露制度的客体

金融衍生品发行信息披露法律关系的客体，是发行信息披露法律主体的权利和义务指向的对象，即发行金融衍生品信息，对金融衍生品定价或者经营有影响的发行信息。一是初始信息，是指在金融衍生品发行前或发行过程中该产品所有的信息，如产品的发行人、制作方法、估价模型等；二是持续信息，是指金融衍生品发行时应该披露该金融衍生品的价格、预期利益和可能带来的一切风险损失等。

（三）金融衍生品发行信息披露制度的方式

金融衍生品的发行人应该在公开场合予以披露，发行人应当利用各种大众传媒，主流网站、报刊、发行场所内部或者采用宣传单等方式进行公开，供社会公众进行查阅和购买，还可以对金融衍生品的销售人员进行培训，以方便投资者咨询。

（四）金融衍生品发行信息披露的披露要求

中国《证券法》第63条对信息披露的要求做了相关规定："发行人、上市公司依法披露的信息，必须真实、准确、完整，不得有虚假记载、误导性陈述或者重大遗漏。"此外，《上市公司信息披露管理办法》还对信息披露的公平性和及时性做了具体要求。对金融衍生品而言，公平性是指发行人在披露衍生品信息时应该向全体投资者披露，而不应该提前向单个或者部分投资者披露、透露或者泄密。在选择媒体进行发布时应该同时进行，而不应该在发行人的网站或者指定媒体上提前披露；不得以新闻发布或者答记者问等形式代替其应当履行的报告和公告义务。及时性是指在发行时应当发布与发行有关的全部信息，不能拖延或者不发布信息。

作为金融衍生品发行方，资本市场最强调的就是公开、公正、公平，也就是信息披露与透明度，发行方在从事金融产品开发与销售的过程中有义务让投资者了解其中的利益关系与利益冲突，以便投资者作出更好的判断。发行人在发行产品时应接受投资者关于产品的各种形式提问，在与广大投资者进行沟通时不得以任何形式提供内幕信息。在境外发行的金融衍生品在境内同样应该进行产品信息的同步披露。当资本市场以获利为第一要务时，就会产生道德风险，进而将商业道德与法律置于身后，道德破产，甚至道德沦丧。在各种纷繁复杂的金融衍生品交易中，首要任务就是监管某种衍生品存在的合理性，也就是要对其创造的原理、定价的依据、风险收益的构成等信息进行充分的披露。

三、美国的金融衍生品发行信息披露制度

蔓延全球的次贷危机，使美国政府认识到应对大多数被放松监管的衍生品交易进行全面监管，随后开启了新一轮大规模金融法案的改革，其中以《多德-弗兰克华尔街改革与消费者保护法案》为重点。该法案的立法目的之一即是通过改善问责制和提高透明度来促进金融稳定，要求证券化产品的发行者披露更多的资产信息，并分析打包资产质量，确保他们不会向投资者出售垃圾证券①。从法案全文可以看出，美国有关金融衍生品的信息披露制度已经从单纯的依靠监管机构对上市公司的强制性信息披露要求，发展为结合信用评级与金融消费者保护制度，专门针对上市公司与各金融衍生品发行方等的综合性要求的强制披露制度。法案赋予美国商品期货交易委员会和美国证监会新的监管权，通过授权其负责衍生品市场监管职能，建立场外衍生产品市场交易记录和报告制度。法案规定交易商必须将要求参加中央清算的场外衍生产品向中央清算所报告，将不要求中央清算的场外衍生产品向受监管的交易记录机构报告。中央清算所和受监管的记录机构对数据信息进行汇总和整理后建立总持仓量和交易量数据库，并向公众开放单个交易商的交易和头寸情况，以保密的方式向监管机构报告。同时，大部分衍生产品交易都要满足"实时"价格以及交易量报告的规定。

第三节　金融衍生品交易信息披露制度

一、金融衍生品交易信息披露制度的概念

金融衍生品交易信息披露制度要求发行者在金融产品交易中，对随时发生的重大信息进行披露。金融衍生品交易信息披露制度的披露主体包括权利主体和义务主体，其中，义务主体包括从事投资交易的企业，公司董事、高级管理人员要对所披露的信息尽到谨慎勤勉义务。权利主体包括投资者、监管机构。

二、金融衍生品交易信息披露制度的内容

金融衍生品交易多具有时间跨度性，也就是说签订交易合约的当期并不发生实质上的现金流量，而是要等到一段时间之后，满足一些既定条件的情况下才会进行交割，所以金融衍生品交易的这种持续性使得整个持有期间的信息公开都是必要的，金融衍生品交易信息的持续披露对不同利益主体都是很重要的。

---

①佚名．多德-弗兰克华尔街改革与消费者保护法案［M］．李扬，译，中国金融出版社：4.

（一）金融衍生品交易信息披露制度权利主体的要求

首先，投资者需要在持有期间根据各种有关金融衍生品的信息判断继续持有金融衍生品是否可以获利，一旦发现不利走势预期，就会做出减仓止损的决策，所以持有期间的所有相关信息对于投资者来说是极其重要的。其次，监管机构也需要根据相关信息对交易中是否有欺诈、价格操纵和内幕交易等行为进行识别，以实现对金融衍生品市场的监管。最后，如果金融衍生品的投资者是上市公司，那么它也有必要对自己的所有经营投资行为进行公开披露，即使是非上市公司，它的股东同样拥有对公司经营情况的知情权，所以出于对投资者的股东权利的保护，在金融衍生品交易持续期间内的所有相关信息都应该进行披露。

（二）金融衍生品交易信息披露制度义务主体的要求

在金融衍生产品交易中，要求从事投资交易的企业将从事该交易的事实以及对公司财务状况可能产生的影响进行公开披露，以使公司的股东可以决定是否批准该工具的使用，是否调整自身与使用者的合作关系，是否选择采用其他相应的避险方案进行对冲①。及时充分的信息披露可以减少投机风险过高的金融衍生产品的机会，因为大股东出于安全性的考虑会制止相关行为，中小股东也可以采取用脚投票的策略防患于未然，进而可以对公司管理层制造一定的压力，改变其冒进似的风险投资经营策略，金融衍生品交易信息披露制度可以保证公司董事、高级管理人员对股东尽到忠实和注意的义务。同时，监管机构也可以规范类似不理智的投资行为，促进市场的公平有序，保证金融衍生品市场正常健康地运行与发展，所以，金融衍生品交易信息披露制度对于资本市场的公平运转十分必要。

（三）金融衍生品交易信息披露制度的形式

主要形式有定期报告和重大事件的临时报告。定期报告包括年度报告、中期报告、季度报告，主要是反映公司运行等一系列状况。重大事件临时报告指公司在无法事先预测的重大事件发生后，应当立即向证监会、证券交易所、期货交易所报告，在重大事件通知书编制完成后，在规定的场所公告事件实质。

三、美国证券交易委员会（SEC）的金融衍生品交易信息披露制度

作为金融衍生业务最为活跃的国家，美国近几年来一直致力于改革和完善金融衍生品信息披露制度，主要体现在美国证券交易委员会对金融衍生品交易信息披露制度的改革中。

经济大萧条后，为规范并重振资本市场，美国国会颁布了《1933年证券法》和《1934年证券交易法》，但其所规定的信息披露制度仅适用于场内交易，而不适用于普遍采取场外交易方式进行的金融衍生品交易，为此SEC在1997年颁布了S－K第305规则。

---

① 王旸. 衍生金融工具基础法律问题研究 [J]. 法学家，2008（5）：87.

该规则囊括了美国《1933 年证券法》和《1934 年证券交易法》有关信息披露的要求，要求所有向 SEC 备案的公司都要披露有关结构性融资交易工具的风险，目的在于明确公司所面临的与结构性融资交易工具有关的交易行为所附带的市场风险，并提供衍生交易风险的量化和尽可能质化的信息。① 该规则体制由 "第 305 项规则"、"S-K 条例" 和 "S-X 条例" 3 部分组成，其中，"第 305 项规则" 处于核心地位②。规则要求公司必须提供有关金融衍生品计量的会计政策、避险行为所带来的影响，金融衍生品交易对公司收入、现金流量以及财务状况的影响。要求公司必须对金融衍生品交易进行定量披露，包括使用表格陈述、敏感性分析以及 VaR 风险管理技术。SEC 的 "305 规则" 体制专门应对衍生交易市场风险的监管，并将衍生交易的市场风险衡量与披露制度作为监管制度的核心所在。③ 增加金融衍生品交易的透明度对于保障整个金融体系的安全来说至关重要，加强对从事金融衍生品交易业务的交易商与投资金融衍生品业务的上市公司的信息披露监管，可以从源头上增加金融衍生品交易的透明度，保护金融衍生品投资者以及上市公司的股东。尽管美国对资本市场的监管相当严格，有关信息披露制度的规定较完善，但是从近年来发生的有关华尔街的各种事件中可以看出，这些良好的制度并没有得到有效地贯彻落实，所以有必要继续加强监管，强化信息披露责任机制，从第二性义务的角度威慑潜在不法行为的产生。

四、巴塞尔委员会和 IOSCO 的金融衍生品交易信息披露制度

1994 年开始，以巴塞尔委员会和 IOSCO 为代表的国际金融监管组织开始探索新的金融监管框架，重点是关于交易复杂、监管难度大的衍生业务的信息披露制度。两个委员会都认为 "基于有效公开披露的透明性，在加强监管者旨在鼓励机构合理的风险管理和促进金融市场稳定的努力中，具有至关重要的作用。增强机构的透明度，也会使银行和证券公司加强对交易对手风险的评估和管理能力，减少其在承受金融压力时易受市场传闻和误解冲击的可能性，最终使之从中受益。"④

为建立和完善金融衍生品的信息披露制度，两委员会从 1994 年起颁布了一系列指导性文件。1994 年 7 月，巴塞尔委员会发布了《衍生业务风险管理准则》，IOSCO 同时也发布了类似内容的报告《场外衍生业务运作及金融风险控制机制》，这两个文件对有效监管银行和证券公司的衍生业务所必需的信息进行了讨论。巴塞尔委员会和 IOSCO 于 1995 年 3 月联合发布了《关于银行和证券公司衍生业务的监管信息框架》，提出了对衍生业务进行监管的总体框架。1996 年 1 月，巴塞尔委员会颁布了《关于资本协议市场风险补充规定的概述》和《资本协议市场风险补充规定》，将机构的市场风险和交易项目纳入原 "巴塞

---

① 刘春彦，郭婷婷. 美国次贷危机对中国金融衍生品市场法律完善的启示［J］. 中国金融，2009（15）：53.

② 张晓凌，陈华敏. 美国证券法对衍生交易市场风险披露的监管及借鉴——以 SEC "305 规则" 体制的监管要求为视角［J］. 国际金融研究，2006（10）：74.

③ 同②。

④ Basle Committee, "Prudential supervision of banks' derivatives activities" (December 1994), http://www.bis.org/publ/bcbs14.htm.

尔报告"的监管框架，并提出了衡量和评估风险的一种方法——内部模型法或风险价值法（Value-at-risk，VaR）[1]。1998 年 9 月，两个委员会再次颁布《关于衍生业务和交易活动的监管信息框架》（以下简称《框架》），对 1995 年发布的监管信息框架进行了修订和完善。这两个报告是对衍生业务进行信息披露监管的纲领性文件，主要有两个组成部分。一是讨论数据的目录。两委员会认为，该目录对评估衍生业务风险有重要作用，监管者可基于该目录扩充其报告系统。二是国际上统一的最基本的共同信息框架，即上述数据目录的明细部分。《框架》中的规定将金融衍生品交易信息披露制度分为定量披露和定性披露两个方面，其中，定量信息分为信用风险、流动性风险、市场风险以及对收益的影响 4 个方面。《框架》认为金融机构应当披露的定性信息包括机构的公司体制、内部控制、计量和管理衍生产品风险的政策及执行情况、为管理衍生交易风险暴露制定的风险限额及这些限额的变动情况等。[2] 金融衍生品交易信息披露的最低标准是投资者公司管理层从事衍生品交易的目的以及金融机构主要从事的是场内交易还是场外交易。两委员会还在该报告中提出了信息披露的基本原则：其一，数据内容应该全面，涵盖所有衍生工具及其相关风险，衍生业务的评估应立足于机构的总体风险；其二，披露的信息既包括质量方面的信息，又包括数量方面的信息；其三，应频繁、及时地评估机构所披露的信息。监管信息框架的第一部分讨论了用于监管目的的信息分类，即质量信息和数量信息，并对衍生业务监管信息框架的不同组成部分——信用风险、流动性风险、市场风险和收益进行了详细地说明。为了进一步规范机构的信息披露行为，巴塞尔委员会于 1998 年 9 月颁布了名为"增强银行的透明度"的报告（即"克劳丝报告"）。"克劳丝报告"提出了银行应披露的 6 类信息及其 5 个数量特征，这 6 类信息是财务绩效；财务状况（包括资本、清偿力、流动性）；风险管理策略与实践；风险暴露（包括信用风险、市场风险、流动性风险、操作风险、法律风险及其他风险）；会计政策；关于基本业务、管理和公司治理结构方面的信息。应披露信息的 5 个数量特征是全面性、相关性与及时性、可靠性、可比性和重要性。

第四节　金融衍生品信息披露法律制度的会计准则

一、金融衍生品信息披露法律制度的会计准则现状

传统的信息披露制度主要通过会计报表的形式进行实施，但是金融衍生品具有其特殊

---

[1] VaR 方法的产生源于 20 世纪 70 年代国际金融创新的发展和金融衍生工具的广泛运用，由 JP 摩根公司为加强内部风险控制和管理而首次提出。它指在一定的持有期及一定的概率下（置信度内），由于市场不利变动，某金融投资工具或投资组合面临的潜在最大损失量。如银行家信托公司（Bankers Trust）在其 1994 年年报中披露，其 1994 年的每日 99% VaR 值平均为 3500 万美元。这表明该银行可以以 99% 的可能性保证，1994 年每一特定时点上的投资组合在未来 24 小时之内由于市场价格变动而带来的损失平均不会超过 3500 万美元。即每天损失超过 3500 万美元的概率为 1%，或者说每 100 天内只有 1 天的损失将超过 3500 万美元。

[2] 巴塞尔银行监管委员会. 巴塞尔银行监管委员会文献汇编 [M]. 中国人民银行，译. 北京：中国金融出版社 2002：323.

的定价方式，不能套用传统的会计准则对金融衍生品进行确认，传统的会计准则也不能对金融衍生品进行合理计量，这使金融衍生品信息披露制度面临着重大的实施困境。具体表现如下。

（一）传统会计准则无法对金融衍生品进行会计确认

由于金融衍生品定价的不确定性，使它的价值无法通过"资产"、"负债"来确认。在传统会计理论中，"资产"① 和"负债"② 的确认必须是过去发生的事项，而金融衍生品作为一种合约，其约定的是未来某一事项的发生③，其立足点是未来而不是过去，因而不符合传统会计理论对会计要素的确认原则。

（二）传统会计不能对金融衍生品进行合理计量

金融衍生品会计要素确认的难度直接制约着其价值的合理计量。传统的会计计量理论是以历史成本④为基础的，会计要素应以初始发生成本入账，在后续期间一般不随意进行调整，直到相应的资产已耗尽或负债已偿清为止。但是，金融衍生品具有杠杆性，其成本和收益不成比例，而且会随时变动，因此，就不能用历史成本理论对其价值进行计量了。

（三）传统财务报告体系无法充分反映金融衍生品的财务信息

财务会计报告是信息披露的主要形式。在传统会计理论中，会计确认、计量的直接结果往往体现为会计报表，会计报表构成财务报告的核心。企业资产负债表、损益表、现金流量表这 3 种通用财务报表成为财务报告的主体，反映企业的资产状况、经营结果和现金流量状况。而会计报表附注只起补充说明的作用，以提高会计报表内有关信息的可比性，增强有关信息的易懂性以及突出某些信息的重要性。但是，会计报表并不能充分地反映金融衍生品价值的变化情况，因此金融衍生品只能借助表外注释来进行信息披露。

二、美国证券交易委员会（SEC）的金融衍生品会计规则制度

金融衍生品交易的高杠杆性为投资交易带来了极大的风险与机会。因为金融衍生品的交易没有实体，价值估计主观性极高，传统会计准则不将其作为资产负债表列示项目，只规定为资产负债表外交易项目，所以其潜在的风险往往不易为投资者或者监管机构所察觉，容易造成金融监管滞后的情形，出现无法可依的局面。为此，美国国会在 2002 年通过了 SOX 法案，该法案的主要内容如下。第一，授权 SEC 制定规则，要求上市公司充分披露重大资产负债表外交易项目与相关债务信息，以及上市公司与"未合并财务报告的实

---

① 传统会计理论对资产的定义："因过去的交易、事项形成并由企业拥有或者控制的资源会给企业带来经济利益。"

② 传统会计理论对负债的定义："因过去的交易、事项形成的现实义务，履行该义务预期会导致经济利益流出企业。"

③ 如金融远期合约，是指交易双方约定在未来某一时间，按事先商定的价格，以预先确定的方式买卖一定数量的某种金融产品。金融期权则是赋予购买者在未来规定的结算日之间有一定的时间间隔。

④ 历史成本是资产取得时实际发生的成本，反映了资产或负债的历史记录，具有客观性和可验证性。

体"或个人之间的有可能对公司财务状况产生现实或潜在重大影响的"其他关系"。第二，要求 SEC 颁布上市公司充分披露可能影响其财务状况的表外交易信息的新规定，要求上市公司披露那些可能对公司财务状况造成重大影响的表外交易、表外安排和表外债务，并说明表外交易的性质和目的，其财务影响以及其在流动性、资金来源、市场风险或信贷风险方面的重要性。第三，要求披露那些可能限制表外交易益处的事件和趋势，在一定程度上实现了表外交易的表内化。[①] 从投资者利益保护的角度来看，SEC 的规定比较具有代表性。SEC 主张应该提供充分而透明的财务信息，不使信息使用者感到困惑进而产生误导。SEC 制定了大量信息披露规则与规定，主要包括《财务信息披露内容与格式条例》、《非财务信息披露内容与格式条例》、C 条例和其他指导性解释性文件。

三、美国财务会计准则委员会（FASB）的金融衍生品会计准则制度

美国金融衍生品信息披露制度主要通过财务会计报告的形式实施，FASB 在 1981—1998 年推出了 9 个有关金融衍生品确认和计量的会计准则[②]。

自 20 世纪 80 年代开始，期权期货业务和外币交易业务在美国本土不断发展，为了使财务报表能够公允地反映金融衍生品对企业未来财务状况的影响，FASB 率先公布了 SFAS NO.52《外币折算》和 SFAS NO.80《期货合同会计》两项准则。前者主要规范外币折算汇率的选择和远期外汇合约的会计处理，后者主要规范商品期货市场中套期保值合约和投机合约的会计处理。[③] 这是对金融衍生品所指定的最早的会计规范，对当时的期货业务起到了一定的指导作用。

20 世纪 90 年代前期，FASB 的主要讨论内容为如何"披露"作为表外业务的衍生品交易。先后颁布了 SFAS NO.105《具有表外风险和具有集中信用风险的金融工具的信息披露》、SFAS NO.107《金融工具公允价值的披露》、SFAS NO.119《金融衍生品的披露和金融品的公允价值》等会计准则。但是这些会计准则的公布均未涉及金融衍生品的确认与计量这两个敏感性问题，因此也没有真正满足将金融衍生品纳入财务报表内进行报告的需求。

直到 20 世纪 90 年代后期，突破性的 SFAS NO.133《衍生品和套期保值活动会计处理》的正式发布才解决了金融衍生品确认和计量缺位的问题。SFAS NO.133 认为：金融衍生品代表了符合资产、负债定义的权利和义务，因此应当在财务报表中报告；只有交易形成的金融资产或金融负债才应当在财务报表中报告；公允价值是金融工具最相关的计量属性，可能是金融衍生品唯一相关的计量属性。[④] 另外，它还明确了套期会计的适用条件应当包括公允价值套期、现金流量套期、对国外营业净投资的套期、报告综合收益组成部分的变化。它强调对衍生品与相关的被套期项目在报告期内确认的利得和损失的披露；在

---

① 李伯桥，卢书桃．美国证券信息披露制度改革评述［J］．经济师，2005（3）：102.
② 1981 年 12 月，FASB 发布的第 52 号财务会计准则公告《外币折算》（SFAS NO.52）是对金融衍生品所指定的最早会计规范。该准则在规范外币汇率选择的基础上对外汇远期合约的会计处理首次作了规定。
③ 刘永泽，傅荣，梁爽．财务呈报研究［M］．大连：东北财经大学出版社，2009：148.
④ 刘永泽，傅荣，梁爽．财务呈报研究［M］．大连：东北财经大学出版社，2009：149.

报告期内计入累积折算调整中的利得和损失净额的披露；同时，有关涉及衍生工具与非衍生工具的经济活动，对于其中非衍生工具部分的定量披露只是鼓励，并不做实质性要求。

　　FASB 定义的金融衍生品财务信息质量，取决于财务信息对信息使用者有用性的高低。按照 FASB 的要求，财务信息的披露质量必须根据财务报告的综合目标进行评价。这一综合目标就是，财务报告应为报告使用者做出投资、信贷以及类似决策提供有用的信息。FASB 为追求这一目标，提出了一系列财务信息披露应具备的质量特征，主要包括决策有用性、可靠性、相关性、及时性、可比性等，这也与以公允价值计量的金融衍生品的会计目标相一致。

　　随着金融衍生品的不断发展和创新，尤其是美国次贷危机发生后，为了便于对金融衍生品的监管，FASB 又颁布了一系列金融衍生品会计准则。其中包括 2007 年颁布的《金融资产和金融负债的公允价值选择》（SFAS NO. 159）和 2009 年颁布的《在不活跃市场下确定金融资产的公允价值》。SFAS NO. 159 准则允许主体选择对下列具备条件的项目用公允价值计量：其一，某一确认的金融资产和金融负债；其二，企业承诺，它在起始日不被确认，只涉及金融工具；其三，书面贷款承诺；其四，保险合同涉及的、金融工具之外的权利和义务；其五，保修单涉及的权利和义务，它们不是金融工具，并且保修条款允许保修人向第三方付款并请他们提供产品或服务；其六，某一嵌入非衍生工具与某一非金融混合工具分离所产生的主金融工具。《在不活跃市场下确定金融资产的公允价值》规定了对于不具备市值计价条件的企业来说，可以采用自己的模型和假设参数来估算金融衍生品的公允价值。

四、国际会计准则理事会（IASC①）的金融衍生品会计准则制度

　　1988 年 5 月，IASC 的顾问组成员之一的 OECD 召开了专门会议，商议金融衍生品会计准则的改革问题。② 同年 6 月，IASC 成立了专门的指导委员会着手制定新的金融衍生品会计准则。IASC 在制定金融工具会计准则的过程中，也是先制定并发布有关列报与披露的准则，后制定并发布有关确认与计量的准则，但与 FASB 不同的是，IASC 关于金融工具的会计准则只有两个：IAS NO. 32 和 IAS NO. 39。在 1991 年，IASC 发布了《征求意见稿第 48 号》，经过各方积极的商议之后，最终形成了一系列的会计准则文件，其中最重要的是《国际会计准则第 32 号——金融品：披露和列报》和《国际会计准则第 39 号——金融品：确认和计量》，它们的主要内容如下。

　　1995 年 6 月 IASC 发布的 IAS NO. 32，开篇将金融工具划分为金融资产、金融负债、权益工具；金融资产和金融负债可以相互抵消，并在资产负债表中以净额列示；信息披露

---

①IASB 的前身是国际会计准则委员会（International Accounting Standards Committee，IASC），在 2000 年进行全面重组并于 2001 年年初改为国际会计准则理事会。

②参会的成员都认为，现有的会计准则已不能适应金融衍生品发展的需要，亟须另行制定一个新的国际性金融衍生品会计准则来满足不断扩大的国际资本市场的需要；新准则应有足够的弹性，以包容金融市场上的创新性，而且应优先考虑交易的经济实质，而非法律形式。

的目的在于增加金融工具对企业相关财务指标重要性的理解；金融工具的风险[①]及风险管理策略；对于未经确认的金融工具，应在附注或附表中披露，并要求定量信息与定性信息相一致；所采用的会计政策和会计方法。该准则是国际会计界首个对金融工具表内披露做出详细规定的准则，成为日后其他披露准则制定的基础。

1999 年 3 月 ISAC 发布了 IAS NO. 39《金融工具：确认与计量》，标志着 IASC "初步完成了其在金融工具会计准则方面的总体规划"[②]。IAS NO. 39 分别规定了对金融资产和金融负债进行初始确认和终止确认的条件；指出初始确认以该资产或负债的公允价值进行计量；后续计量中将金融资产和金融负债分类处理，其中为交易而持有的金融资产或负债以公允价值进行计量；另外还就套期关系、套期种类及其他与套期会计有关的问题作了详细的规定。

2005 年 8 月 IASB 全面改组后，发布了《国际财务报告准则第 7 号：金融工具披露》(IFRS NO. 7)，相比 IAS NO. 32，IFRS NO. 7 对金融衍生品的会计要求更为详细，其中关于披露的部分也被 IFRS NO. 7 所取代。IFRS NO. 7 要求报告主体披露两类主要信息：一是关于金融工具重要性的信息；二是金融工具所产生的风险性质与程度的信息。主要内容如下。适用范围为从事金融衍生品交易活动的所有企业；按照金融资产和金融负债分类进行披露；风险信息披露，风险种类与 IAS NO. 32 类似，对风险进行定性和定量的披露，表内披露与表外附注披露相结合；[③] 公允价值披露方面的要求扩大，扩大到金融资产的贷款与应收款项；会计政策的披露要求有所增加；套期会计的要求增加，要求单独披露利得或损失。[④] IFRS NO. 7 的意义在于其明确了新的风险管理概念，并在该新风险管理概念下考虑对金融工具进行信息披露的要求，综合近年来一些企业所用的风险衡量工具及其信息披露机制，"让企业因使用金融工具引致的风险更加透明化，向投资者和财务报告的其他使用者提供更高质量的信息，有利于他们对企业的风险和回报做出更好的判断。"[⑤]

第五节 中国金融衍生品信息披露制度

一、中国金融衍生品信息披露制度的发展现状

中国目前对金融业的监管采取的原则是"分业经营、分业监管"的模式，与此相适应，对金融衍生交易的监管主要由中国人民银行、财政部、证监会、银监会和国家外汇管理局等机关在各自的职权范围内负责。

中国人民银行主要负责对金融衍生交易活动的宏观调控，其对金融衍生交易信息披露

①主要包括价格风险（有市场风险、货币风险、利率风险 3 种类型）、信用风险、流动风险和现金流量风险。
②耿建新，徐长经. 衍生金融工具会计新论［M］. 北京：中国人民大学出版社，2002.
③吴鸣. 浅析中国衍生金融工具信息披露制度——内地和香港地区之比较［J］. 金融会计，2007（10）：17.
④张霞，刘洋.《国际财务报告准则第 7 号——金融工具：披露》介绍［J］. 财政监督，2006（8）：63.
⑤周英. 中国金融工具会计准则的相关思考［J］. 财会通讯，2006（12）.

的规定主要散见于《商业银行信息披露暂行办法》、《全国银行间债券市场债券远期交易管理规定》、《远期利率协议业务管理规定》等相关文件中。

财政部主要是从会计规范的角度对金融衍生交易的信息披露予以规范，根据《金融企业会计制度》第 140 条的规定，金融企业对于其所从事的金融衍生业务的会计信息应当在企业的财务会计报表附注中予以披露。《企业会计准则第 22 号——金融工具确认和计量》和《企业会计准则第 37 号——金融工具列表》进一步规定了以公允价值对金融衍生工具进行会计计量，同时将金融衍生工具的披露形式由表外披露转向表内披露。

银监会和证监会作为专门性的金融监管机构，其对金融衍生交易信息披露的监管也更具专业性和实践性。在银监会颁布的《金融机构衍生产品交易业务管理暂行办法》中，第 24 条规定了从事衍生产品业务的金融机构向其客户进行信息披露的义务，第 33 条则规定了金融机构向银监会进行信息披露的义务。证监会在其 2008 年发布的《公开发行证券的公司信息披露编报规则第 26 号——商业银行信息披露特别规定》中对商业银行从事金融衍生交易的信息披露也作了相应的规定。

此外，国家外汇管理局、商务部、国家工商行政管理局以及期货交易所、证券交易所等政府机关和市场自律组织在各自的职权范围内也针对金融衍生交易制定了大量的信息披露规范。

经过改革开放 30 多年的发展，中国的金融创新取得了显著的发展，关于金融衍生交易的信息披露规范也正在逐步地完善，但仍有许多不尽如人意的地方。这些不足突出表现在以下几方面：在立法上，多为央行、财政部、银监会、证监会等部门发布的部门规章，法律位阶较低；在监管权力的配置上，重复监管和监管真空的现象仍旧普遍存在；在执行层面上，执行不力的现象十分突出，一方面是无法可依，另一方面则是有法不依，同时，在责任的追究上，刑事责任缺位严重；在一些信息披露的技术层面上，中国的信息披露规则还有待细化，如信息披露的会计计量方面亟须与国际接轨。

二、金融衍生品信息披露制度的完善

(一) 制定期货交易法，确立金融衍生品信息披露的原则

期货交易法作为规定金融衍生品定价的核心法律制度，在其中应对金融衍生品的信息披露制度进行原则性的规定。首先，应对信息披露的内容进行原则上的确认，包括金融衍生品的名称、性质，金融衍生品交易的时间和日期，金融衍生品的价格、定价方式、定价模型及相关假设条件，金融衍生品的发行机构情况，如金融衍生品是场内交易的则应披露交易所定价的方式。其次，应明确信息披露的形式，信息披露应采用会计报告、说明等形式进行。会计报告是通过数据定量地向消费者或监管机构描述金融衍生品的信息，但是金融衍生品具有表外性的特点，不容易体现在会计报表中，因此应采取定性的说明方式作为补充来全面地描述金融衍生品的信息。

在期货交易法原则性规定的指导下，应制定金融衍生品信息披露法，专门对金融衍生品的信息披露问题进行具体的规定。在这部法律中应明确信息披露的内容、信息披露的形

式、信息披露的对象、信息披露的时间，并强化对金融衍生品交易风险描述性信息和数量信息的分类披露，以有利于监管机构及时掌握市场动态。其中主要内容如下。

1. 初始信息披露制度

对于证券类金融衍生品来说，初始信息披露的主要形式有招股说明书、上市说明书、募集说明书等；对于契约类金融衍生品来说，主要是上市说明书。此法应对初始信息披露的程序、格式、内容要求进行规定。其中，最重要的是披露的内容，披露内容必须包括发行机构基本情况、定价技术、财务会计信息（包括以往所投资的金融衍生品的财务状况）、关联情况和风险因素（包括价格风险、市场风险、信用风险和定价技术及模型风险）等。

信息披露制度的核心问题不仅在于信息披露的内容，还在于信息应该被披露到何种程度。一般来说，信息披露的义务人之所以不愿意履行自己的信息披露义务，是因为这部分有待披露的信息可能会涉及企业的经营信息，在专门从事金融衍生品开发研究的金融机构中通常表现为有关金融衍生品的核心技术等构造原理性信息，金融机构认为这些信息是使其领先于其他竞争对手的关键因素，属于商业秘密的范畴，所以他们往往会出于自我保护而消极地回避相关信息的披露。如果不对这些有关金融衍生品的核心技术进行保护，产品的创造者就会失去对金融衍生产品进行创新的动力，因为他们千辛万苦研发出的智力成果在一夕之间就成为竞争对手效仿的对象，也许改进后的金融衍生产品反而成为将自己置之死地的工具。虽然市场需要保护股东或者潜在投资者这些弱者，但是市场所追求的目标始终还是公平，所以我们不能为了大多数的利益而真的牺牲小部分人的利益，而应该公平地对待所有的市场参与者。但是，也不能放任金融衍生产品的创造者滥用豁免披露部分核心技术信息的权利，将并不属于核心技术的信息隐瞒不报。即使是属于核心技术范畴的信息，如果它们的披露与否确实会影响到投资者的知情权，也不能享受豁免披露的优待。在投资人的知情权与交易商的商业秘密保护之间寻找到一个公平的平衡点，对于金融衍生品初始发行信息的披露制度来说是至关重要的。所以，应该建立以保护金融衍生品投资者为核心价值取向，以金融衍生产品开发者的核心技术为豁免界限的信息披露机制。

2. 交易信息披露制度

在投资者购买金融衍生产品之后，发行方应该履行持续信息披露义务。发行金融衍生品的金融机构应在金融产品交易中对随时发生的重大信息进行披露。主要形式有定期报告和重大事件的临时报告。定期披露制度的主要内容是定期报告的提交和公布，定期报告是金融衍生产品发行方公布其财务状况和经营情况的文件，主要指年度报告和季度报告。证券法或期货交易法应规定金融衍生品发行方负有向证券管理机构提交年度报告的义务，其中应该记载相关金融衍生产品的价值、持有人数量等信息。重大事件临时报告指公司在无法事先预测的重大事件发生后，也就是当发生会影响到金融衍生产品的市场价格、影响投资决策的重大事件时，金融衍生产品的发行方应当立即向证监会、证券交易所、期货交易所报告，在重大事件通知书编制完成后，在规定的场所公告事件实质。信息披露的及时性通常就是由金融机构对重大临时性事件的反应速度决定的。

另外，除了法律法规层面的制度设计外，还应该细化由相关监管机构颁布的具体规章制度，以便于操作，以证监会和银监会为代表的金融衍生品信息披露监管部门，就应该在宏观法律框架之下具体问题具体分析，制定出更具执行力的部门规章。例如，银监会应发布《发行金融衍生品的机构信息披露内容与格式准则》，其中包括发行金融衍生品申请文件、发行金融衍生品的说明书、年度信息披露的内容与格式、中期信息披露的内容与格式、重大事项披露的内容与格式等，其中需要披露的内容包括金融衍生品的名称、性质、定价依据、定价模型及前提假设、风险等情况。除此之外，还应制定《公开发行金融衍生品的公司信息披露编制规则》，对金融衍生品发行者的情况进行披露，包括财务报告和以往从事金融衍生品业务的情况等。

（二）完善金融衍生品信息披露的会计制度

金融衍生品的发行价格以及市场对其未来走势的预期是投资者决定是否进行投资决策的关键因素。但是，无论是发行商给出的市场价格，还是投资者预测出的内在价值，其中都存在着较强的主观性，容易为错误判断或者人为操作留下空间。所以，对于金融衍生品的相关信息，应以发行方或上市公司的金融衍生品发行说明和财务报告为载体，从金融衍生品公允价值计量的定量披露与风险收益的定性描述等多方面综合反映，以增强相关信息可靠性与有用性。金融衍生品对传统会计理论的挑战，使各国对其信息披露的监管离不开会计制度的变革。随着 2006 年新企业会计准则的出台，中国在这方面也有了重大的跨越和突破①。2006 年的《企业会计准则》主要侧重于对金融衍生品会计信息生成和相关信息披露的框架性与方向性规范，具体制度还很不完善，我们可以从以下几个方面进行改革。

1. 完善公允价值计量原则

所谓公允价值，是指交易双方在熟知情况和自愿交易的事情下，同意交换资产或清偿债务时达成的交易金额。确定公允价值的方法主要有两种：一是市场比较活跃，可参考的市价比较充分的情况下，主要以市价为基础来确定公允价值，被称作市值计价（mark to market）；二是市场交易不够活跃，缺乏可参照的市价时，则采用估值模型等技术来确定

---

① 2006 年 2 月 15 日，中国财政部正式颁布了横跨工业、金融、保险、农业等众多领域，覆盖企业各项经济业务，与国际准则趋同的新企业会计准则。新颁布的企业会计准则包括 1 项基本准则和 38 项具体准则，强化了为市场参与者和社会公众提供决策有用会计信息的新理念，首次构建了中国比较完整的会计准则体系。在 38 项具体准则中与衍生工具核算相关的有 4 项准则，它们分别是《企业会计准则第 22 号——金融工具确认和计量》、《企业会计准则第 23 号——金融资产转移》、《企业会计准则第 24 号——套期保值》和《企业会计准则第 37 号——金融工具列报》。这些准则对衍生工具进行了重新定义，在中国首次引进了嵌入衍生工具的概念，并将衍生工具分为交易性工具和套期工具两类纳入到表内加以规范，使衍生工具的信息生成和信息披露有了统一的基础。对金融衍生品的信息披露规范主要体现在《企业会计准则第 37 号——金融工具列报》中，该准则要求企业应当披露编制财务报表时对金融工具所采用的重要会计根据新颁布的会计准则，衍生工具是指具有下列特征的金融工具或其他合同：①其价值随特定利率、金融工具价格、商品价格、汇率、价格指数、费率指数、信用等级、信用指数或其他类似变量的变动而变动，变量为非金融变量的，该变量与合同的任一方不存在特定关系；②不要求初始净投资，或与对市场情况变化有类似反应的其他类型合同相比，要求很少的初始净投资；③在未来某一日期结算。衍生工具包括远期合同、期货合同、互换和期权，以及具有远期合同、期货合同、互换和期权中一种或一种以上特征的工具。嵌入衍生工具，是指嵌入到非衍生工具（即主合同）中，使混合工具的全部或部分现金流量随特定利率、金融工具价格、商品价格、汇率、价格指数、费率指数、信用等级、信用指数或其他类似变量的变动而变动的衍生工具。嵌入衍生工具与主合同构成混合工具，如可转换公司债券等。政策、计量基础等信息，披露与各类金融工具风险相关的描述性信息和数量信息等。如果企业利用衍生工具进行套期保值，还应披露与每类套期保值有关的信息，如套期关系的描述、套期工具的描述及其在资产负债表日的公允价值、被套期风险的性质等。与衍生工具有关的这些会计准则的出台，弥补了长期以来中国金融衍生工具会计核算制度建设的空白，使中国金融衍生工具信息披露监管有了明确的依据。

公允价值，这叫估值计价（mark to model）。数据信息是反映金融衍生品价值的最直接方式，简单直观地向投资者展示其所需要的信息。但是，如果只有报价而未配以相关定价（针对金融衍生品投资者）或者估价（针对购买金融衍生品的上市公司的投资者）说明，那么无论发行人或者上市公司在相关文件或报表中列示出的数字多么诱人，相信这样的金融衍生品也是无人问津的。所以，有关金融衍生品的定价方式或者公允价值的计量标准才是有关金融衍生品财务信息的披露制度关注的重点。

公允价值是近年来刚刚流行的会计计量属性，一般被定义为在计量日市场参与者之间的有序交易中出售一项资产所收到的或转让一项负债所支付的对价。在不同情况下和不同时点上，公允价值分别表现为历史成本、现行成本、重置成本、市价、可变现净值和未来现金流量现值等，因而，当被要求以公允价值对会计要素进行计量时，其隐含的意义就是不要以一个不变的历史成本计量。从动态的观点看，公允价值是对历史成本的纠正。公允价值计量属性的出现及大量应用意味着传统历史成本计量时代的终结。① 公允价值会计作为一种新的会计计量模式，从相关性角度来看，有其自身的优势。它与决策有用的会计目标是相一致的，尤其是在市场有效的情况下，能够提供相关的会计信息。因此，从理论上说，公允价值会计是充分反映企业财务状况和经营成果的最好方法。

但是，由于公允价值的确定具有很大的不确定性，全面实施公允价值会计非常复杂，所以在运用公允价值对金融工具进行计量时受到了很大阻碍。例如，根据欧洲中央银行的一份调查报告显示：首先，随着经济环境的变化以及风险状况得到更好的反映，公允价值会计可能会增加会计报表项目的波动性；其次，确定某些金融工具的公允价值，尤其是确定没有相关市场价格的金融工具的公允价值，可能会比较困难；最后，若强迫银行业使用公允价值会计，则其自身信用风险的恶化将导致自身发行债券价值的减少，因而会减少负债的公允价值，如果其资产价值不变，会引起股东权益的反常增加，破坏金融的稳定。② 中国在引入公允价值过程中，充分参考并借鉴了国际会计准则中公允价值应用的 3 个层次③，有关金融衍生工具在初始确认和后续计量时要求采用以现行市场价格为主要表现形式的公允价值计量，但一些没有相同或相似市场价格的金融衍生工具要么采用估值技术确认公允价值，要么仍然使用历史成本计量，不过采用最广泛的估值技术——折现法，又没有规范的操作说明，这就使公允价值的可靠性大打折扣。因此，完善公允价值计量模式是将其推广并有效适用在中国乃至全世界的首要任务。

第一，注意非理性市场对公允价值的影响。中国在企业会计准则的基本准则中将公允价值定义为"资产和负债按照在公平交易中熟悉情况的交易双方自愿进行资产交换或者债务清偿的金额"。公平交易是指交易双方之间的公平，并没有考虑整个市场的情况。如果在理性的市场中，以现行报价作为资产负债的首选入账价值，则其可靠性与相关性较高。

①刘永泽，傅荣，梁爽．财务呈报研究［M］．大连：东北财经大学出版社，2009：226.
②汤湘希．高级财务会计［M］．北京：经济科学出版社，2008：28.
③公允价值应用的 3 个层次：第一，资产负债等存在活跃市场的，活跃市场中的报价应当用于确定其公允价值；第二，不存在活跃市场的，参考熟悉情况并自愿交易各方最近进行的市场交易中使用的价格或参照实质上相同或相似的其他资产或负债等的市场价格确定其公允价值；第三，不存在活跃市场且不满足上述两个条件的，应采用估值技术等确定其公允价值。

但是，如果处于流动性缺失、投资者信心不足的非理性市场中，金融衍生品的价格往往难以由自身的内在价值决定，通常会受到市场中其他金融产品价格的影响，非理性投资所造成的恐慌性抛售会使市场价格低于资产价值。同样，在市场中充斥着金融泡沫的情况下，各种金融产品的市场价格应声而起，一旦不能继续维持高位，下行空间巨大，会对整个金融市场造成严重破坏，甚至引发金融危机。所以，在市场缺乏理性的情况下，可以考虑对公允价值计量做出一定的限制。中国应制定在不活跃市场下确定金融资产的价值计量标准，即对于不具备市值计价条件的企业来说，可以采用自己的模型和假设参数来估算，并应对采用的模型和假设参数进行详细的披露。

第二，完善估值计算公允价值的技术。虽然公允价值会计在次贷危机中的表现不尽如人意，即便不是诱发金融危机的直接动因，公允价值自身的不足之处也使其难辞其咎，但是，公允价值会计准则的普遍采用是会计界计量模式的未来发展趋势。为了顺应这一趋势，并且能够更好地发挥公允价值会计的优势，有必要对该准则进一步完善，从而减轻估值技术的夸大效果。上文提到国际会计准则中公允价值应用有3个层次，不存在活跃市场的，且没有相同或相似其他资产或负债的市场价格时，采用估值技术确定公允价值。这里的估值技术具有很大程度上的不确定性，它强调的是对未来的预期，是通过各种模型或者定价方式推导出来的一个预测数字，而在运用模型进行计算时所采取的种种假设更多的是人为估计的，是通过一系列经验的总结得出的结果，所以，运用估值技术计量的公允价值具有很强的主观性。一些专家认为尽管采用公允价值对金融衍生品进行会计计量可以增加财务信息的相关性，但是当对没有可观测的市场价值的金融衍生品进行计价时，只能退而求其次地采用缺乏可靠性的"估计价值"。SFAS No.157提出了关于"估值技术"的3种方式：市场法、收益法和成本法。市场法采用参照市价并考虑在交易中所涉及的特定或类似资产或负债的相关信息来确定公允价值；收益法运用估价技术将未来现金流折现以确定公允价值，常见的收益法有现值法、期权定价模型法（如BS模型和二项式模型）、多期超额盈余法等；成本法下的"成本"是指重置资产所需要的成本，通常指当期重置成本，从销售方的角度来看，资产的价格取决于购买方获取或建造相同的资产所需付出的成本，同时要考虑资产的当前状况，如物理损耗、功能（技术）退化、价值下跌等因素。无论哪种估值方法都有一个共性，估值人以一系列的假设预期为基础，通过事先已经确定的公式流程计算出一个数值作为某项资产或负债的公允价值。这在一定程度上是与当初人们设定公允价值的初衷相违背的，因为公允价值诞生的目的就在于排除非相关性信息对投资决策的干预，可估值技术的专业性、主观性又使假设条件下的公允价值不那么公允了。值得庆幸的是，随着估值技术的日益发展，人们逐渐地可以对金融衍生品的内在价值进行科学预测，尤其是如今最普遍采用的现值技术，利用预测未来现金流量的办法可实现对资产价值的评价。不过在对有关风险、不确定性和货币时间价值等问题进行确认、计量和报告时，每个估值人都会有自己的计算依据与标准，难以形成可比性较高的参考数据，所以有必要制定专门与现值有关的会计准则，尽可能减少人为差异，统一各报告主体所披露的信息。另外，财务软件的广泛使用也使估值的成本更加合理，因而能在满足成本效益原则的前提下充分可靠地估计出金融衍生品的公允价值。

第三，合理利用"综合收益"项目的功能。根据中国相关会计准则的规定，企业在金融衍生品交易发生、资产负债表日的重新计量以及处置相关金融衍生品时所做的会计记录，无论是以投机获利为目的，还是以套期保值为目的而持有的金融衍生品的，凡是以公允价值进行初始与后续计量的，都会在编制会计分录时调增或调减相关资产或负债项目的价值，也就是说，会直接影响到资产负债表中相关项目的列示金额；可是，会计分录的另一方不一定会对应利润表项目（损益科目），例如，初始被确认为套期工具的股权类金融衍生品，在进行后续计量时，其期末与期初的公允价值差异不会通过利润表的"公允价值变动损益"或"投资收益"项目，而是直接计入"资本公积"项目，只对资产负债表产生影响。如此一来，一般的财务报表的阅读者就不那么容易发现金融衍生品的价值波动对企业利润的影响了。所以，中国财政部颁发的自 2009 年 1 月 1 日起施行的《企业会计准则解释第 3 号》要求企业应在利润表中增列"其他综合收益"项目，用以计量本期确认但未实现的净资产变动，涉及金融衍生品的项目主要包括现金流量套期和境外经营净投资套期产生的利得或损失，体现了"实现＋持有模式"中"持有"部分的利得或损失。将未计入当期损益却真实发生的利得或损失计入"其他综合收益"项目，再连同当期已经实现的损益一并列示在利润表中，可以增强相关报表的可阅读性，使企业当期的全部净资产变动实现了更进一步的"表内披露"，但是由于缺乏后续的官方解释，综合收益的确认、计量与披露尚不规范。一些企业在利用金融衍生工具进行套期保值时，往往会为了操纵利润只确认套期工具的公允价值，而不披露被套期项目的潜在风险，无形中利用"其他综合收益"项目增加了企业价值，但事实并非如此。所以，加强审计、监管尤为重要，应避免发生类似的不法行为。

第四，建立财务报表保险制度。长久以来人们一直致力于增强公允价值的可靠性，但估值技术始终难以摆脱被非法利用的局面，进而成为逐利者粉饰报表的得力工具。经营权与所有权的分离，使股东难以真正进入到公司经营的流程之中，而且对相关专业知识的欠缺，使股东即使看到公司的账簿也没有能力发现其中的不合理之处，所以，股东更倾向于仰仗一些专业中介机构的技术支持来实现自己对公司运营情况的知情权。虽然有来自外部的注册会计师的审计，但是，这些"独立的"中介机构的表现往往不尽如人意，甚至使公众丧失对其的信任，众所周知的"安然"重大财务舞弊丑闻正是源于安达信的推波助澜。审计独立性的缺失，成为这些案件的症结所在。美国纽约大学教授罗恩率先提出的"财务报表保险制度"，在一定程度上可以为这些中介机构多加一把锁。罗恩教授指出，在财务报表保险制度下，上市公司不再直接聘请会计师事务所对财务报告进行审计，而是向保险公司投保财务报表保险，保险公司聘请会计师事务所投保的上市公司进行审计，根据风险评估结果决定承保金额和保险费率，对因财务报表的不实陈述或漏报给投资者的损失，由保险公司负责向投资者进行赔偿。利用责任保险的形式可以使公司管理层与所委托的联系距离增大，进而减小管理层对注册会计师选择权的控制力度，由保险公司选择而非公司的管理层选择，使受损的独立性得以恢复，有利于重新树立社会公众对注册会计师的信任。

2. 对金融风险进行分类披露

高风险是金融衍生品交易的主要特征，中国正处于金融衍生品发展的初期，风险问题将更为突出，而现有的规范并没有凸显对风险信息披露的监管。在 1994 年国际证券事务委员会及巴塞尔委员会发表的一份联合报告中，具体阐述了金融衍生工具面临的几种风险，其中突出强调了法律风险，说明在金融衍生交易中大概有一半以上的风险是由合同无法履行或法律空白或遗漏等不足导致的，因而深入分析金融衍生工具交易过程中法律风险非常重要。[①] 金融衍生交易面临的种种风险均可能转化为法律风险或以法律风险的形式体现，所以各种风险都可以通过法律设计有效地实施管理。中国在对会计准则的制定中要注重金融衍生品风险的分类披露，其中，应披露的风险有市场风险、信用风险、流动性风险等，并且应规定通过法律设计对各种风险进行管理。

（1）关于市场风险的信息

市场风险是指金融衍生品价值因市场变化而波动的风险，是金融衍生品交易敞口因市场价格波动而遭受损失的可能，是和利率、汇率、股票价格以及商品价格相联系的潜在损失。例如，美国国债、美国代理政府机构债券、美国房屋贷款支持债券等都面临着利率风险和汇率风险。其他类风险都可以通过市场风险形式集中表现。根据和整个金融市场的关联性，市场风险可以分为系统性风险和非系统性风险。对每一类金融资产和金融负债，企业应披露关于市场风险敞口的信息，包括有关到期日或重定价日的信息以及有关实际利率的信息等。有关实际利率的信息可以表明利率固定的水平，有关到期日或重定价日的信息则可以表明利率固定的时间跨度。

对于市场风险，国际上普遍采用风险价值（VaR 模型），进行定量分析。VaR 按字面解释就是"在险价值"，其含义是指在市场正常波动下某一金融资产或证券组合最大可能损失的价值。更为确切的是指，在一定概率水平（置信度）下，某一金融资产或证券组合价值在未来特定时期内的最大可能损失。这个最大可能损失既可概括为证券公司所面临的市场风险，同时也可引导股东和经营者做出相应的决策。利用 VaR 风险管理技术估计风险，既简单明了地显示了市场风险的大小，又避免了以往风险管理方法的滞后性，可以说，VaR 作为一种动态的风险管理技术，能够对传统会计报表附注的静态风险信息做出极好的补充。

VaR 模型可以通过概率分析估计出一个权变的用数字表示的预期风险值，但是一项投资发生极大损失的可能性相较于平均损失的可能性差距甚大，所以，一旦出现最坏结果，投资者面临的损失会远远超出预先的估计值，也就是会出现很大一部分风险敞口未加保护。所以，面对这种极端情形，可以引入压力测试（Stress Testing）予以解决。压力测试，是指用不同资产、不同程度的市场大幅波动造成一系列的极端情景，并评估这些极端情景对资产组合的影响。其主要针对的是那些不属于正常市场范围的极端市场变化，也就是 VaR 模型中所忽视的发生概率极小却仍然可能发生的最大可能损失情况下的风险影响。

虽然 VaR 模型与压力测试较全面地涵盖了金融衍生品投资的产品内在风险，但是却没有站在更高的层次对整个市场进行宏观分析、识别并评价系统性风险，所以进行情景分析（Scenario Analysis）以解决此类问题。情景分析，是一种战略分析，它通过采用多维预测的方式，研究投资决策的战略弱点，经常被高层管理人员所采用。它需要虚拟一个与交易组合的风险密切相关的宏观环境，如自然灾害、金融危机或者政治事件等。而这个假定的宏观环境正是压力测试所忽略的方面。

---

①刘定华，李玲娟，李晗．金融衍生交易的法律风险问题［J］．湖南大学学报：社科版，2006（2）：129.

另外，敏感度分析（Sensitivity Analysis）同样是一种经常使用的用来管理市场风险的定量分析方法。敏感度分析，是指交易对市场变化的敏感程度。对于市场每波动一个基本点，头寸将发生的盈亏变化值，称为 PVBP（Present Value per Basic Point）。金融机构可以根据需要限制业务对市场风险的 PVBP 数额，从而控制所承担风险将形成亏损的基本速度。

（2）关于信用风险的信息

信用风险是指金融衍生品的一方未能履行合同义务，从而导致另一方发生融资损失的风险，所以也称其为违约风险或交易对手风险。在金融衍生品交易市场，场内交易与场外交易的信用是不同的，场内交易的当事人可以通过交易所和清算公司这一市场机制来有效地降低交易对方的违约可能性，相比较而言，少了这种有第三方参与的减轻风险机制，场外交易的保障会更低一些。他们通常会采用净额结算协议、信用升级、信用额度和内部评级管理信用风险，其中，双边或多边的净额结算安排（包括支付净额结算与违约净额结算）是一种非常重要的降低信用风险的方法。减少信用暴露，对于减少系统性风险具有重要作用。企业应披露的有关信用风险的信息：当另一方未能履行合同义务时，在不考虑任何抵押品公允价值的情况下企业可能蒙受的最大损失；企业信用风险的重要集中程度等。

（3）关于流动性风险的信息

流动性风险有两种含义：一是因为不能筹集到资金而不能保证衍生交易日常支付的风险；二是需要进行交易时，交易无法成交的风险。特别是当市场剧烈波动需要轧平头寸或进行避险交易时，由于无法找到交易对手，有可能丧失成交机会并造成损失。市场参与者通过加强吸存、融资、资产负债调整和错配控制，从调整经营和建立日常应急保障两个方面来增强抵御流动性风险的能力。企业应披露有关流动性风险的信息：反映流动性状况的指标；影响流动性的因素；流动性管理策略以及资产和负债的匹配状况。

（4）关于操作风险的信息

操作风险是指由于内部管理不善、人为错误、系统以及外部等原因带来的损失的不确定性。如果对操作风险不加以严格控制，极有可能引发市场风险和信用风险。所以，应该严格区分前中后台职能，并制定明确的分工，严格区分自营交易与代客交易等以控制操作风险，并且及时披露相关操作风险的信息，主要包括：公司的治理情况以及内控机制；董事会、监事会与高级管理人员的构成以及他们的履历、薪酬支付等情况；操作风险的管理政策、评估方法和监控程序；对有关金融衍生品交易的操作风险主要来源、类别表现、损失程度及所采取的防控措施等信息。

（5）关于法律风险的信息

法律风险是指因法律不明确、交易不受法律保护或交易对手不具备从事金融衍生品交易的资格，从而使合约无效或不可执行而给交易者带来损失的不确定性。法律风险：一是金融衍生品合约本身存在固有的不合法性，从而导致合约无法履行；二是交易对手因破产等原因导致合约不能依法进行正常交易进而出现损失。市场参与者应充分了解有关金融衍生交易运用的法律及解释，在业务开展中严格遵循有关法律、法规和监管的规定，严格履行协议约定，只有这样才能最大程度地降低法律风险。[①]

（6）关于定价方法、使用模型风险的信息

金融衍生品的公允价值是通过市场报价、独立评估等方式来确定的，市场报价、独立评估的价格都是利用数学模型来实现的，但是数学模型都依赖于严格的适用条件和数据支撑，如果选取模型和数据失误，会对定价产生重要的负面影响。因此，企业应披露的模型风险的信息有使用何种模型来进行市场定价及选用这些定价模型的前提假设和数据来源。

人们创设金融衍生品的初衷在于对风险的规避，但是，当其逐渐被作为独立金融产品进行交易时，却隐含着比基础金融工具更高的风险。首先，作为基础金融工具的"衍生品"，金融衍生品的价值与基础金融工具具有较高的相关性，这就为金融衍生品价格的不确定性创造了条件。其次，金融衍生品对初始净投资基本不做要求，因此各种潜在风险又通过杠杆作用被放大了数倍。再次，金融衍生品结构越来越复杂，避险保值的目的也逐渐被淡化，反而使投资获利的作用备受推崇。最后，随着金融自由化的加深、全球资本市场的扩张，风险在得到分散的同时，也被扩大到了更多监管难以顾全的区域，从而降低了各国实施货币政策的有效性。综上所述，有关金融衍生品信息的披露，除了前文所述的采用公允价值计量模式进行报表列示以外，还应该结合相关文字性说明，对投资者进行风险提示，以增强相关信息的有用性。

金融衍生品具有市场风险、信用风险、流动性风险、法律风险、操作风险，还有政治风险及各类金融衍生品的特殊风险[②]。目前，中国企业进行金融衍生品风险信息披露时主要存在着两个问题：一是披露不及时；二是披露不充分。虽然相关法律制度规定，各报告主体有义务在定期报告中公布关于金融衍生品的风险信息，但是对于一些重大金融衍生品信息的披露，报告主体仍倾向于将利于本企业的金融衍生品的信息延迟披露。这就使所披露的信息在一定程度上失去了时效性，为一些小道消息的蔓延提供了空间，误导投资者决策，增加了投资风险。迟延披露还为少数了解内幕情况的人员操纵市场创造了良机，不仅损害了中小投资者的利益，也严重弱化了市场的透明度，降低了金融衍生品信息的使用价值。从另一方面来看，中国不少企业在关于金融衍生品的信息披露中，即便达到了时效性要求，但其中不乏流于形式的情况存在，对有利于企业的金融衍生品信息过量披露，而对于不利于公司的金融衍生品信息披露不够充分。一些故意夸张或隐瞒的行为同样会损害广大投资者的利益，不利于减少市场风险。

具体来说，可以从以下几个方面来对金融衍生品的风险信息进行披露。

第一，增加表外注释。前文提到在运用估值技术进行公允价值计量时会产生较强的主观性，为了恢复所披露信息的可靠性，对预测性信息进行文字性说明十分必要，以减少由于金融衍生品交易的复杂多变所带来的风险和收益的不确定性。具体如下。①金融衍生品核算所采用的会计方法和会计政策，例如，初始确认、后续计量和终止确认的时间标准，作为计量属性的公允价值的来源等。②与金融衍生品相关的风险描述。在基础金融市场

---

①郭燕，闫洪升. 金融衍生交易法律规制及法律风险管理［M］. 北京：中国人民公安大学出版社，2010：29 - 30.

②严晖. 衍生金融工具的风险性及其披露［J］. 现代会计，1999（1）：6.

中，人们将投资的标准确定在对证券发行人经济状况的预测基础上，同理，在金融衍生品市场中，投资者也是以对某项金融衍生品价值的未来预期为标准决定是否投资的。但是预测是一项专业性很强的工作，需要对所发行金融衍生品的相关信息进行综合的分析，涉及数学、经济学等其他学科的知识和方法，这对于投资者的专业要求是很高的。因此，如果可以在金融衍生品市场中通过设置一套有效的预测性信息披露制度，给投资者一定的专业性引导，这对理性投资的培养是十分有益的。但是，如果没有相应的司法救济程序，即使是善良的初衷也会被资本市场的逐利性利用，成为欺诈投资者的陷阱。同样，如果设置了过于苛刻的司法责任，又会打击信息发布者的积极性，就会使预测性信息披露制度形同虚设，失去存在的必要，所以，设置信息披露质量的善意底线，建立信息披露者的"安全港"，有利于使善意的信息披露者敢于发布不确定的信息，为矫正资本市场的信息不对称现象作出贡献，最大限度地实现信息的决策有用性。

第二，编制"金融工具明细表"。财务报告中除了 4 张传统会计报表①以外，不同企业还可以根据自身需要编制不同的附表，以增强财务报告的相关性。但通常只对这 4 张报表做强制性要求，不过，鉴于金融衍生品的特性，单纯依靠主表中几个数字以及附注中的文字说明不足以充分披露其潜在风险，所以应当在传统资产负债表的基础上，将金融资产、金融负债单独编制在"金融工具表"中，特别是与金融衍生品相关的信息的详细披露。重点披露金融衍生品的公允价值以及合约期限结构，并进行敏感性分析，可以根据持有的目的分栏列示，或者将持有期间价格的异常变化统一纳入其中，或者形成趋势分析，较为详细地披露金融衍生品的名称、发行日期、历史成本、现行公允价值、所持金融衍生品的性质、合同条款、交易条件、计入当期损益或所有者权益的金额，以及有关会计政策、估计方法等。另外，在表外辅以有关资产负债表日风险的文字说明，根据中国《企业会计准则第 37 号——金融工具列报》的规定，应在报表附注中披露的与金融衍生品有关的信息包括金融衍生品风险及其形成原因，被套期项目风险及其形成原因，金融衍生品风险管理目标、政策和过程以及计量风险的方法，最大信用风险敞口的金融资产金额，因资金短缺造成的流动性风险，因价格波动造成的市场风险等。总之，应尽可能详细地提供各种客观信息，以供投资者分析决策。

第三，提取金融衍生工具风险金。鉴于金融衍生品交易风险发生的不可预见性以及破坏性，企业有必要提前采取防范措施。一段时间以来，人们致力于将金融衍生品信息纳入表内的工作，而且已经取得了初步的成效，一些在资本市场中有现行市场价格的产品可以依照其价格计入财务报表并进行后续披露，但是以场外交易为主要形式的金融衍生品交易仍然存在着表外融资的现象，难以进行充分全面的表内披露与列报，尤其是由风险导致的各种潜在损失，也不可能计算出一个数字来予以反映。这就迫使人们从现行会计方法中寻求那些能够披露金融衍生品风险的信息及降低风险的措施。根据现行会计理论，对衍生金融工具提取风险准备金、交易损失准备金、投资风险金，这些做法无须对会计理论和财务报告结构作重大修改便可操作，也有利于会计积极参与对衍生金融工具风险的监控②。

①传统的财务会计报表包括资产负债表、利润表、现金流量表、所有者权益变动表。
②李岩.金融衍生工具风险的会计监督和披露的探讨［J］.商业经济，2010（7）：77.

法律法规链接

《中华人民共和国证券法》（1998 年 12 月 29 日通过，2004 年 8 月 28 日修正，2005 年 10 月 27 日修订，2006 年 1 月 1 日起施行）

《中华人民共和国公司法》（1993 年 12 月 29 日通过，1999 年 12 月 25 日第一次修正，2004 年 8 月 28 日第二次修正，2005 年 10 月 27 日修订，2006 年 1 月 1 日起施行）

《关于印发商业银行资本监管配套政策文件的通知》（银监会令 2012 年第 1 号，2013 年 7 月 19 日发布）

《中国证券监督管理委员会公告》（〔2008〕48 号，2008 年 12 月 28 日发布）

《期货公司资产管理业务试点办法》（2012 年 5 月 22 日通过，2012 年 9 月 1 日起施行）

《关于进一步促进资本市场健康发展的若干意见》（〔2014〕17 号，2014 年 5 月 8 日发布）

《商业银行资本管理办法试行》（2012 年 6 月 8 日发布，2013 年 1 月 1 日施行）

本章思考题

1. 简述金融衍生品信息披露制度的概念。
2. 简述金融衍生品信息披露制度的内容。
3. 简述金融衍生品发行信息披露制度的基本原则。
4. 简述金融衍生品交易信息披露制度中定期报告的内容。
5. 分析目前中国在金融衍生品信息披露中存在的问题。

第八章　金融衍生品风险控制制度

本章概要

　　本章基于金融衍生品风险的类型和特征，分析了金融衍生品风险的成因，进而总结出了金融衍生品风险控制制度的三大组成部分，即金融机构的内部自我控制制度、行业协会和交易所的自律制度以及金融衍生品风险的政府监管制度，最后分别从金融衍生品风险控制的 3 个层次介绍了中国风险控制制度的内容，并提出了完善中国风险控制制度的建议和措施。

本章重点知识

- 金融衍生品风险的类型、特征和成因
- 金融衍生品风险控制制度的分类
- 金融机构内部风险的自我监控制度
- 金融行业协会和交易所的自律制度
- 金融衍生品风险的政府监管制度

引读案例

美国长期资本管理公司巨亏事件

　　美国长期资本管理公司（Long-Term Capital Management，LTCM）成立于 1994 年 2 月，是一家主要从事定息债务工具套利活动的对冲基金公司。这个公司的合伙人包括诺贝尔经济学奖获得者、Black-Scholes 公式的提出者罗伯特·默顿（Robert Merton）和斯科尔斯（Scholes），以及美联储副主席莫林斯（David W. Mullins）。LTCM 成立以来凭借超凡的数学模型运用能力，每年的回报率平均超过 40％。更令人惊叹的是，该公司几乎从无亏损，没有波动，这也意味着没有风险。但令 LTCM 万万没有料到的是，俄罗斯金融风暴引发了全球的金融动荡，结果它所沽空的德国债券价格上涨，它所做的意大利债券等证券价格下跌，它所期望的正相关变为负相关，结果两头亏损。它的电脑自动投资系统面对这种原本忽略不计的小概率事件，错误地不断放大金融衍生产品的运作规模。LTCM 利用从投资者那里筹来的 22 亿美元作资本抵押，买入价值 3250 亿美元的证券，杠杆比率高达 60 倍，结果造成了该公司的巨额亏损。它从 5 月俄罗斯金融风暴到 9 月全面溃败，短短的 150 天资产净值下降了 90％，出现了 43 亿美元的巨额亏损，已走到破产边缘。后来，美联储出面组织安排，以美林、摩根为首的 15 家国际性金融机构注资 37.25 亿美元购买了 LTCM 的 90％股权，共同接管了该公司，从而避免了它倒闭的厄运。LTCM 事件发生的根本原因在于金融衍生品风险控制制度还不够健全。

如何完善金融衍生品的风险控制制度，降低金融衍生品的交易风险是金融衍生品法律制度的重要内容。

第一节　金融衍生品风险控制制度概述

金融衍生品风险控制制度，是指用来约束金融衍生品市场，以降低市场参与者风险的一系列法律、规章和行业规范等。建立完备的金融衍生品风险控制制度，是现代金融衍生品市场规避风险的主要手段，是维持市场安全乃至国际经济稳定的重要方面。

一、金融衍生品风险的类型

从不同的角度来看，金融衍生品所涉及的风险包括多个方面。根据巴塞尔银行监管委员会 1994 年发布的报告，与金融衍生品交易相关的风险主要有以下 5 个方面。

（一）市场风险

市场风险又称价格风险，是由于市场价格变动或交易者不能及时以公允价值的价格出售金融衍生品所带来的风险。它是衍生品价格对衍生品使用者发生不利影响的风险，也就是衍生品的价格发生逆向变动而带来的价值风险。市场风险主要包括利率风险、汇率风险、商品风险。

（二）信用风险

信用风险，又称违约风险，是指由于交易的一方无力履行合约规定的责任和义务而给另一方面所带来的风险。金融衍生品信用风险主要可分为对手风险和发行者风险两种。

（三）流动性风险

流动性风险是指因市场成交量不足或缺乏愿意交易的对手而导致未能在理想的时间点完成交易的风险。通常，金融衍生品流动性风险主要包括与市场状况有关的市场流动性风险以及与总的资金状况有关的资金流动性风险两大类。

（四）营运风险

营运风险又称操作风险，是指在金融衍生品交易和结算中，由于内部控制系统不完善或缺乏必要的后台技术支持而导致的风险。

（五）法律风险

法律风险，是指金融衍生品合约的条款在法律上存在缺陷，不具备法律效力等原因无法履行，或者由于税制、破产制度方面的改变等法律上的原因而带来的风险。

二、金融衍生品风险的特征

金融衍生品在运作时多利用财务杠杆，即用缴纳保证金的方式进行交易。这样市场的参与者只需动用少量资金，即可购买资金量巨大的合约。财务的杠杆作用可显著提高资金的利用率和经济效益，但另一方面也不可避免地带来巨大的风险。金融衍生品的风险具有以下特征。

（一）流动性风险极大

金融衍生品的种类繁多，可以根据客户要求的时间、金额、杠杆比率、价格、风险级别等参数"量身定做"，以满足不同客户保值避险等不同的目的。但是，金融衍生品在具有这些灵活性优势的同时，所带来的是金融衍生品的个性化和特异化，即不同的金融衍生品在流通中对应着不同的操作方式。这些个性化的金融衍生品在到期前难以在市场上转让，流动性风险极大。

（二）风险的复杂性

金融衍生品的实质是对基础商品、利率、汇率、期限、合约规格等进行的组合和分解。因此，随着演变的不断深入，现代金融衍生品的形式、内容日趋复杂，以至于业外人士如堕云里雾中，就连专业人士也经常看不懂。纵观近年来发生的一系列金融衍生品灾难，一个重要原因就是由于金融衍生品过于复杂而无法对其特性进行深层次的了解，进而无法对交易过程进行有效监督和管理。这样，运作的风险在所难免。

（三）风险发生发展的隐蔽性

通常，金融衍生品风险的发生和发展具有很强的隐蔽性特征，进而导致其爆发极强的突然性。主要表现在以下3点：首先，金融衍生品交易是表外业务，不在资产负债表内体现，这使得金融衍生品交易的风险不易被察觉；其次，金融衍生品具有极强的杠杆作用，这使其表面的资金变化与潜在的盈亏相差很远；最后，由于金融衍生品交易技术性很高且很复杂，会计核算方法和监管一般不能对金融衍生品潜在风险进行充分的反映和有效的管理。

（四）风险的联动性

金融衍生品的发展打破了衍生产品同基础性产品之间以及各国金融体系之间的传统界限，将金融衍生品的风险扩散到全球金融体系的每一个角落，其风险表现出强烈的联动性特征。具体来说：一方面，金融衍生品市场与基础资产市场紧密联系，一个市场体系发生金融动荡，必然导致另一个市场体系很快被蔓延和波及；另一方面，金融衍生品交易在国际范围内进行，一国金融衍生品的风险极易跨国界传染，诱发超越本国范围的金融衍生品风险，甚至导致全球金融危机。

三、金融衍生品风险控制制度的分类及其相互关系

按照国际金融衍生品监管的常见模式，金融衍生品风险控制制度大致可分为金融机构内部的自我监控制度、行业协会和交易所的自律制度以及政府宏观调控和监管制度 3 种。3 种制度互为补充，防范的范围从微观到宏观逐级递增，并在整个风险控制制度中起着不同的作用。

(一) 金融衍生品的金融机构内部监控制度

金融机构内部的自我监控制度，是指由金融机构自行设立的，用以对机构内部的相关金融衍生品交易行为进行风险预警、风险决策和风险防范的一系列制度。自我监控制度是对金融衍生品风险控制起着末端作用的制度，是其他两项制度发挥作用的基础，也是在整个风险控制制度体系中对风险感知最灵敏的部分。

金融机构内部的自我监控制度，依赖于金融机构事先设立的完备的内部监管体制和强有力的风险管理执行部门，即通过设立完备的内部监管体制来从机制上规避风险的发生，并通过风险管理执行部门确保所设立的内部监管体制能够切实发挥作用。

对于现代金融机构来讲，完备的内部监管体制包含的内容非常广泛和细致，不仅包含对机构内部各部门职责的明确区分，而且对机构各金融衍生品交易的全过程都有严格的程序要求。其目的就在于确保金融衍生品交易的全过程都是程序可控的，以避免类似"巴林银行事件"的情况发生。

风险管理执行部门是金融机构内部自我监控制度的执行主体，通常该部门单独设立，并由专业的风险防范人员从事相关工作。风险管理执行部门一般具有两方面的工作：一是对金融机构内部监管体制的运行情况进行监督，以确保交易行为按照预设程序进行；二是通过一系列风险理论和方法，对金融衍生品的交易行为进行记录分析，以确保能够对金融衍生品交易过程中出现的信用风险、市场风险、流动性风险等进行提前预警、提前防范。

(二) 金融衍生品风险的行业协会 (和交易所) 的自律制度

行业协会和交易所的自律制度，是指从事金融衍生品交易的各金融机构，在行业协会和交易所的统一组织下，所达成的一系列关于风险防范的制度共识。行业协会和交易所的自律制度，是整个风险控制制度体系的中间环节。虽然该部分的制度不如金融机构内部的自我监控制度具体，但由于其客观性较好，往往在对金融衍生品交易行为的风险监控中发挥着更多的作用。

行业协会和交易所的自律制度，是从市场的角度对金融衍生品交易行为的风险进行监控。概括来说，行业协会和交易所的自律制度主要包括 3 个方面，即金融衍生品的市场制度、金融衍生品市场的担保制度和金融衍生品交易的财务监督制度。

1. 金融衍生品的市场制度

金融衍生品的市场制度，是对金融衍生品市场的交易过程进行的规范。主要包括市场的信息披露制度、市场准入制度、市场信用状况调查和评估制度以及其他场内和场外市场

交易的相关规则等几个方面。

2. 金融衍生品市场的担保制度

金融衍生品市场的担保制度，是通过设立一系列担保机制来提高金融衍生品交易行为的安全性。主要包括保证金比例的设定、持仓限额制度、日间保证金追加条款、逐日盯市制度和支付系统制度等几个方面。

3. 金融衍生品交易的财务监督制度

金融衍生品交易的财务监督制度，是通过建立现代科学的财务管理制度来防范金融衍生品交易行为的风险。主要是突出金融衍生品财务管理的透明化、权力分散化、运行机制化等几个方面。

总的来说，该部分制度着眼于金融衍生品交易者进入市场开展交易行为的全过程进行程序规范，从市场交易过程的合理性角度规避交易过程中可能出现的各方面的风险。

（三）金融衍生品风险的政府宏观调控和监管制度

政府宏观调控和监管制度，是指政府利用法律、行政规章和必要时的临时行政干预对从事金融衍生品交易的金融机构进行监管的一系列制度。该部分制度是整个风险控制制度体系的顶层部分，主要起宏观调控的作用。政府宏观调控和监管制度，确定了整个风险控制制度体系的框架和行为方式，并在处理突发金融衍生品交易危机中具有直接、明显的作用。

通常，政府宏观调控和监管制度主要包括3个方面，即金融衍生品风险监控的相关法律法规、涉及金融衍生品交易的相关行政规章以及突发危机中政府临时进行行政干预的制度。

金融衍生品风险监控的相关法律法规，主要是指通过立法的方式，制定有关金融衍生品交易管理的统一标准和规定。涉及金融衍生品交易的相关行政规章，主要是指在行政审批等政府行为中，通过设立从事交易的金融机构的最低资本额等方式，规避金融衍生品交易的风险。突发危机中政府临时进行干预的制度，主要是针对可能发生金融衍生品交易危机，预先设定相关干预制度和方案，以避免金融市场产生过度震荡。

第二节　金融衍生品风险的内部监控制度

金融机构内部的自我监控制度由从事金融衍生品交易的金融机构自行设定，这就使得不同的金融机构的自我监控制度并不完全相同。但是，对于现代金融机构来讲，其内部的自我监控制度大致遵循相同的原则和方式。因此，本节将从总体上对金融机构内部自我监控的制度进行论述。

一、自我监控制度设立的基本原则

凡是科学合理的金融机构内部自我监控制度，都应遵循以下4个方面的基本原则。

（一）全面性原则

全面性原则，是指金融机构内部的自我监控制度应尽可能全地覆盖金融衍生品交易的全过程，即建立一整套包括风险识别、风险测量、风险监控、风险报告、风险管理和检查在内的程序，确保金融衍生品交易行为程序可控。

（二）定性与定量原则

定性与定量原则，是指在对金融衍生品交易风险进行监控中，要综合运用多种理论和方法，做到定性方法和定量方法相结合，以确保对金融衍生品交易行为的风险进行识别、计量、检测以及控制的合理性。

（三）透明性原则

透明性原则，主要是指金融机构内部各业务部门在向风险管理部门传达金融衍生品交易、策略等相关信息时，应确保所传达信息的清晰、透明、真实、可靠。同时，也要求金融机构中后台部门能够及时、准确地完成交易簿记、估值和风险监控。

（四）独立性原则

独立性原则，主要是指所设立的金融衍生品风险管理部门应独立于其他业务部门，确保前台业务部门和中后台部门间建立有效的隔离机制，使风险管理部门能够独立、客观、不受影响地执行对金融衍生品交易过程中风险的评估和监控。

二、自我监控制度的主要构成

按照规避金融衍生品交易风险的需要，金融机构内部的自我监控制度主要包括限定交易的目的、限定交易的对象、目标价格、合约类型、持仓数量、止损点位、交易流程以及不同部门的职责分配等几个部分。

（一）限定交易的目的

金融机构的自我监控制度应首先明确限定交易的目的。通常，金融机构开展金融衍生品交易的目的在于赢利，但是过度的交易行为会导致交易过程的失控，并最终造成金融机构的亏损。因此，应当制定金融机构自我监控制度，来限定过度的交易行为。

（二）限定交易的对象

总的来说，凡是金融机构内部需要进行风险防范的对象，都应适用于自我监控制度，即作为限定交易的对象。

（三）目标价格

目标价格是金融机构根据自己的交易成本以及市场的收益情况等方面预先设置的理想

的交易成交价格。金融机构的自我监控制度中明确本机构具体金融衍生品交易的目标价格，可以减少交易的盲目性，做到交易过程中的理性操作。

（四）合约类型

金融衍生品的本质是价值依赖于基础资产价值变动的合约，而由于依赖方式和所依赖基础资产的不同，不同金融衍生品对应于不同的合约类型。因此，金融机构的自我监控制度应明确所指向的具体的合约类型。

通常，根据产品的形态，合约类型可分为远期、期货、期权和互换四大类；根据原生资产的不同，合约类型可分为股票、利率、汇率和商品；根据交易方法的不同，可分为场内交易和场外交易。

（五）持仓数量

在中国期货市场中，持仓数量指的是买入和卖出的头寸在未了结平仓前的综合，一般指的是买卖方向未平合约的总和；国外期货市场的持仓数量是指所有交易商到当日收盘为止累计的未平仓合约的总数，是买盘或卖盘的单边总和。持仓数量的多少和交易参与者的风险大小直接相关，金融机构自我监控制度中明确规定持仓数量，可规避异常数量的持仓情况，防止交易风险的发生。

（六）止损点位

止损点位，是指交易仓位获允许承受的最大损失，一旦达到损失上限，交易员必须平仓或者减仓，以阻止亏损扩大。止损是控制风险的必要手段，在金融机构的自我监控制度中明确金融衍生品交易的止损点位，可以有效避免因交易员以"赌博"心态进行交易行为所造成的损失。

（七）交易流程

对交易流程的规定，是金融机构自我监控制度的主要内容。不同的金融衍生品的形式并不相同，其交易流程也具有一定的差异。但是对于任何一种金融衍生品，在金融机构的自我监控制度中，都应给出明确的交易流程，对所有细节给出详细的解释和说明，防止出现可被利用、扩大的漏洞。

（八）各部门的职责分配

在金融机构的自我监控制度中，明确各部门的职责分配是落实监控制度的基础。具体来说，在自我监控制度中，应明确各业务部门、保障部门以及监管部门的权利、义务、责权关系等，将金融衍生品的交易流程与金融机构内部各部门的职责分配对应起来，确保整个机构能够协调一致。

三、自我监控所采取的主要措施

综合上述几个方面，对于具体金融机构确定自我监控制度，应注意采取的措施主要包括以下几个方面。

(一) 对金融衍生品进行风险评估, 建立相应风险预警机制

主要是对上述风险价值法 (VaR) 和压力测试法的应用。具体来讲, 金融机构应当设立专门的风险管理部门, 负责运用理论方法和模型对衍生品交易的各种可能的风险进行事前评估, 准确测量衍生交易头寸变化时风险价值的变化情况, 估计可能出现的极端情况下的风险状况。

在对风险进行评估的基础上, 还应建立衍生交易的止损水平、风险预警线以及救援预案制度。因为金融衍生品市场是一个投机性很强、风险性极高的市场, 各种风险头寸随着时间的推移而不停地变动。即使衍生交易经营机构本身经营良好, 衍生品市场上的偶发事件所引起的连锁信用风险也可能危及金融机构的生存。为了防范各种可能的偶发事件引起的风险, 建立危急救援的预案制度就显得十分必要, 它的建立还有利于减少道德风险的发生。

(二) 尽量分散信用风险, 增加信用保障

当金融机构的交易对手过于集中时, 金融机构所承担的基于交易对手的信用风险就会相应增加。为了避免金融机构承担过多的这种风险, 应当在建立自我监控制度时确保金融机构的交易对手分散, 即分散信用风险。

具体来讲, 主要有两种途径: 一是参与金融衍生品交易的金融机构可根据交易对手的信用级别确定每一交易对手的信用限额。对同一信用级别的交易对手, 尽量减少与每一家的交易量, 这样就使信用风险得以分散, 从而降低信用风险的总额; 二是可以通过要求交易对手提供抵押、保证、信用证、支付保证金等各种方式, 进一步增加信用保证。

(三) 建立完备的内部监管制度, 积极完善内部控制

金融机构自我监控制度的完备性, 是该项制度有效发挥作用的基础。任何一点制度的缺失, 都会导致整个自我监控制度形同虚设。

具体来说, 首先, 要加强内部控制, 严格控制交易程序, 应当将操作权、结算权、监督权分开, 有严格的层次分明的业务授权, 加大对越权交易的处罚力度。其次, 应确保规章制度的严格性, 形成合理高效的内部风险控制机制, 应当将前台交易与后台管理相脱离, 对交易员的权限进行明确的限定, 建立高效独立的信息通道。最后, 应当建立激励与约束机制, 明确奖惩制度, 将企业的发展与员工的切身利益联系起来。

(四) 注重对突发事件的应急响应和应急处理

任何制度都不可能保证风险百分之百不发生, 金融机构的自我监控制度同样如此。因此, 在常规制度基础之上, 金融机构还应当注重对突发事件的应急响应和应急处理机制的构建。

具体来说, 应主要注意 3 个方面: 第一, 应当拟订具体的应急处理预案, 并使相关人员熟悉预案的内容, 保证在突发事件发生时金融机构能够在第一时间作出最正确的反应;

第二，应当明确应急处理的部门和相关人员，即保证在突发事件发生时相关责任人能够第一时间就位采取具体措施；第三，应当明确风险报告制度，即构建从交易末端向机构决策终端反馈报告的顺畅的制度途径。

第三节 行业协会和交易所的自律制度

行业协会和交易所的自律制度是从市场的角度对金融衍生品的风险进行规避，它是协调参与金融衍生品交易的不同金融机构的制度。本节将针对行业协会和交易所的自律制度中所包含的各类制度及机制进行分别讲解。

一、金融衍生品市场制度

金融衍生品市场制度，是行业协会和交易所自律制度中的一系列基本制度，是金融衍生品日常交易的基本保证。根据金融衍生品日常交易活动的基本程序，金融衍生品市场制度主要包括以下几个部分。

（一）市场信息披露制度

市场信息披露制度，也称公示制度或公开披露制度，是交易所为了保证投资者的利益，依照相关法律规定要求相关经营者如上市公司报告其自身财务变化、经营状况等信息和资料，并向社会公开或公告，以便使投资者充分了解情况的制度。以上市公司为例，它不仅包括上市前的披露，也包括上市后的持续信息公开。

由于本部分已在本书前面有过详细论述，此处不再赘述。

（二）市场准入制度

市场准入制度，是指对参与金融衍生品交易市场的金融机构进行审核进入的制度，是通过对相关金融机构设立一定的"门槛"，筛选掉信用等级较低、风险较高的金融机构，进而规避金融衍生品交易风险的一项制度。市场准入制度是国家对市场主体资格的确立、审核和确认的法律制度，包括市场主体资格的实体条件和取得主体资格的程序条件。其表现是国家通过立法，规定市场主体资格的条件及取得程序，并通过审批和登记程序执行。

当前，中国的金融衍生品市场准入制度并不健全，还存在着诸多问题。譬如，已有的市场准入规范多流于行政管理形式，对于涉外金融衍生品交易的市场准入以及小型金融机构的市场准入等特定的市场准入的规定并不具体。对于场内市场，市场准入制度主要是对会员资格的限制。如《期货交易管理暂行条例》规定，在期货交易所的参与主体只能是期货交易所成员。但因为金融衍生品的高风险性，交易主体还应设立更为严格的入场交易会员制度，需要交易主体具有更加良好的财务状况，并且需要更为严密的内部风险防范体系。

金融衍生品市场准入制度是对市场风险进行有效防控的第一个关键环节。金融衍生品交易并不是所有主体都适合的。对于具备不同条件的交易主体，有的交易主体可能对未来的风险并不预知，甚至有的根本无法承受可能发生的风险。完善的金融衍生品市场准入制度应该能够保证每个交易主体都至少达到风险承受能力的最低要求，这对于降低以及防止各类金融衍生品市场的风险具有重要意义。

（三）大额交易报告制度

大额交易报告制度，是指对于金融机构进行的大额可疑交易，交易所依照程序向监管部门报告并对其进行审查的制度。该制度是通过对特殊可疑的交易行为进行重点监督，来规避可能出现的交易风险。

一般来说，金融机构进行金融衍生品交易的单笔交易额越大，其对市场的稳定性带来的影响就越大，越容易操作市场的走向。市场和金融机构的交易风险都与这笔大额交易直接相关，造成风险过度集中，从而导致风险发生的概率增高。特别是，有些金融机构会进行单笔大额金融衍生品交易，甚至伴随着洗钱等违法行为。因此，对于大额金融衍生品交易建立相应的报告制度，显得十分必要。

大额交易报告制度其实也是对诸如"巴林银行事件"、中国"327国债"风波等事件教训的总结。在"巴林银行事件"中，正是由于当时的英格兰银行、新加坡和大阪交易所都没有对里森的频繁大额交易进行报告，致使里森能够轻松持仓大量日债期货，并最终导致了巴林银行集团的覆灭。目前，大额交易报告制度已经受到了广泛的重视，譬如中国银行已于2007年3月1日正式颁布施行了《金融机构大额交易和可疑交易报告管理办法》。

（四）市场信用状况调查和评估制度

市场信用状况调查和评估制度，是指行业协会或交易所对于准许进行金融衍生品交易的金融机构定期进行市场信用状况调查和评价的制度，该项制度主要用于预知基于金融机构的信用风险，即防止交易的一方因无力履行合约而对另一方造成风险的情况发生。

市场信用状况调查和评估，即信用评级，又称资信评级，是一种社会中介服务，其为社会提供资信信息或为单位自身提供决策参考。这种制度最初产生于20世纪初期的美国。1902年，穆迪公司的创始人约翰·穆迪开始对当时发行的铁路债券进行评级，后来延伸到各种金融产品及各种评估对象。由于信用评级的对象和要求有所不同，因而信用评级的内容和方法也有较大区别。通过研究资信的分类，可以对不同的信用评级项目探讨不同的信用评级标准和方法。

关于信用评级的概念，到目前为止还没有统一的说法，但内涵大致相同，安博尔·中诚信认为，信用评级主要包括3方面：第一，信用评级的根本目的在于揭示受评对象违约风险的大小，而不是其他类型的投资风险，如利率风险、通货膨胀风险、再投资风险及外汇风险等；第二，信用评级所评价的目标是经济主体按合同约定如期履行债务或其他义务的能力和意愿，而不是企业本身的价值或业绩；第三，信用评级是独立的第三方利用其自身的技术优势和专业经验，就各经济主体和金融工具的信用风险大小所发表的一种专家意见，它不能代替资本市场投资者本身做出投资选择。

(五) 场内和场外市场交易规则

根据金融衍生品交易地点的不同,交易行为又可划分为场内交易和场外交易,两种交易行为在遵循上述交易制度的基础上,又具有各自不同的交易规则。

1. 场内交易规则

场内交易,即交易所交易或集中交易,其基本特征是具有固定的交易场所和交易时间。

(1) 规则特点

场内交易的规则一般具有以下 4 个方面的特点。

①集中交易。即场内交易的行为均集中发生在一个固定的地点(如证券交易所),所有买卖双方必须在交易所的统一管理下进行金融衍生品的买卖。

②公开竞价。场内交易的金融衍生品买卖是通过公开竞价的方式形成的,即多个买者对多个卖者以拍卖的方式进行讨价还价。一般来说,竞价包括集合竞价和连续竞价两种方式。前者是在每日开盘时,交易所电脑主机对开市前(中国是每日上午 9∶15—9∶25)接受的全部有效委托所进行的一次性的撮合处理过程;后者是在开市后的正常交易时间不断竞价成交的过程。

③经纪制度。即在场内交易市场进行的金融衍生品交易必须通过专业的经纪人。

④严密的市场监管。即在场内交易过程中,监督部门及交易所对所进行的各种金融衍生品交易行为进行严密监管,以保证场内交易市场高效、有序的运行。

(2) 监管规则

下面以证券交易为例对场内交易行为的监管规则进行说明,其他金融衍生品交易的监管规则基本类似。

①监管当局对证券交易的核准。监管当局对证券交易行为的核准大致包括 3 个步骤。首先,审核上市交易的申请。申请证券上市交易的公司必须在证券发行前的规定时间内向证券监管当局提出上市申请。监管当局据此审查证券的发行日期、数额、方式,以及发行的完成情况、公司一般情况、申请理由等。其次,审查证券交易所的初审意见。申请证券上市交易的公司在向证券监管当局递交上市申请的同时,还必须向证券交易所提交上市申请书。证券交易所进行初审后,上报证券监管当局。监管当局在规定时间内,决定是否同意上市交易,并通知证券交易所。最后,经监管当局同意后,证券交易所出具《上市通知书》通知申请者,并予以公告,同时将证券挂牌交易。

②对上市公司的持续性监管。对上市公司的持续性监管重点是信息披露制度。信息披露制度包括上市公司初次发行的信息披露,以及上市后的持续性披露。由于前面已经详细说明,这里不再赘述。

③制止和处罚交易当中的违法行为。在证券交易中,由于各种因素的影响,存在各种违法行为,如虚假陈述、内幕交易、操纵市场、挪用客户保证金、造谣、欺诈、隐瞒、漏报等。违法行为违背了证券市场的公开、公平、公正原则,会给当事人带来损害。监管当局对上述违法行为,采取警告、通报、罚款或停止上市交易等手段进行处罚,以维护市场秩序,保护投资者的利益。

2. 场外交易规则

场外交易，即 OTC 交易，又称柜台交易或点头交易，其基本特征是不在交易所内进行金融衍生品的买卖。

概括来说，场外交易的规则主要呈现出以下特点。

（1）场外交易市场是一个分散的无形市场

场外交易没有固定的、集中的交易场所，而是由许多各自独立经营的证券经营机构分别进行交易的，并且主要是依靠电话、电报、传真和计算机网络联系成交的。

（2）场外交易的组织方式采取做市商制

场外交易市场与证券交易所的区别在于不采取经纪制，投资者直接与证券商进行交易。

（3）交易的专一性

场外交易市场是一个拥有众多证券种类和证券经营机构的市场，以未能在证券交易所批准上市的股票和债券为主。由于证券种类繁多，每家证券经营机构只固定地经营若干种证券。

（4）场外交易以议价方式进行交易

在场外交易市场上，证券买卖采取一对一交易方式，对同一种证券的买卖不可能同时出现众多的买方和卖方，也就不存在公开的竞价机制。场外交易市场的价格决定机制不是公开竞价，而是买卖双方协商议价。具体地说，是证券公司对自己所经营的证券同时挂出买入价和卖出价，并无条件地按买入价买入证券和按卖出价卖出证券，最终的成交价是在牌价基础上经双方协商决定的不含佣金的净价。券商可根据市场情况随时调整所挂的牌价。

（5）场外交易的管理相对宽松

场外交易市场分散，缺乏统一的组织和章程，不易管理和监督，其交易效率也不及证券交易所。但是，美国的 NASDAQ 市场借助计算机将分散于全国的场外交易市场联成网络，在管理和效率上都有很大提高。

二、金融衍生品市场的担保制度

金融衍生品市场的担保制度，是以保证金为基础的一系列制度和机制的总称，是行业协会和交易所规避金融衍生品交易风险的重要辅助制度。其主要包括以下几个部分。

（一）保证金的制定及调整制度

金融衍生品交易是基于保证金进行的，保证金制度是金融衍生品交易与结算的核心制度，也是金融衍生品市场风险管理的基石，制定合理的保证金并适时调整显得尤为重要。

保证金制度的实施降低了金融衍生品交易的成本，使交易者用较少的资金交易数量更多的产品，发挥了金融衍生品交易的资金杠杆作用。保证金为金融衍生品合约的履行提供了安全的担保，使每一笔交易和持有的每一手合约都具有与其面临风险相适应的资金。

在股指期权合约中，卖方交易的保证金占合约总价值的一定比例并随期权价值及标的指数价值的变动而变动。与股指期货交易双方均立有保证金的要求不同的是，股指期权保证金制度只针对卖方，也即参与股指期权交易的买方，其资金初始占用仅为其所付出的权利金金额，而无须质押额外资金，这主要是由权利、义务不对等造成的。股指期权买方买入的是到期日可以执行的权利，无须以保证金作质押，而卖方面临的是一旦期权买方履约则必须承担的相应交易的义务，因此，必须有相应的保证金，作为到期日可执行交易的保障。

一般交易保证金依保证金比率和合约价值而定，交易保证金是被合约占用的资金，不可用于其他用途。基于期权权利、义务的非对称性，卖出买权或卖权需要足够量的质押物来抵抗风险。如果保证金水平过低或不合理，有可能导致违约风险发生的概率上升，破坏市场安全，最终对整个市场的利益造成损害。过低的保证金会加大交易者赌博的心态，造成市场过度投机，加大市场风险。保证金水平过高，交易成本增加，资金流动性将会降低，市场功能的发挥就可能受到影响。随着中国金融市场的逐步开放，金融衍生品领域将不可避免地面对全球市场竞争的挑战。如果缺乏高效的资金使用效率，其竞争力将大打折扣。

此外，需要注意的是，由于初始和变动保证金只在日终计算，并在日初收到，所以有可能出现无法覆盖大的日间头寸和价格波动的情况。因此，交易所有必要制定相关机制，即日间保证金追加条款，以便根据需要追加额外的日间保证金来保证其保证金的覆盖水平，并进而防止价格急剧波动时出现连锁的支付危机。以伦敦清算所为例，其已经开发出完整的针对金融衍生品的日间保证金评估和计算的模型，可根据其检测的市场价格、会员持仓等情况及时向会员发出日间保证金追加要求。

（二）持仓限额制度

持仓限额制度，是行业协会或交易所市场担保一系列规避风险制度中的第二道防线，它是指交易所规定会员或客户可以持有的，按单边计算的某一合约投机头寸的最大数额。该项制度的主要作用在于防止期货市场的风险过度集中于少数投资者，并进而防范操纵市场价格的行为。

通常，交易所对其客户和会员的持仓限额有两个方面的具体规定。一是进行投机交易的客户号的某一合约单边持仓限额为100手。其中，进行套期保值交易和套利交易的客户号的持仓按照交易所有关规定执行，不受100手持仓限额的限制。二是某一合约结算后单边总持仓量超过10万手的，结算会员下一交易日该合约单边持仓量不得超过该合约单边总持仓量的25%。

持仓限额制度的执行可以很方便地借助投资者交易编码中的客户号来进行。众所周知，同一个投资者可以在不同的会员处开户，从而拥有多个交易编码，但在不同的交易编码中其客户号应当相同。因此，同一客户即使在不同会员处开仓交易，仍可以按其客户号对其持仓进行加总计算。如果某投资者的持仓达到或者超过持仓限额，将不得同方向开仓交易，即多头持仓超限时将不得进行新的买入开仓，空头持仓超限时将不得进行新的卖出开仓。并且，在下一交易日第一节结束前该投资者必须自行平仓以满足持仓限额的要求，否则将会被强行平仓。

此外，对于确实需要利用股指期货进行套期保值的会员或客户，可以按交易所套期保值管理办法中的相关要求申请套期保值额度，以豁免持仓限额限制。

（三）逐日盯市制度[①]

逐日盯市制度，又称每日无负债制度、每日结算制度，是指在每个交易日结束之后，交易所结算部门先计算出当日各期货合约结算价格，核算出每个会员每笔交易的盈亏数额，以此调整会员的保证金账户，将盈利记入账户的贷方，将亏损记入账户的借方。若保证金账户上贷方金额低于保证金要求，交易所则通知该会员在限期内缴纳追加保证金以达到初始保证金水平，否则不能参加下一交易日的交易。

逐日盯市制度，是通过加强清算、结算和支付系统的管理来规避金融衍生品交易风险的一项制度。在中国，交易所最早都是按照一般企业的财务制度来管理会员资金的，采用的是月结算制度，没有控制风险的意识。日常交易出现的亏损，按照浮动亏损处理。可事实证明，一旦市场持续向投资者不利方向发展，每日累计的亏损过大，使保证金余额低于规定的水平，将会出现被追保、强平甚至穿仓的风险。实行逐日盯市制度，即当日结算后要对投资者的盈亏进行结算，当日按结算价计算的持仓盈亏，当日增减账户资金。这样对于控制市场风险，维护市场的正常运行具有重要作用。

（四）价格限额制度

价格限额制度，又称价格限制制度，主要包括涨跌停板制度和价格熔断制度两个

[①]逐日盯市制度一般包含计算浮动盈亏、计算实际盈亏两个方面。

1. 计算浮动盈亏

结算机构根据当日交易的结算价，计算出会员未平仓合约的浮动盈亏，确定未平仓合约应付保证金数额，其计算方法是：

$$浮动盈亏＝（当天结算价－开仓价格）×持仓量×合约单位－手续费$$

如果账户出现浮动亏损，保证金数额不足以维持未平仓合约，结算机构便通知会员在第二天开市之前补足差额，即追加保证金，否则将予以强制平仓。如果账户是浮动盈利，不能提出该盈利部分，除非将未平仓合约予以平仓，变浮动盈利为实际盈利。

2. 计算实际盈亏

平仓实现的盈亏称为实际盈亏，其计算方法包括多头实际盈亏和空头盈亏两种。

多头实际盈亏的计算方法是：

$$盈/亏＝（平仓价－买入价）×持仓量×合约单位－手续费$$

空头盈亏的计算方法是：

$$盈/亏＝（卖出价－平仓价）×持仓量×合约单位－手续费$$

另外，通过对期货和股票交易中所采用的结算制度的比较，可以更好地了解期货的逐日盯市制度。期货交易采取的每日清算（逐日盯市）制度使得期货在清算的方式和现金流量上都不同于股票交易。当期货价格随着时间变化时，贷记利润，借记损失，利润和损失依次累计，在任何一个时点每个期货保证金账户都有一笔净利润或净损失；股票则是简单的持有至买卖时才进行清算，之前并无任何资金的转移。按照这种要求，期货合约每天都有现金的流入和流出，而股票只是在买卖才有一次现金的流动。

逐日盯市制度的存在和逐日结算制度的实施使得当期货价格发生剧烈波动时，期货交易者可能会面临相当大的负现金流的风险，期货投资者必须计算出为满足逐日清算条件可能需要的资金，并在整个投资期间设立相应动态的现金流储备。对交易者而言，逐日盯市制度提高了对资金流动性的要求；对市场而言，逐日盯市制度则有助于避免资金信用风险。

部分。

涨跌停板制度主要用来限制期货合约每日价格波动的最大幅度。根据涨跌停板的规定，某个期货合约在一个交易日中的交易价格波动不得高于或者低于交易所事先规定的涨跌幅度，超过这一幅度的报价将被视为无效，不能成交。涨跌停板是以某一合约上一交易日的结算价为基准确定的，也就是说，合约上一交易日的结算价加上允许的最大涨幅构成当日价格上涨的上限，称为涨停板，而该合约上一交易日的结算价格减去允许的最大跌幅则构成当日价格下跌的下限，称为跌停板。

价格熔断制度，即在每日开盘之后，当某一合约申报价触及熔断价格并且持续一分钟，则对该合约启动熔断机制。

通常价格限额制度具有两个方面的显著作用。一是价格限额制度可有效降低违约风险，对保证金有替代作用。期货市场涨跌停板制度直接掩盖了具体的均衡期货价格的位置，在期货市场价格达到涨跌幅限制后，交易者往往转向相关的现货市场来获取均衡期货价格的信息。如现货市场也设置了涨跌幅限制，那么关于均衡期货价格的信息会进一步模糊，使得投资者对未来的损失程度不能准确判断，不断地去补足保证金，而不会选择违约，从而降低了整个交易的违约风险。二是熔断制度是启动涨跌停板制度前的缓冲手段，发挥防护栏的作用。

三、金融衍生品交易的财务监督制度

金融衍生品交易的财务监督制度，是指行业协会或交易所运用单一或系统的财务指标对金融机构的金融衍生品交易活动或业务活动进行观察、判断、建议和督促的一项制度。它的目的在于督促金融机构各方面的经营活动合乎程序与合乎要求，促进金融机构各项活动的合法化管理以及行为的科学化。这项制度是公共组织财务管理工作的重要组成部分，对于规范金融衍生品交易行为，保证金融衍生品市场稳定具有重要意义。

（一）金融衍生品交易会计准则

金融衍生品交易会计准则承担了会计监管中重要的角色。它提高了商业银行会计行为人的职业判断能力，并抑制其道德风险，改善其信息供给，同时促进外部利益相关者在会计博弈中提出更高质量的信息需求，并进而共同提高衍生金融工具会计信息的总体质量。这样，就更有助于会计信息的传播，从而实现更大范围、更高质量的会计信息共享。

（二）金融衍生品交易审计制度

制定金融衍生品交易审计制度可为审计实务提供依据，减少审计风险，有效鉴定商业银行的财务信息质量。金融衍生品交易审计制度的制定很大程度上依赖于金融衍生品会计问题的解决。在明确金融衍生品交易的审计中，应能保证商业银行按现有会计处理规范对金融衍生品业务进行客观公允的披露，同时规范金融衍生品交易的审计工作，降低审计风险，提高审计效率。

（三）金融衍生品交易惩戒制度

金融衍生品交易惩戒制度在极大程度上制约了商业银行财务主体使用金融衍生品用于盈余管理的实际行为取向，它是基于一定成本效益衡量而进行的一种选择。当惩戒制度有着明确规定而财务监管者又有着强有力的执法能力时，商业银行财务行为主体提供虚假陈述的机会主义行为倾向将因对巨额的惩罚性成本的畏惧而得到抑制，进而促使财务信息披露等财务行为趋于规范化。

第四节　政府宏观调控和监管制度

政府宏观调控和监管制度，作为金融衍生品风险控制制度中最顶层、最宏观的一项制度，其是规避金融衍生品交易风险的最后一道防线。目前中国金融衍生品交易的政府监管还存在着诸多不足，本节将从政府监管的内涵出发，剖析中国金融衍生品政府监管制度存在的问题，并从法律角度提出完善这项制度的主要措施。

一、政府监管的内涵与功能

多年以来，中国不断地按照社会生产力发展水平基本特点和内在要求积极进行政府职能转换，以求更好地推动经济社会发展。随着社会主义市场经济体制的建立和完善，中国政府职能也有了越来越清晰的目标。在全国人大十届一次会议上通过的政府工作报告对政府主要职能进行了高度的概括和准确的定位，报告明确提出"在社会主义市场经济条件下，政府职能主要是经济调节、市场监管、社会管理和公共服务"。在中共十六届三中全会上作出的《关于完善社会主义市场经济体制若干问题的决定》提出了"深化行政审批制度改革，切实把政府经济管理职能转到主要为市场服务和创造良好发展环境上来"。依据上述精神，政府监管应该至少包括市场监管和社会管理功能，与经济调节、公共服务一起实现政府的经济职能。政府监管主要针对的是微观经济层面上的自然垄断、信息不对称以及外部性、内部性等，是政府对企业、产业或者单个市场的监管，主要目的在于维护市场秩序，增进社会福利，以减少个体经济决策给社会带来的损失。

从经济学的角度来看，政府监管一般特指政府对私人经济部门的活动进行的某种限制或者规定，如价格方面的限制、数量上的限制或者经营许可等。而从行政法的角度来看，政府监管一般指政府行政机构根据法律授权，采用特殊的行政手段或准立法、准司法手段，对企业、消费者等行政相对人的行为实施直接控制的活动。

政府监管的起源从经济学的角度来讲，一般在于市场和政府关系的处理。监管通常需要以信息作为支撑，从理论上讲，当微观经济主体对于监管机构获取信息的要求回应时，就产生了所谓的监管关系。伴随着市场经济的发展，监管关系也在不断的演变，监管机构不仅充当监督管理的角色，有的时候还是监管服务的提供者和协调人，企业也从消极对待转为积极回应，这时真正意义上的政府监管就产生了。在监管关系不断演变的同时，对政府监管的各种定义也层出不穷，许多学者从不同的角度提出了自己的观点，为政府监管的研究和深入分析提供了基本前提。

中国著名学者朱绍文认为，"regulation"或"regulatory constraint"的意思是"有规定的管理"、"有法规条例的制约"，如果翻译成"管制"、"管理"、"规定"、"调控"等都不符合原意。王俊豪认为，监管是具有法律地位、相对独立的政府监管者，依照一定的法规对被监管者所采取的一系列的行政管理与监督行为。王维迎则认为，政府干预只是让政府行政部门而不是让被监管者自己去决策的一种博弈规则。而政府之所以直接对企业决策进行干预，往往是为了达到政府想要的非经济目标。这个目标可能与市场竞争和社会福利并没有关系，甚至于可能完全偏离市场竞争和社会福利目标。

日本经济学家金泽良雄持有不同观点，他认为政府监管可以定义为国家干预，其中，政府对社会活动主体进行的单纯性限制行为，还包括社会经济活动形式各种各样的参与和干预。这种定义显然是对监管的广义理解，但是过于宽泛，在其他的大多数解释中，还是把监管看作政府用来干预微观经济的主要手段之一。日本的另外一个经济学家植草益也曾经从一般的意义角度对"监管"下过定义，他认为监管就是依据一定的规则对于构成特点社会的个人与经济活动主体的活动进行限制的行为。监管的实施主体有私人和社会公共机构两种，前者是私人间的制约行为，后者是社会公共机构进行的监管。这两种监管形式被植草益称为"私人监管"和"公共监管"。

对于政府监管的理解，美国著名的监管经济学家丹尼尔·史普博认为，它是行政机构制定并执行的直接干预市场机制或者间接改变企业和消费者供需决策的一般规则或特殊行为。还有的学者认为政府监管是政府为了控制企业的价格、销售和生产决策而采取的各类行动，政府公开宣布这些行动是为了努力制止不充分重视社会利益的私人决策。

国内外学者从不同的角度对政府监管下的定义，虽然各有不同，却具有共同的特征，即政府依据一定的法律、法规，通过对企业的市场进入、价格制定、产品质量以及服务等领域的直接监督与管理，来保护企业和消费者的合法权益，保障市场经济的稳定运行。实际上，在经济活动之中，政府监管对于企业的生产经营活动，乃至对整个产业的兴衰都会产生非常重要的影响。

二、金融衍生品政府监管的分类

通常，根据监管对象的不同，金融衍生品的政府监管模式大致可以分为3种。

(一) 混业监管模式

混业监管模式，又称统一监管模式，是指不同的金融行业、金融机构和金融业务均由一个统一的监管机构负责监管，这个监管主体可以是中央银行或其他机构。

混业监管模式的优势主要体现如下。第一，成本优势。混业监管可节约技术和人力的投入，更重要的是可大大降低信息成本，改善信息质量，获得规模效益。第二，改善监管环境。主要表现在两个方面：一是提供了统一的监管制度，避免由于多重监管者的监管水平、强度不同，使被监管者面临不同的监管制度约束；二是避免被监管者对多重机构重复监管及不一致性无所适从。第三，适应性强。金融业务创新日新月异，统一监管模式可迅速适应新业务，避免监管真空，降低新的系统性风险，进而也可减少多重监管制度对金融创新的阻碍。

当然，混业监管模式也存在一定的缺点，主要体现：缺乏竞争性，易导致官僚主义。因此，混业监管模式既要求监管主体建立在一个能够使其潜在优势（规模经济等）得以最大化的内部结构上，同时也要防止潜在的风险。

早在 20 世纪 80 年代后期，北欧的挪威、丹麦和瑞典已经开始将分散的监管机构合并，成立综合性的金融监管机构，实行统一监管模式。1996 年以后，日本和韩国也转向这种模式。1997 年英国的金融监管体制改革最为著名。截至 1999 年，真正实行统一监管的有 13 个国家，包括瑞典、挪威、丹麦、冰岛、英国、日本、韩国等。

（二）分业监管模式

分业监管模式是指在银行、证券和保险 3 个业务领域内分别设立一个专职的监管机构，负责各行业的审慎监管和业务监管的模式。目前，分业监管模式较为普遍，实行分业监管较为典型的国家有德国、美国、波兰、中国等。

分业监管模式的优点：第一，专业监管机构负责不同的监管领域，具有专业化优势，职责明确，分工细致，有利于达到监管目标，可提高监管效率；第二，具有竞争优势，尽管监管对象不同，但不同机构之间存在竞争压力。

分业监管模式的缺点：第一，多重监管机构之间难于协调，可能引起"监管套利行为"，即被监管对象有空可钻，逃避监管，若设立多重目标或不透明的目标，容易产生分歧，使被监管对象难于理解和服从；第二，从整体上看，分业监管各个机构庞大，监管成本较高，规模不经济。

国际上对混业监管模式和分业监管模式的争论很多。赞同统一监管模式的主要观点如下。第一，从规模经济角度考虑，混业监管模式既可减少监管者和被监管者双方的成本，也可更为有效集中地利用有限的技术（现在普遍缺乏监管技术）。第二，混业监管机构更具有一致性和协调性，可更有效地利用监管资源（如统一的数据库和统一的标准程度）监管被监管者所有的经营业务，更好地察觉其风险所在。第三，混业监管可避免多重机构监管体制容易引发的不公平竞争、不一致性、重复或交叉监管和多种分歧等问题。第四，混业监管机构职责明确固定，可防止不同机构之间互相推卸责任。

反对统一监管模式的主要观点如下。第一，在实践中，统一的全能的监管机构并不一定比目标明确的特定监管机构更为有效。因为由统一的机构监管所有类型的金融机构，容易出现重大的文化差异冲突。第二，尽管金融机构日益多样化，传统的职能已经消失，但是现在，并在可预见的将来，银行业、证券业和保险业仍将保持重要的区别。统一的或全能的监管机构不可能有明确的目标和合理的监管，也不可能在不同类型的机构和业务之间制定必要的区别。第三，统一监管机构权力巨大，极易出现极端的官僚主义，可能导致损失潜在的有价值的信息，对潜在问题反应迟缓。

（三）"双峰"监管模式

"双峰"监管模式，属于不完全统一监管模式的一种。与上述两种监管模式不同，它是在金融业综合经营体制下，对完全统一和完全分业监管的一种改进。它突破了监管结构根据对银行业、证券业和保险业的传统区分来建构的思路，包括金融稳定委员会和消费者保护委员会两个部分。前者负责对所有金融机构进行审慎监管，控制金融体系的系统性风险；后者负责对不同金融业务经营进行监管。

尽管"双峰式"监管模式最早由英国经济学家提出，但在当前实践中澳大利亚是"双峰式"监管模式的典型。澳大利亚历史上由中央银行负责银行业的审慎监管，自1998年开始不完全统一监管模式的改革。新成立的澳大利亚审慎监管局负责所有金融机构的审慎监管，证券投资委员会负责对证券业、银行业和保险业的业务经营进行监管。

"双峰"监管模式的优势如下。

第一，与统一监管模式相比，一是在一定程度上保持了监管机构之间的竞争与制约作用；二是各监管主体在其监管领域内保持了监管规则的一致性，既可发挥各个机构的优势，还可将多重机构的不利最小化。与完全分业监管模式相比，这种模式降低了多重监管机构之间互相协调的成本和难度。同时，审慎监管和业务监管分别进行，避免了监管真空或交叉及重复监管。

第二，具有分业监管模式的优点。其最大优势是通过牵头监管机构的定期磋商协调，相互交换信息和密切配合，降低监管成本，提高监管效率。

法律法规链接

《证券公司监督管理条例》（2008年4月23日国务院第6次常务会议通过，自2008年6月1日起施行）

《证券公司客户资产管理业务管理办法》（2012年8月1日中国证券监督管理委员会第21次主席办公会议审议通过，2012年10月18日中国证券监督管理委员会令第87号公布；根据2013年6月26日中国证券监督管理委员会令第93号《关于修改〈证券公司客户资产管理业务管理办法〉的决定》修订）

《证券公司集合资产管理业务实施细则》（2012年10月18日以中国证券监督管理委员会公告〔2012〕29号令公布，根据2013年6月26日中国证券监督管理委员会公告〔2013〕28号《关于修改〈证券公司集合资产管理业务实施细则〉的决定》修订）

《期货公司风险监管指标管理办法》（2007年4月18日由中国证券监督管理委员会以证监发〔2007〕55号令公布；根据2013年2月21日中国证券监督管理委员会公告〔2013〕12号《关于修改〈期货公司风险监管指标管理试行办法〉的决定》修订，自2013年7月1日起施行）

本章思考题

1. 简述金融衍生品风险的类型、特征和成因。
2. 简述金融衍生品风险控制制度的分类及各类之间的关系。
3. 简述自我控制制度设立的基本原则。
4. 简述行业协会和交易所的风险管理制度。
5. 简述中国金融衍生品市场政府监管的现状及完善措施。

第九章　金融衍生品评级机构监管制度

本章概要

　　金融衍生品评级机构监管制度是金融衍生品法的重要内容，是维护金融市场稳定发展的重要手段。本章通过对信用评级机构制度的提出和基础理论的学习，分析了金融衍生品信用评级机构的各项制度，具体包括金融衍生品信用评级机构的市场准入制度、日常监管制度、法律责任制度 3 个方面，并对中国的金融衍生品评级机构制度进行了分析，提出了中国金融衍生品评级机构监管制度目前的不足和完善之处。

本章重点知识

- 金融衍生品信用评级机构监管制度的提出
- 金融衍生品信用评级机构的市场准入制度
- 金融衍生品信用评级机构的日常监管制度
- 金融衍生品信用评级机构的法律责任制度
- 中国金融衍生品评级机构监管制度

引读案例

美国次贷危机事件

　　2007 年 6 月起，爆发于美国的"次贷危机"席卷全球，无数外表光鲜的"投资级"次贷产品一夜之间被打回原形，令投资者损失惨重，而美国三大信用评级机构也因在次贷产品评级过程中的"次级"表现被推上了风口浪尖。信用评级机构在"次贷危机"中究竟充当了何种角色，其评级究竟存在何种问题，问题的根源又在哪里，来自各界的强烈质疑不仅令三大评级机构焦头烂额，同时也再次暴露了美国信用评级业监管体制之尴尬。如何对评级机构进行监管，成为维护金融稳定的首要问题。

第一节　金融衍生品评级机构监管概述

　　信用评级机构在各国、各地区金融体系中扮演着重要角色。但是，近年来信用评级机构不但没有发挥应有的信息传导、揭示风险、辅助监管功能，反而成了金融危机爆发的重要推手，在一定程度上放大了危机对全球经济的破坏性影响。因此，对评级机构进行监管显得尤为重要。

一、信用评级监管制度的提出

20 世纪初，信用评级在美国首先建立起来，经过多年的发展，信用评级已成为资本市场不可或缺的组成部分。信用评级在国内学术研究成果和相关规范性文件中的称谓有所不同，有的将其称为资信评级，有的将其称为资信评估，其实都是对 Credit Rating 的不同译法。[①] 信用评级（Securities Credit Rating）是指有资质的信用评级机构依靠一整套科学的指标体系，运用严谨的分析方法，对被评级对象的资信情况进行科学客观公正的评价，最后通过简洁易懂的文字符号表达其信用等级的一种经济活动。[②]

20 世纪 30 年代开始，监管规则中开始引入信用评级，信用评级进入了新的发展阶段。经济大萧条之后，金融监管者需要一种信用质量参考，以更好地监管和控制金融主体的风险。在这种需求的驱使下，信用评级进入了金融监管者的视野。在金融监管中对信用评级越来越多的使用，奠定了信用评级在金融监管中的地位，得到监管认可的信用评级进入了快速发展的时期。监管对信用评级的引入首先出现在对银行的监管中。1931 年，美国货币监理署规定："如果银行持有的债券按照面值入账，则该债券必须经过至少一家评级机构评级，且公开评级不得低于 BBB 级别，否则应按照市场价值进行减值。"这是监管中第一个使用信用评级的规则。1936 年 2 月，货币监理署和美联储出台了规则，禁止银行购买"可疑级"的债券，银行只能够持有"投资级"以上的债券，且该债券必须由两家以上信用评级机构进行评级。这给整个银行业带来了很大的震荡，因为在近 2000 多个公开交易的债券中，一半以上不符合该"投资级"的标准。这些规则给银行的投资选择带来了很大的限制，银行不能只凭它们自己所收集到的、自认为可靠的信息来选择债券，而是要使用信用评级机构公开发表的信用评级。接着，美国 48 个州的保险监管者在保险监管中引入了信用评级监管制度，为了使他们监管的保险公司持有与公司投资风险相当的充足净资本，其制定了最低净资本要求，与保险公司投资债券的信用评级挂钩。这样，信用评级在保险监管中也占据了一席之地，其在债券市场中的地位也更加稳固。在此之后，金融领域的其他监管者在监管中也引入信用评级，如养老金监管、房地产监管。真正让信用评级制度在金融监管中地位迅速提升的，是 1973 年美国证券交易委员会（SEC）发布的《关于确定证券经纪自营商净资本规则》（又称"Rule15c3 - 1 规划"），该规则明确规定"证券经纪自营商在计算净资本时，必须从净资产中按一定比例扣除其所持有的特定有价证券（包括商业票据、不可转换债券、不可转换优先证券等）的市值，以抵消市场价格波动对净资本的影响。然而，如果此类有价证券被至少两家 NRSRO 评为最高信用评级的前两级，则其市值扣除比例可大幅降低。"此时，美国的信用评级业中除三大信用评级机构之外，其他新兴的中小信用评级机构也处于蓬勃发展的阶段。出于对信用评级机构评级质量和评级

①朱荣恩，丁豪裸，袁敏. 资信评级 [M]. 北京：中国时代经济出版社，2006：17.
②王月. 从金融危机审视证券信用评级机构法律规制的缺失 [J]. 经济视角，2009（6）：58.

欺诈的担心，SEC 决心限制该规则中信用评级主体的范围，为信用评级市场设定资质认可制度。"全国认可的统计评级机构"制度在这一背景下建立起来。只有被 SEC 认可为 NRSRO 的信用评级机构发布的信用评级，才能在 Rule15c3 - 1 规则中适用。自此开始，NRSRO 做出的信用评级在 SEC 的监管中得到广泛的适用，SEC 所制定的规则中至少有 44 个引入了信用评级。其他金融监管领域，如养老金、银行、房地产、保险等，也开始将 NRSRO 的信用评级作为衡量被监管对象债券投资组合信用质量的依据，在监管中大量使用。"2002 年 SEC 向美国参议院政府事务委员会提交的报告中显示，当时至少有 8 部联邦法律、47 部联邦监管规则、100 多部地方性法律和监管规则将 NRSRO 评级作为监管基准"。监管机关对信用评级的依赖逐渐形成。监管规则对信用评级的引入是监管者对信用评级的认可，在投资者看来，被认可的信用评级具有较高的质量保证，因而对信用评级所传达出来的风险信息愈加信赖和重视。在此之后，投资者对信用评级的依赖与日俱增。结构化金融产品出现后，投资者对信用评级的依赖更为突出。结构化金融产品通常具有比较复杂和晦涩的模型，投资者对结构化金融产品所传达出的信息难以理解，只能寻求通过简单的信用评级符号对结构化金融产品的信用风险做出判断。

二、金融衍生品评级监管制度的提出

随着金融自由化程度的深化，不断创新的金融衍生品进入了一个"乱花渐欲迷人眼"的时代。人们虽然对金融衍生品可观的收益无限向往，但是也对其背后的定价方式和风险程度心存疑虑，这时投资者就迫切地需要一个标准对金融衍生品的质量进行评价和打分，信用评级制度便应运而生。对金融衍生品信用进行评级的初衷在于方便投资者进行投资决策。普通投资者由于知识的局限，往往无法对众多金融衍生品进行分析和选择，因此，需要专业机构对准备发行的债券还本付息的可靠程度进行客观、公正和权威的评定，以方便投资者进行决策。一个债券的等级高低直接影响着投资者的需求，资信等级较高的产品即使回报率不高，也容易得到投资者的信任和认可，因此，投资者对评级也是高度关注的。目前，几乎所有的国家都将信用评级结果作为金融市场准入的重要指标。由于信用评级机构被赋予的权力不断放大，使其成为金融市场上可以"点石成金"、"呼风唤雨"的主宰。但是，信用评级机构通常凭借其中立第三人的"超然"地位，即便评级结果不够准确也能置身事外，不负任何法律责任，成为监管真空中的群体。

随着美国次贷危机的愈演愈烈，评级机构丑闻逐渐显露。实践证实，评级机构的功能逐渐异化成为次贷危机爆发的重要原因之一。在资产证券化的过程中，评级机构的目的已经不是帮投资者识别风险，反而协助投资银行进行产品设计，构造复杂的 CDOs，而在此之前，这些产品都没有评级。在评级机构的指导下，投资机构将证券再证券化，以创造出更多具有 AAA 级的 CDOs，这就像是让老师替学生参加期末考试一样。美国非金融企业发行的证券中，只有一小撮比例得到最高的 AAA 级。但是，在接受评级的 CDOs 中，几乎有 90% 被给予这个等级。评级机构给予的等级越高，就意味着发行者可以将其定更高的价格，获得更高的利润。但是，价格虚高会使金融衍生品价格严重偏离实际价值，使金融衍生品的价格变得泡沫化，最后导致金融危机。对于处在金融风暴问责浪尖上的信用评级机构而言，他们也表示了自己的无奈，认为包括评级机构在内的任何风险估量和分析都存在一定的失误率，而且评级仅是一种意见，并不是影响投资者作出决定的直接影响因素，评级机构也没有强迫投资者投资某种证券。但必须注意的是，金融衍生品的专业性和复杂性，使投资者处在信息不对称、信息不充足的处境下，即使发行者对金融产品进行了必要的信息披露，他们也不一定能理解，因此，他们对于金融产品的认识只能凭借具有可识别度的评级结果。在现代金融市场中，信用评级的功能与作用越发突出，绝非仅仅起到一个参考意见的作用，它已经成为债券等金融产品定价的主要依据。金融衍生品价格是否合理，是否能够发挥价格发现的功能，很大程度上取决于信用评级制度的完善。反之，评级机构谋取市场份额、赚取高价评估费用，故意帮助投资银行和券商提高此类投资产品的信用评级的行为，极度歪曲了金融衍生品的价格，助推了金融衍生品价格泡沫的膨胀和破灭。因此，对金融衍生品进行规制就必须建立信用评级监管法律制度。很多国家和国际机构纷纷制定了信息评级监管法律制度，比如，美国在 2006 年通过了《信用评级机构改革法案》，欧盟也制定了《2003/125/EC 指令》（Directive 2003/125/EC）和《资本需求指令》（*Capital Requirements Directive*，CRD），IOSCO 颁布了对信用评级机构的行为准则，巴塞尔委员会通过了资本监管框架等。[①]

三、金融衍生品评级监管制度的理论基础

（一）市场失灵与金融衍生品信用评级

如哈耶克所言，资源的配置都是特定决策的结果，而人们做出的任何决策都基于给定的信息。金融衍生品市场所面临的根本问题不是资源的最优配置，而是如何利用好分散在整个市场中的不同信息。信息经济学研究表明，金融衍生品市场主体之间的信息分布是不对称的，这种现象使得金融衍生品市场的风险被放大和强化。一方面，发行人要比投资人更为了解自身的信用状况，可以选择披露有利于自己的信息；另一方面，由于潜在的投资人清楚发行人有可能提供不真实的信息，即使低风险的发行人也很难使得投资人相信他不会违约，从而引发逆向选择的机会主义行为。美国经济学家乔治·阿克勒夫于 1970 年发表了一篇题为《"柠檬市场"：质量不确定性和市场机制》的文章，开创了逆向选择（Adverse Seletion）理论。在逆向选择的"旧车模型"中，买卖双方对旧车质量的信息不对称，卖者知道车的真实质量，而买者不知道，只知道车的平均质量，因而买者只愿意根据平均质量支付价格，于是高质量车（高于平均水平）的卖者就会退出市场，低于平均水平的卖者就会进入市场，造成"好车驱逐坏车"的现象。只要信息不对称存在，优质品就会受到劣质品的排挤，消费者和诚实商人的利益就会受到损害。金融衍生品市场是一个典型的"柠檬市场"，其信息不对称包括两个方面：一是发行人与投资者（信息需求方）之间分布不对称；二是信息在投资者之间的分布也存在不均匀的情况。这种不对称可能产生以下几种结果。第一，高质量金融衍生品持有者企图用一些信号传递来化解信息不对称。他

---

①龚宁. 美国信用评级业监管体制变迁——"次贷危机下的反思"［J］. 证券市场导报，2008（7）：57.

们通过公开披露传递信息，让潜在的买者相信他们所持有的金融衍生品价值被低估了。这种方式必须要花费信息成本。第二，信号传递的效果在一定程度上受到该信息可信度的影响，致使传递成本增加。允诺和保证是提高信息可信度的一种方法。然而，发行人做出允诺和提供保证也要耗费成本，而且提供过度的保证可能导致法律诉讼的风险。第三，潜在的投资者知道信息存在不对称，因此在信号不明确的情况下不会采取行动。即使潜在的发行者有信息优势，但投资者不知道应该注意哪一个信号，仍然可能根据金融衍生品的平均质量来支付价格。上述分析表明，如果缺乏某种可靠途径传递相关信息，那么即使是有价值的发行人亦无法获得融资，可能导致金融衍生品市场失效。这就需要有一个恰当的与双方都没有利益关系的第三方来为此"牵线搭桥"。国外实践经验证明，独立的信用评级机构是最恰当的第三方，因为信用评级机构可以在发行人和投资人之间充当中介角色，为投资人做投资决策提供信用信息，从而减轻信息的不对称。为了解决上述逆向选择问题，信用评级发挥了以下几种特殊的作用。第一，降低发行人的融资成本。如果没有信用信息可供参考，投资人对发行人的实力可能是不信任的，而这种不信任将导致企业筹资相对困难。发行人为了消除信息不对称的状况，以补偿投资人因信息不对称所产生的额外风险，要么选择负担高昂的信息成本，要么选择支付较高的风险金。而由此所产生的高昂的成本费用，对于信用品质良好的公司来说是很不公平的，可能迫使其选择退出市场，变成"好车驱逐坏车"，而专业的评级机构以此为专业，同时针对同一产业内许多不同公司，或是同一国家内许多不同产业，或是全球许多不同国家间的信用进行横截面的分析，同时亦针对各层次受评对象多年以来的信用变化进行纵截面的评估。因此，评级机构具有的规模经济优势和专业优势，有利于降低消除信息不对称造成的资金成本和信息成本。第二，降低投资人搜寻信息的成本。投资人在决定是否进行投资之前，必须广泛收集各项与投资标的相关的信息，以判断发行人是否能够如期履约，偿还本息。然而，在金融衍生品市场上，投资人很难对每一个企业都拥有完整的信息，更难以对融资企业及其发行的产品都进行详尽的分析与了解。信用评级机构经过调查、分析各种资料，并结合经济环境的影响所做出的结论，对于投资人来说，往往具有相当可贵的信息价值，大大减少了投资人投入的信息收集成本。同时，证券信用评级机构在日常评级中保持独立、客观的自律原则，形成了一定的"声誉机制"。通过利用自身所值得信赖的、公正性强的声誉来替代产品的不对称信息，使投资者可以在只需知道评级结果的情况下做出投资决策。①

（二）监管失灵与金融衍生品信用评级

与西方国家自发产生的方式不同，中国的金融市场最初是作为一种颇有争议的人为试验品出现在金融体系的缝隙之中的。由于市场的不健全和高风险性，其自然成为政府监管最为严厉的领域之一。但是由于中国现有的社会经济基础体制滞后于全新的金融市场，监管制度出现了一系列职能的错位，其主要表现如下。第一，监管的非市场性。中国金融市场带有深重的计划经济体制烙印。纵观中国金融衍生品发展历程，政府行为呈现出非系统无连贯性，政策出台随意、多变，给人以"救火者"的印象，"头痛医头，脚痛医脚"，

①郭敏华．信用评级［M］．北京：中国人民大学出版社，2004：77．

"拆了东墙补西墙"。政策的摇摆不定、措施手段的非市场化导致中国金融市场成为"政策市"、"消息市"。随着各种结构化金融衍生品的越来越多，金融衍生品市场日益活跃，政府终将难以为无数交易者提供准确的信息。那么，谁有能力提供这些监控信息呢？在市场经济条件下，独立的信用评级机构最能承担这一重任。建立信用评级制度以后，评级机构可以对金融衍生品建立监控体系，对发行人是否按照批准用途使用资金、发行人的财力变化对金融衍生品产生的影响等内容进行跟踪监控，并向金融衍生品审批机关定期报告。信用评级的存在，大大减少了监管部门的检查与管理上的负担。如果没有评级制度的辅助，所有的发行主体及其产品的品质与风险，均需监管机构自行评估，其检查成本之高、人力物力需求之重、效率之差，皆不难想象。目前，在国际金融市场中，金融衍生品信用评级制度已广获市场支持，政府监管机构对评级结果的使用也越来越有倚重之势。将信用评级运用于金融衍生品监管之中，目的在于充分评价发行主体的业绩和产品的偿还能力，指导投资者投资，防控金融市场风险。[①]

四、金融衍生品评级机构制度的具体内容

金融衍生品评级机构制度主要包括监管的主体和客体，对主体和客体的规制构成了金融衍生品评级机构制度的主要内容。

(一) 监管主体

信用评级机构虽然是中立于发行人和投资人的第三方主体，但信用评级机构仍旧属于金融中介机构，所以应该由金融监管部门对其进行监管。金融监管部门在不同的体制下，组成形式也是不同的，金融监管部门可以分为分权和集权两种模式，分权是指金融监管的权力在不同的政府部门之间进行横向的配置；集权是指金融监管的权力在政府的某一部门内纵向配置，形成单一的金融监管体系，而这一机构在各国是有差异的，有的国家由中央银行执行此权力，有的国家由单独设立的政府部门行使此权力。信用评级机构根据不同的监管模式属于不同的监管部门，可能属于中央银行监管、单独的政府部门监管，但是在大多数分权国家，信用评级机构通常由证券监管机构来监管。

(二) 监管客体

信用评级机构做出的法律行为是信用评级监管法律制度的客体，但是并不是信用评级的所有行为都要被监管。在保护投资者、维护金融安全、强化市场透明度的目标下，只对信用评级下列的行为进行监管。

1. 评级机构准入和退出行为

评级机构的准入制度对整个行业的发展都是非常重要的，根据国际经验来看，明确评级机构的准入制度在评级行业发展的初期能够有效保证评级的质量，促进评级行业的健康有序发展。评级机构准入制度主要包括信用评级机构准入标准及程序、评级机构的法律责

---

① 许家旺. 论我国证券市场的政府监管及其完善 [J]. 法制与社会，2007：295.

任、准入资格的动态管理、客户信息的保护、利益冲突防范等内容。同样地,不仅评级机构的准入制度相当重要,评级机构的退出机制对整个行业的发展来说也是非常必要的。一些评级机构在评级过程中恶意违规,为了自身利益故意抬高或者压低产品的评级,给市场造成巨大损失。对于这样的评级机构,应该视情节分别处以列入"黑名单"、罚金、整改直至逐出市场的处罚措施,以实现评级机构的优胜劣汰,保证市场的稳定健康发展和整个评级行业的进步。

2. 评级机构日常业务活动

除了评级机构的准入行为和退出行为外,监管部门还应该严格对评级机构的日常活动进行持续性监管。可以对评级机构的评级工作开展定期检查,定期检查的内容应集中在评级过程的审查资料、收集信息、现场调研、整理加工、初评分析、专家审评、跟踪监测7个环节,保证评级机构在日常的工作中不松懈。

3. 评级结果的质量验证

评级机构采取的评级标准不同,最后的评级结果也是不同的,对没有专业经验的投资者来说,评级结果的不同会给投资带来较大困难。因此,不同机构评级结果的准确性,是投资者和监管机构共同关注的重要问题。监管部门对评级结果质量验证既可以是从市场的反馈中获得信息实施监管,也可以是通过检查评级机构的自检技术、预设的违约定义、评级结果与违约率的对应关系等方面来评价评级机构质量的优劣,做出惩处。这样才能保证评级结果与实际产品大体一致。

第二节　金融衍生品评级机构的市场准入制度

信用评级市场准入制度能有效控制评级机构的数量和质量,给评级行业设置准入的门槛,有助于提高整个行业的水平。信用评级市场准入制度是维护这个行业必不可少的规范。

(一) 金融衍生品评级机构市场准入制度概述

信用评级市场准入制度是指信用评级机构的设立既要符合法律规定的形式要件,也要符合法律规定的实质要件。各国的立法实践中,不同国家对评级机构的准入标准都有不同的规定,准入门槛也各不相同。市场准入制度对于保障信用评级机构的质量,保障信用评级结果的客观性、科学性有着重要的作用。如果没有信用评级市场准入制度,评级机构将在市场中良莠不齐,评级结果也是五花八门,不利于金融市场的发展。

当然,信用评级准入制度门槛的设置也要以市场的发展为依据,既不能过高也不能过低。过高的标准可能导致整个评级行业的萧条,过低的标准又达不到准入制度的目的。因此,各国应该根据本国金融市场的发展状况和信用评级业的实际情况,制定适合本国信用评级业发展的市场准入标准。过高的信用评级标准会造成评级市场上只有少数几个大的评级机构,容易造成评级市场的垄断,也不利于市场的优胜劣汰;过低的信用评级标准会造成评级市场发展的不平衡、评级机构质量高低不等的现象,让投资者对评级机构失去信心。

(二) 各国金融衍生品评级机构市场准入的发展历程

从国际信用评级行业的发展历程来看，信用评级的市场准入最初的立法模式有两种：一是自由放任模式，以美国、日本为代表，其设立与发展取决于市场因素；二是行政许可主义和核准主义模式，以欧洲和亚洲地区为代表，政策支持和政府培育在信用评级机构的设立与发展中起到决定性作用。各个国家在立法模式上就有所不同，在接下来的发展中，为了适应市场，增强评级机构的作用，各国也都做了较大的改革。

美国在 1975 年由 SEC 制定了全国认可统计评级机构制度，也就是 NRSRO 制度，并且利用 NRSRO 制度对美国的信用评级业进行监管。这个时候 SEC 没有具体规定信用评级机构的准入标准，只是通过"无异议函"的方式认可 NRSRO 的准入资格，并且还要求信用评级的使用者对信用评级结果的信赖和认可。2005 年 4 月，SEC 对合格的 NRSRO 的标准做出了具体的规定：能够对债务人的特定债券或货币市场工具提供及时、公开的信息；发布的评级信息（包括在特定行业或特定区域开展的评级）被主要的评级结果使用者普遍接受，并且被认为是可信的和可靠的；有系统的评级程序保障评级结果的可信度，能够有效控制潜在的利益冲突，防止非公开信息的滥用；拥有足够的财力确保相关程序的实施。[①] 美国在 2006 年 9 月颁布了《2006 年信用评级机构改革法案》，2007 年 6 月颁布了与该法案相应的实施细则，也就是《对注册为 NRSRO 的信用评级机构的监管》。上述法律在以下几个方面做出了改进：用注册制度取代了"无异议函"程序，使注册制度更加透明化；对评级机构的注册程序及其注册资格管理、非公开信息保护、利益冲突防范、自身信息披露等方面做出了全面、详尽的规定，降低了 SEC 原认可程序的不确定性；统一了申请注册的法定程序和考核标准，使注册制度进一步规范化；取消了对信用评级机构组织形式和业务规模的限制规定，降低了 NRSRO 进入门槛和资金成本。美国的证券交易委员会将穆迪、标准普尔和惠誉公司确认为 NRSRO。此后，虽然 SEC 着力推进对于信用评级机构的规范化监管，2003 年 6 月，SEC 发布了《信用评级机构和评级在联邦证券法下的适用》；2005 年 4 月，SEC 提出了对"NRSRO"的术语进行正规定义的提案，但是步履缓慢。直至 2006 年 9 月 29 日，美国总统布什才签署了《2006 年信用评级机构改革法案》（*the Credit Rating Agency Reform Act* 2006），授予 SEC 立法权和执法权，对于希望注册为 NRSRO 的评级机构进行注册、档案管理、财务报告等。法案对于 NRSRO 的准入标准进行了一些改变，准入标准淡化了一些硬性的技术指标，将"评级机构在事实上是否已经被市场接受"作为评级机构进入市场的决定依据。

欧盟在次贷危机之前并没有对信用评级机构的市场准入制度做任何明确的规定，也没有对信用评级机构的市场准入进行严格的监管。在"安然事件"发生后，欧盟认识到对信用评级机构监管的必要性，才颁布了 2003/125/EC 指令（Directive 2003/125/EC），以此来督促信用评级机构加强内部管理，保证信用评级的客观性和公正性。欧盟最早的信用评级监管法规也就是 2003/125/EC 指令，鼓励评级机构建立政策和程序来保证评级的公正

---

①张维，等．国际资信评级业监管模式及其借鉴［J］．国际金融研究，2007：27．

性和披露利益冲突。2006 年，欧盟出台了《资本需求指令》（CRD），在指令中要求运用信用评级来衡量与金融资产相关的风险。根据 CRD 要求，欧盟国家的金融机构可以使用经过认可的"外部信用评价机构"（ECAI）出具的信用评级结果。鉴于评级机构在次贷危机中客观性、独立性的缺失，欧盟委员会于 2008 年 11 月提出了正式的信用评级机构监管建议，并于 2009 年 4 月 23 日经欧洲理事会批准通过。该法规对已注册的评级机构提出了广泛而严格的要求，其中多项是美国《信用评级机构改革法》（2006）及 SEC 规定所没有的。比如，评级过程参与者的上级部门和薪酬安排应与评级机构的商务职能相分离；制定政策来监控评级业务内控制度的执行情况，并检验对新的融资工具进行评级的可行性；增加独立于评级业务的核查功能，对评级方法、模型及其实质性变化进行核查；确定部分董事会成员负责监测评级政策的变化、评级内控制度的有效性以及对相关法规的执行情况；建立评级分析师轮岗制度。可以看出，该法规对评级机构的约束力度更强，直接干预了评级机构的内部制度、经营管理、评级方法和程序。[①] IOSCO 准则是当时欧盟对信用评级机构进行监管所遵循的唯一准则。自次贷危机发生后，信用评级机构在监管方面暴露出来的问题越来越明显，其自身缺陷也越来越突出。为了防止次贷危机的重演，保障金融市场的健康发展，对评级机构监管的改革势在必行，欧盟在 2009 年发布的《信用评级机构监管法规》中明确规定了评级机构进入欧盟信用评级市场开展评级业务必须进行注册登记并且披露相关信息。新的巴塞尔协议对外部评级机构（External Credit Assessment Institution，ECAI）的认定主要坚持 6 个原则，即客观性、独立性、国际通用性和透明度、信息披露、资源充足性和可信性。其还明确规定要设立信用评级机构必须向欧洲证券监管委员会（CESR）提出登记申请。CESR 应于受理申请书的 5 个工作日内，将申请文件复印本转交给成员国主管当局；10 个工作日内针对此申请向成员国主管当局提出建议；而成员国的主管当局应于 25 个工作日内评估申请资料是否齐备及决定是否实行 CESR 的建议，如果主管机关拒绝信评机构登记的申请，应附上全部理由。信用评级机构获取登记后，登记的效力范围及于其他的欧盟成员国。成功登记的信用评级机构有随时保持该机构的各种条件符合最初登记时的状况的义务，如果在从事业务的过程中发生了变动，要及时通知欧洲证券监管委员会和各成员国的主管机关。建立评级机构登记制度就是为了保证信用评级的质量，如果评级机构严重违反登记规定的情况，就应当对其进行处罚，必要时应当取消它的登记。

不同国家情况不同，对本国的市场准入制度要求也是不同的。如比利时、加拿大、英国、卢森堡等国主要考虑评级机构是否受到国际市场认可；日本则考虑评级业绩、管理结构、组织机构、评级方法和资本结构的独立性；澳大利亚和意大利主要考虑评级机构在本国市场上的作用；瑞典没有专门制定认可指标，但认可国际三大评级机构在其国内的评级结果。[②] 各个国家在新巴塞尔协议的指导下对本国的信用评级机构规定都有各自的侧重点，主要还是根据各自的国情和市场的发展程度，制定适合本国发展的信用评级制度。

---

① 彭宇松. 美欧信用评级监管体制改革与启示 [J]. 中国金融，2009（14）：60.
② 陈怡西. 论信用评级机构在证券领域的市场准入制度 [J]. 法制与社会，2010：31.

第三节 金融衍生品评级机构的日常监管制度

对信用评级的监管不仅要体现在严格的准入制度上，在进入市场以后，评级机构的日常活动也同样要受到监管部门的持续性监管，包括对评级质量、评级程序、评级结果等的监管。只有这样，才能保证信用评级机构在日常的信用评级活动中保持有序的竞争，增强评级机构的独立性、客观性，防止信用评级机构与受评者之间发生利益冲突。

(一) 金融衍生品评级机构日常监管制度的概述

持续性监督有利于评级机构对评级结果的认真负责，保证评级结果的正确。次贷危机中，评级机构的随意评级，故意抬高评级结果，导致金融衍生品市场的泡沫乃至最后的次贷危机，所以各国都对信用评级机构加强了监管。如美国就在 2009 年 2 月由 SEC 发布了《对有关 NRSRO 法律规则的修正》。该修正法案的基本要点：第一，信用评级机构申请成为 NRSRO，需要遵循修正法案的要求提供其在结构金融产品和其他证券评级中有关业务表现数据和评级程序、评级方法的信息披露；第二，NRSRO 应当遵循修正法案的要求制作、保留相关记录；第三，信用评级机构应当遵循修正法案的要求在其网站上公开其 10% 比例的历史评级样本，其新的评级变动需要于限期内公示；第四，NRSRO 应当遵循修正法案的要求向美国 SEC 提交年度报告和相关资料。这个法案主要是从加强信用评级机构的信息披露方面来达到对信用评级机构日常业务监管的目的的。对信用评级机构日常业务的监管可以提高信用评级机构业务的透明度，有效地防范信用评级过程中的利益冲突，从而能保证信用评级结果的真实性、可信性，最终达到保护投资者利益、维护金融市场安全的目的。

对信用评级机构的日常业务监管主要从两个方面进行，首先是加强信用评级机构的信息披露义务，其次是加强信用评级机构公司内部治理。其意义如下。第一，对产品的评级方法、评级结果进行完整的信息披露有助于增强评级的透明度和可信性，减少评级机构内部抬高或降低评级结果的可能性，从而保证评级结果的公正，也能够使广大公众更好地了解信用评级信息。不仅如此，加强信用评级机构的信息披露义务还可以达到加强对信用评级机构日常业务监管的目的，督促信用评级机构严格按照规定开展信用评级业务。在评级机构日常业务的监管上，次贷危机发生后，各个国家对此都有所改进。欧盟在对信用评级机构监管方面进行改革的时候加强了对信用评级机构信息披露的要求，对单个的信用评级项目需要披露的信息做出了详细的规定，而且要求信用评级机构提交年度透明报告。要求信用评级机构披露评级程序、评级方法等具体的信息，监管机构可以通过信息披露、提高透明度的方式对信用评级机构的日常业务进行监管。第二，在公司的内部治理方面也要加强改革。评级公司的内部结构经常会影响评级的过程和结果，所以评级公司的内部治理至关重要。信用评级机构只有建立了完善的公司治理制度，才能保证信用评级机构能够顺利地、科学地开展信用评级的日常业务工作。美国 2010 年颁布的《多德-弗兰克华尔街金融改革和消费者保护法案》就要求信用评级机构必须设立董事会，而且还规定了董事会的职责：建立、维持和实施确定信用评级的政策和程序；建立、维持和实施用以解决、管理和披露任何利益冲突的政策和程序；内部控制体系的有效性；薪酬政策。① 加强信用评级机构的公司治理可以使信用评级机构的管理层加强对本机构内日常评级业务的监管，因此也就使监管机构达到了对信用评级机构日常评级业务监管的目的。

除了加强评级公司的信息披露义务和对评级公司的内部进行治理改革外，还要注意对信用评级机构日常业务监管方式的选择。可以采用现场检查的方式，如对评级程序、评级方法和评级结果进行定期检查。监管机构对信用评级日常业务进行定期的检查可以对评级机构的日常业务开展进行较好的监督，督促评级机关按照规定的程序和方法对产品进行评级，防止给予受评者过高或者过低的评级，扰乱投资者的决策。监管机构在检查的过程中如果发现评级机构不按照规定程序或方法进行评级，应当责令信用评级机构立即改正，情况严重的还可以对其进行罚款。对于严重违反信用评级日常业务操作规范的信用评级机构，监管部门可以取消该信用评级机构的资格，使其退出信用评级市场，这对评级机构来说是最严重的惩罚，有助于评级市场实现优胜劣汰，提高信用评级机构的整体质量，也给各评级机构以警示。随着评级机构跨区域经营和机构业务操作、档案管理趋于电子化发展，传统检查方式将面临新的挑战。② 所以，监管机构的监督方式也应该与时俱进，监管机构在进行定期检查时也可以采用电子手段，在更好地完成监管任务的同时提高办事效率，实现资源的优化配置。

(二) 各国金融衍生品评级机构日常监管制度

美国在《2006 年信用评级机构改革法案》（*the Credit Rating Agency Reform Act 2006*）中授权 SEC 对于 NRSRO 信用评级行为的形式审查权，但这并不是实质审查权。SEC 可以要求 NRSRO 按照注册、向其披露年报、披露信用评级的程序和方法等，使它们的行为在程序上受到约束，但是不能对 NRSRO 的信用评级过程进行实质性的监控，无权对 NRSRO 所采用的方法或程序是否妥当进行评价。但法案对信用评级机构利益冲突防范的规定并不是很完善，比如，法案并不禁止评级机构直接参与结构性金融衍生品的构建，这可能造成评级机构自己评级自己的产品，最终导致利益冲突。授权 SEC 在法案实施之日起 270 天内根据法案的规则，制定出更为细化的行政性条例，主要涉及利益冲突以及 NRSRO 不恰当使用非公开信息的规则等。③

由于评级机构在次贷危机中展现的多种弊端，SEC 于 2008 年 6 月提议进一步加强对信用评级机构的监管，其中部分规定已于 2009 年 2 月由 SEC 颁布实施。主要内容有禁止评级人员向被评级实体提供咨询建议；禁止参与到金融衍生品的设计中，评级机构应对评

①聂飞舟. 美国信用评级机构法律监管演变与发展动向——多德法案前后 [J]. 比较法研究，2011 (4)：148 - 149.

②白铁锌. 现场检查制度是强化信用评级监管的重要手段 [J]. 中国金融，2010 (5).

③如 SEC 应发布规则，禁止或要求管理并披露可能存在的任何利益冲突，包括与下列相关的利益冲突：评级机构发布级别或提供相关服务从债务人处获得的补偿方式；NRSRO 为债务人提供的咨询、顾问或其他辅助服务；NRSRO 或其他与债务人及附属公司之间存在的业务关系，所有者权益或其他财务的、个人的利益关系；NRSRO 分支机构或个人与使用评级观点的证券或货币市场工具认购者之间存在的关系等。

级模型偏误和投诉进行如实的记录。当经认证的评级机构不再满足有关规定时，SEC 可以吊销其营业执照或暂停其经营。①

《多德-弗兰克华尔街金融改革与消费者保护法案》进一步增加了对信用评级机构日常监管的内容，加强了信用评级公司内部治理。该法案规定董事会应当成为全国工人的信用评级机构的常设机构，对评级机构日常事务进行管理。除了应当设立董事会外，还要设立独立董事，独立董事中应当包括信用评级的使用者，独立董事的人数不得少于 2 人，并且占董事会成员的 1/2。为了让独立董事发挥其真正作用，对评级机构进行监督，改革法案中对独立董事的行为进行了明确规定，如不得从该评级机构收取任何顾问、咨询费用或其他报酬。还规定了独立董事的薪酬不应当与评级机构的业务表现挂钩，独立董事的任期为 5 年，而且不能连选连任。这些对独立董事的规定，从保证独立董事的独立性入手，保证评级机构业务的公正性、客观性。董事会除了要对评级机构的日常事务进行管理以外，还要履行监督职责：①确定评级的政策和评级程序的制定、维护与执行；②应对、管理和披露利益冲突之政策和程序的制定、维护与执行；③与评级政策和程序有关的内部控制制度的有效性；④评级机构的薪酬和晋升政策与程序。法案做出的这些改革，有助于董事会发挥其监督职责，从内部避免评级机构腐败，使评级机构内部治理更加严谨。

建立信用评级办公室，信用评级办公室是指为了加强对信用评级机构的监管，在证券交易委员会内部设立的专门向证券交易委员会主席报告工作的办事机构。办公室的主管为办公室主任，办公室主任向证券交易委员会主席报告工作。办公室内要配备充足的工作人员，这些人员应有企业、市政和结构性债券金融领域的专业知识和专长，以便全面履行职责。办公室主要执行证券交易委员会的以下规则：①全国公认统计评级机构确定评级的做法，以保护信用评级使用者、维护公共利益；②促进全国公认统计评级机构签发信用评级的准确性；③确保该评级免受利益冲突的不当影响。除了执行证券交易委员会的上述规则外，信用评级办公室还要每年至少对每一家全国公认统计评级机构进行一次考核，考核的主要内容：评级机构开展业务是否遵循了该机构的政策、程序和评级方法；道德政策实施情况；评级机构在特定情况下指定的个人活动；利益冲突的管理；评级机构的内部监察控制与治理；投诉的处理；评级机构与其前工作人员退休后活动有关的政策。信用评级办公室的设立加强了对信用评级机构的监管，对评级机构的考核有助于评级机构保持业务的专业性，在一定程度上预防了评级机构故意抬高或压低评级结果的现象，促进了评级行业的发展。证券交易委员会应当审查评级机构内的员工是否对评级机构的工作有利益冲突，如果员工和评级机构的评级工作有利益冲突是否采取行动，依据委员会制定的规则来对评级进行适当的修正并进行定期的审查。还要对信用评级机构实施上述政策的情况进行定期的审查，确保信用评级机构的信用评级设计、实施合理，达到有效地化解利益冲突的目的。评级机构有义务对其所知悉的或合理预期知悉的下列情况向证券交易委员会报告：每一全国公认的统计近 5 年与该机构关联的人在某一证券或资本市场工作的任何债务人、发行人、承销商或保荐人处获得就业，该机构在此等就业前 12 个月期间为此等证券或货币市场工具签发了信用评级。证券交易委员会对评级机构的审查和评级机构对证券交易委员会

---

①彭宇松．美欧信用评级监管体制改革与启示［J］．中国金融，2009（14）：60.

的报告，使证券交易委员会可以对信用评级机构内部的利益冲突、评级的实施、评级机构员工的情况进行更全面的监管。改革法案规定证券交易委员会应当对全国公认的评级机构是否有独立性以及其独立性对其签发的评级结果是否有影响及有多大影响进行报告。证券交易委员会在对信用评级机构的独立性进行研究时，应当对评级机构的下列事项进行评估：①对其他提供类似服务的评级机构的利益冲突进行管理，类似其他服务包括辅助性服务或顾问服务、风险管理咨询服务等；②全国公认统计评级机构不能向发行人提供其他服务，以免发行人受到其他服务的影响；③证券交易委员会主席认为适当的、与全国公认统计评级机构相关的其他问题。证券交易委员会做出研究之后还要向参议院银行、住房与城市事务委员会和众议院金融服务委员会提交研究报告。对信用评级机构独立性的研究，能够使信用评级机构在保持独立性方面有很大的改进，信用评级机构独立才能保证做出的评级具有独立性、客观性。

欧盟成立之初各个主要的信用评级机构按照 IOSCO 制定的一些自律性的标准进行行业的自律管理，并没有专门的法律法规对信用评级机构进行专门的监管。但在"安然事件"发生后，欧盟认识到对信用评级机构监管的必要性，才颁布了 2003/125/EC 指令（Directive 2003/125/EC），以此来督促信用评级机构加强内部管理，保证信用评级的客观性和公正性。欧盟最早的信用评级监管法规也就是 2003/125/EC 指令，鼓励评级机构建立政策和程序来保证评级的公正性和披露利益冲突。2006 年，欧盟出台了《资本需求指令》（CRD），在指令中要求运用信用评级来衡量与金融资产相关的风险。根据 CRD 要求，欧盟国家的金融机构可以使用经过认可的"外部信用评价机构"（ECAI）出具的信用评级结果。鉴于评级机构在次贷危机中客观性、独立性的缺失，欧盟委员会于 2008 年 11 月提出了正式的信用评级机构监管建议，并于 2009 年 4 月 23 日经欧洲理事会批准通过。该法规对已注册的评级机构提出了广泛而严格的要求，其中多项是美国《信用评级机构改革法》（2006）及 SEC 规定所没有的。例如，评级过程参与者的上级部门和薪酬安排应与评级机构的商务职能相分离；制定政策来监控评级业务内控制度的执行情况，并检验对新的融资工具进行评级的可行性；增加独立于评级业务的核查功能，对评级方法、模型及其实质性变化进行核查；确定部分董事会成员负责监测评级政策的变化、评级内控制度的有效性以及对相关法规的执行情况；建立评级分析师轮岗制度。可以看出，该法规对评级机构的约束力度更强，直接干预了评级机构的内部制度、经营管理、评级方法和程序。① 在评级机构日常监管制度中，欧盟在《欧盟信用评级机构监管法规》中对利益冲突问题做出了明确的规定。根据监管法规的规定，信用评级机构必须设立监管委员会，监管委员会要由没有参与信用评级行为并且独立于信用评级行为的独立委员组成，独立委员的人数不少于2 人且占监管委员会人数的 2/3。独立委员的任务是对信用评级机构的内部控制和评级方法进行监管和完善。为了防止独立委员与信用评级机构之间的利益冲突，监管法规规定独立委员的报酬是独立的，不能与信用评级机构的业绩挂钩。同时，还规定了信用评级机构不能为受评客户提供咨询服务，对信用评级机构的从业人员、受雇人员规定了透明的薪酬制度和在一定情况下的回避制度，对信用评级分析师实行轮岗制度。《欧盟信用评级机构

---

①彭宇松. 美欧信用评级监管体制改革与启示 [J]. 中国金融，2009（14）：60.

监管法规》对各种利益的冲突都进行了规范和解决，让每个主体都是相对独立的，这对信用评级机构在评级过程中产生的利益冲突真正起到了防范的作用，从而使信用评级结果更客观、公正。

IOSCO 是关于证券监管的最重要的国际组织，它在对国际证券的监管、维护证券市场的合理发展方面发挥着重要的作用。自"安然事件"发生后，IOSCO 就加强了对信用评级机构的监管。2003 年 2 月 IOSCO 中的技术委员会成立了一个专门的小组，对信用评级机构的有关问题进行研究，并在该年 9 月颁布了《资信评级机构的行为准则》。为了指导评级机构的实践，于 2004 年的 11 月发布了《资信评级机构行为规范细则》，其中包括对评级机构的日常监管制度。金融危机发生之后，2008 年 5 月 IOSCO 发布了《关于信用评级机构在结构金融市场中的作用的最终报告》，这个报告提出了对《信用评级机构基本行为准则》的修改，加强了评级过程质量和完整性、评级独立性和利益冲突的要求。主要内容包括：第一，加强结构化金融衍生品评级的客观性和透明度，禁止评级人员对结构金融产品的设计提出建议；第二，评级机构应加强评级技术的监督，定期验证评级模型及方法的质量，跟踪评估评级对象风险特征发生变化时的模型表现；第三，评级机构应加强信息披露，如在网站上披露评级的主要方法和模型，披露有助于投资者了解结构化金融衍生品损失及现金流的信息，披露对本公司年收益贡献度大于 10％的发行人、发起人或其他客户名单，披露过往评级意见的表现等。

第四节　金融衍生品评级机构的法律责任制度

评级机构的评级结果对投资者的决策起到很大的作用，在市场中的地位是非常高的，但是，评级机构并不对自己的评级结果承担任何法律责任，这使其权利义务严重失衡。

（一）金融衍生品评级机构法律责任制度的概述

信用评级机构的评级结果会对投资者的购买决策起到很大的作用，且作为一个专业的金融机构，人们对评级机构的信任度高于一般市场上的普通机构，随着评级机构的不断改革，其地位也在不断提升，对评级机构进行法律规制是十分必要的。首先，信用评级对金融市场具有监管的作用。信用评级业在最初发展的时候是自发地对金融产品进行评级并主动向投资者和市场进行信息披露，随着评级业和金融市场的发展，评级机构被赋予对金融产品进行评级的义务，开始从事专门的信用评级业务，起到了对金融业的监管作用。为了使信用评级机构更好地发挥对金融市场的监管作用，应当要求信用评级机构承担法律责任。其次，信用评级机构向广大公众提供信用评级结果。信用评级机构具有专业性，其评级结果向广大投资者公布后，对市场具有导向性。如果信用评级报告在准确性和客观性上存在问题，误导投资者，则可能会对市场交易秩序、社会经济秩序以及广大相关主体的利益造成巨大的危害。^① 综合以上两点，对信用评级机构的监管必须上升到法律层面，在赋予评级机构较大权利时必须让其承担相应的法律责任。

（二）各国金融衍生品评级机构法律责任制度

在次贷危机发生之前，几乎没有国家要求评级机构对其评级结果承担法律责任。在美国，次贷危机发生之前，很少有评级机构因其评级结果而承担法律责任的案例，原因在于美国在次贷危机发生之前的法律体系缺少对信用评级机构法律责任的规定。首先，信用评级机构援引美国宪法第一修正案的规定来保护自身免于承担法律责任。信用评级机构认为评级结果不具有法律约束力和强制投资人购买的力量，只是一种"意见"，属于言论自由和出版自由，而宪法修正案中明确规定对言论自由和出版自由进行保护，因此评级机构不应承担法律责任。除非受害人有充足证据证明信息评级机构基于"实际恶意"而公布了对其不利或者有害的言论，否则受害人无权对出版机构提起诉讼，法院亦不得做出限制其出版自由的判决。显然，这样的说法对受害人来说是不公平的，评级机构如何评级和其私下如何操作，受害人是不会知道的，所以举证是非常困难的。其次，信用评级机构是一个中介机构，美国的法院一般认为其不应当承担法律责任。法院应该尽量避免让中介机构"对一群不特定的多数人在一段不确定的时间内承担金额不确定的索赔责任"。^② 法院的这种立场使得追究信用评级机构的法律责任非常困难。

次贷危机发生之后，评级机构的弊端慢慢显露，国家开始重视对评级机构的监管，人们也逐渐意识到评级机构不承担法律责任的弊端。信用评级机构对市场的巨大作用证明了其市场地位，如果评级机构对自己的行为不负法律责任，不仅会损害广大投资者的利益，长期下去还会影响整个金融业的发展。所以，次贷危机之后各国开始重视信用评级机构承担法律责任的问题，各国都开始在法律中明确规定信用评级机构在一些特定情况下应该承担相应的法律责任。美国 2006 年颁布的《信用评级改革法》及 2010 年出台的《多德-弗兰克华尔街改革和消费者保护法》都规定了对信用评级机构实行责备、拒绝或中止登记、命其注意、罚款等行政处罚的规定，强化其法律责任。2009 年 7 月英国财政部公布的《改革金融市场白皮书》中也提出，对那些给大量消费者造成损害的金融服务和产品，消费者有权向提供金融服务和产品的金融机构追讨损失，该规定让消费者直接向评级机构进行追偿变为可能。

第五节　中国金融衍生品评级机构监管制度

中国评级机构已经诞生了 20 多年，但是由于监管法律的真空，没有统一的规范来整合国内信用评级市场，令这一市场在夹缝中求生存。"行政压力"和"利益输送"也令国

---

①楼建波．试论信用评级机构的民事责任［M］//刘俊海．中国资本市场法治评论（第二卷）．北京：法律出版社，2009：229.

②盛世平．美国证券评级机构的法律责任［M］．南京：南京大学出版社，2005：9.

内信用评级机构缺少了公正、公开、透明，特别是诚信。很多机构都没有做实际性、市场化的工作，片面地将政治力量作为信用评级打分的评判标准。这些都是中国评级机构在实际中遇到的问题。

中国的信用评级行业最早是由中国人民银行于 20 世纪 80 年代末期组建的，在 20 世纪 90 年代之后随着中国金融业的不断发展，经过不断的调整，信用评级机构脱离了中国人民银行的监管，进行独立的运营。在信用评级行业发展的几十年间，中国也陆续颁布了一些关于信用评级机构的市场准入政策和法规。1993 年中国人民银行在《中国人民银行关于企业资信、证券评估机构审批管理问题的函》中明确规定："鉴于企业资信、证券评估机构属金融服务性机构，其业务活动涉及金融活动，因此这类机构应由中国人民银行负责审批管理。凡未经中国人民银行批准设立的上述机构，不具有合法的营业资格，不得予以注册。"在这个函件里面规定了信用评级机构的设立需要中国人民银行的审批。2003 年保监会颁布的《保险公司投资企业债券管理暂行办法》中规定："保险公司购买企业债券必须是经国家主管部门批准发行，且经监管部门认可的信用评级机构评级在 AA 级以上的企业债券。"2005 年颁布的《证券法》第 169 条规定："投资咨询机构、财务顾问机构、资信评级机构、资产评估机构、会计师事务所从事证券服务业务，必须经国务院证券监督管理机构和有关主管部门批准。"2007 年证监会发布的《证券市场资信评级业务管理暂行办法》中规定："资信评级机构从事证券市场资信评级业务，应当按照本办法规定，向中国证券监督管理委员会申请取得证券评级业务许可。"中国的信用评级制度还处在初级发展阶段，潜力较大，从各种法律法规的制定中可以看出中国对信用评级机构的重视，相信在不断的改革和探索中中国将不断完善信用评级制度，最终建立适合中国发展的信用评级体系。

一、中国金融衍生品评级机构监管制度存在的问题

中国金融衍生品评级机构起步较晚，但是发展较快，正是在这样一种快速前进的过程中，中国的金融衍生品评级机构监管制度存在许多问题亟待解决。

(一) 信用评级法律责任制度的缺失

中国金融市场存在许多问题，比如，信息不对称、投资者水平较低等，因此，大部分投资者依靠评级机构的评级结果来做出投资决定，此时评级机构在市场中会扮演非常重要的角色。但评级公司又不为自己的评级结果承担法律责任，它们称：本评级是对各种债券目前信用状况所作的评价，它对消费者的投资行为不做出任何意见，所以即使评级错误也不应承担法律责任。

(二) 信用评级风险控制制度的缺失

信用评级机构的设立目的是防范风险，它应该是中介机构，是金融市场的"看门人"，但是由于各种原因造成了信用评级风险控制制度的缺失。评级机构抬高对产品的评级，使次级债券的发行规模越来越大，导致大量质量一般的债券被投资者购买，造成了金融市场

的泡沫，最后成为金融危机爆发的导火线。在金融危机爆发后，信用评级机构才对次级债券降低评级，这不仅没有起到控制风险的作用，反而使金融危机愈演愈烈。

（三）信用评级信息披露制度的缺失

信用评级机构在信息披露方面存在着许多问题，如披露的信息不全面，对评级程序、评级采用的模型这些信息不进行披露，普通的投资者对评级机构披露的信息不理解等问题。如果评级机构对这些信息不予以披露，就不能改变评级机构评级问题存在缺陷的现状。美国次贷危机所展示出来的问题就是评级机构信息披露不透明，在此之后，各国都对评级机构的信息披露义务进行了严格的监管。中国评级机构的信息披露制度也不完整，应当进行完善。

二、中国金融衍生品评级机构监管制度的完善建议

面对金融衍生品评级机构的各种问题，中国评级机构的监管完善势在必行。只有对评级机构监管制度进行完善，才能让中国金融衍生品评级机构发展得越来越好。

（一）在法律中确认信用评级机构应承担的法律责任

在次贷危机痛定思痛之时，明确信用评级机构应承担的法律责任乃是当务之急。评级机构在信用评级不当时应承担相应的法律责任应当被列入法律规定，只有这样评级机构的权利义务才能相对一致。根据信用评级机构违法违规严重程度的不同，应规定其承担损害赔偿等民事法律责任，公开道歉、罚款、限期整顿、吊销许可证等行政法律责任以及罚金、有期徒刑、无期徒刑等刑事法律责任。除了对评级机构进行处罚外，还应对负有直接或重大责任的评级人员，限制其从事与信用评级有关的业务。明确规定评级机构和评级人员的法律责任能够有效地提高信用评级机构的责任意识，促进信用评级业的健康发展。

（二）严格执行信用评级机构信息披露标准

法律应规定评级机构负有信息披露义务，要妥善地披露评级方法、评级标准、发行人情况、关联关系等一系列有关的内容，以便投资者对评级结果进行评估和监督。信用评级机构应披露的内容如下：①信用评级的程序、方法及采用的模型；②有助于投资者了解结构化产品损失和现金流的分析信息；③本公司年收益贡献度大于10%的发行人、发起人或其他客户名单；④过往评级意见等。

在进行信息披露时，评级机构应该对披露的信息使用最容易为普通的投资者理解的方式进行，并且应容易使投资者获得这些信息。这样的信息就可以使投资者对信用评级结果的使用更加科学，对信用评级的认识更加合理，从而使投资者做出正确的投资决策。要求信用评级机构披露信用评级程序、方法、采用的模型等信息，使信用评级的过程更加透明，并把评级活动置于市场的监督之下，这样就能够督促信用评级机构全面分析各种信息，根据分析结果做出客观的评级。评级机构全面履行信息披露义务，提高披露的信息的质量，并且披露评级程序、方法等信息，能提高信用评级的透明度，这样才能保证评级结

果的准确性和稳定性，使投资者根据科学的评级结果做出自己理性的判断。

（三）建立评级机构风险控制制度

鉴于评级机构参与衍生品的设计严重侵害了投资者的利益，监管机构应深入到信用评级机构内部，要求机构设立严格的风险控制制度。第一，应立法规定信用评级机构不能参与该评级机构评级的金融衍生品的设计和运作，应设立"防火墙"制度，评级机构在面对提供评价服务的发行人客户时，应当与其他业务分离，避免同发行人之间有直接或间接的利益联系。第二，鉴于评级机构对相关公司的债券和金融产品发表评论和做出投资评级会影响投资者的决策，信用评级机构应当效仿其他金融机构，提取相应的风险准备金，以应对可能出现的投资风险和服务风险。① 第三，评级过程参与者的上级部门和薪酬安排应与评级机构的商务职能相分离。第四，不允许评级师对结构金融产品的设计提出建议。第五，要求评级机构建立独立团队，定期验证评级模型及方法论的表现，跟踪评估评级对象风险特征发生变化时的模型表现。第六，建立评级分析师轮岗制度。

法律法规链接

《期货公司管理办法》（2007 年 3 月 28 日由中国证券监督管理委员会第 203 次主席办公会议审议通过，现予发布，自 2007 年 4 月 15 日起施行）

《中华人民共和国证券法》（1998 年 12 月 29 日通过，2004 年 8 月 28 日修正，2005 年 10 月 27 日修订，2006 年 1 月 1 日起施行）

《期货从业人员管理办法》（中国证券监督管理委员会第 207 次主席办公会议审议通过，2007 年 7 月 4 日起施行）

《期货从业人员执业行为准则（修订）》（2008 年 4 月 30 日公布，自公布之日起实施）

本章思考题

1. 简述评级机构的概念。
2. 简述金融衍生品评级机构制度的监管主体。
3. 简述金融衍生品评级机构制度的监管客体。
4. 分析金融衍生品评级机构市场准入制度。
5. 分析金融衍生品评级机构法律责任制度。

---

①王月．从金融危机审视证券信用评级机构法律规制的缺失［J］．经济视角，2009（6）：58．

第十章　金融衍生品消费者保护制度

本章概要

金融衍生品消费者保护制度是金融衍生品法的重要内容，是维护金融衍生品消费者合法权益，促进金融衍生品市场健康发展的重要途径。本章首先回顾了金融衍生品消费者保护制度的发展过程，进而从金融衍生品消费者概念的界定和特征出发，分析了金融衍生品消费者保护制度的理论基础，然后具体介绍了金融衍生品消费者保护制度中金融消费者保护机构的设立、投资风险告知制度、投资者适当性制度、消费者保护基金4个具体内容，最后系统梳理了当前中国金融衍生品消费者保护制度的建设情况。

本章重点知识

- 金融消费者保护制度的发展过程
- 金融衍生品消费者的概念、特征
- 专门的金融消费者保护机构
- 风险强制告知制度
- 投资者适当性制度
- 金融消费者保护基金制度

引读案例

雷曼"迷你债券"风波

2008年，中国香港发生了由雷曼兄弟公司破产引发的雷曼"迷你债券"（Minibond，即微型或小面额债券）风波。众多购买雷曼"迷你债券"的个人投资者因面临资产的巨大损失而向香港金融管理局和有关监管部门提出申诉，数百名投资者上街游行表示不满。截至2008年9月25日，香港金融管理局共接到市民1758宗有关雷曼"迷你债券"的投诉，涉及20多家银行。事后看来，雷曼"迷你债券"风波的根本原因在于银行对金融消费者采取了欺诈性推销，极大地侵害了消费者的合法权益。

如何在金融衍生品的交易活动中保护消费者的合法利益，是维护金融稳定的首要问题。

第一节　金融衍生品消费者保护制度概述

随着工业生产的高度发展，技术的日益精进，产销过程的日趋复杂，作为市场主体的消费者，其消费选择处于更加被动的地位，消费者逐渐成为市场中的弱势群体。在这种情况下，为了更好地适应商品经济的需要，消费者保护制度的建立显得极其必要。

一、消费者保护制度的产生

1898 年，美国成立了全球第一个全国性的消费者组织——全美消费者同盟，这是消费者保护运动的开端。早期的消费者保护运动以美国为中心并持续到第二次世界大战结束。这一时期的消费者保护运动基本上是消费者的自发运动，没有社会各界及政府的广泛支持。进入 20 世纪 60 年代，消费者保护运动进入蓬勃发展时期。1960 年由美国、英国、荷兰、比利时、澳大利亚 5 国消费者组织发起，成立了国际消费者组织联盟。该组织的成立标志着消费者保护运动成为世界性的潮流。以美国为例，仅 20 世纪 60 年代，就颁布了 20 余件有关消费者保护方面的法律。

自 20 世纪 70 年代以来，消费者运动已经不仅仅局限于立法保护，而是侧重于向广度和深度发展，使得消费者保护制度更加完善。在这一阶段，许多发达国家制定了保护消费者权益的基本法，并与各种保护消费者权益的具体法律制度相配套，形成了比较完善的消费者保护制度和法律体系。消费者权益的保护范围不仅涉及消费者的人身健康与安全，而且涉及消费交易的公平、消费环境的改善以及消费者的社会角色等各个方面。在制度建设方面，建立了许多方便消费者诉讼和寻求保护的制度和组织机构，如集团诉讼制度、小额法庭制度、消费者组织或行政机关支持起诉制度、消费者的合同撤销权、消费检察官制度和产品责任制度等。随着消费者保护制度和相关法规的完善，厂商等其他市场主体也逐步树立了维护消费者权益的意识，成立了一些专门方便消费者投诉、向消费者组织提供援助的机构，形成了全社会共同维护消费者权益的局面。

时至今日，国外消费者保护在经历了一个"从自发的群众性活动到政府干预，从无序到形成完善的制度和法律体系，从对侵害消费者权益的放任到全社会共同维护"的历史过程后，各主要发达国家的政府越来越关注国民生活，保护消费者权益及其相关制度规范的建设，已经成为各国社会经济政策的重要组成部分。

二、金融衍生品消费者保护制度的提出

不同于一般消费者，金融衍生品消费者在金融交易中的特殊作用并没有在一开始得到重视，与其相关的保护制度也经历了一个曲折的发展过程。

金融衍生品的消费者和发行金融衍生品的金融机构，是金融衍生品交易过程中的两大主体，二者在维持全球经济稳定、促进金融业创新中均发挥着重要的作用。但是，由于消

费者和金融机构具有不同的特点，二者承担的交易风险并不相同。对于普通消费者来讲，由于信息的劣势和专业知识的匮乏，其不可能与金融机构进行讨价还价，天然的与金融机构存在权利、义务的失衡。金融机构在发行金融衍生品时倾向于把定价风险转嫁给普通消费者，使其成为定价风险的被动承担者。尽管普通消费者承担更大的金融衍生品交易风险，但由于金融机构资金集中、对经济的作用更为明显，最早世界各主要国家所建立的各项金融衍生品交易制度均主要针对金融机构投资者利益的保护，对于普通消费者的关注较少。这一状况直到次贷危机爆发后才有所改观。

次贷危机中，金融衍生品的风险大量转嫁于普通消费者，加之金融衍生品的过度创新和其杠杆效应放大，普通消费者无力承担其被动获得的大量的交易风险，最终导致经济崩溃，全球股市暴跌，失业率攀升。由此，各国政府才意识到仅仅保护金融机构是远远不够的，与金融机构具有明显区别处于更加弱势地位的普通消费者需要更加明确的更高层次的保护。

以最具代表性的美国政府为例，次贷危机之后，美国政府重新审视金融风险并进行了大幅的金融改革。其总统奥巴马认为，金融监管改革是对消费者财务最强大的保护，美国人民不应为华尔街的错误来承担责任。因此，为了增强金融体系的透明度，加强金融机构的责任感，保护普通消费者利益，强化对大型金融机构和金融衍生品的监管，并进而防止新的金融危机发生，美国在 2008 年的《美国财政部现代化金融监管架构蓝图》(*Blueprint for a Modernized Financial Regulatory Structure*，以下简称《蓝图》)中将金融消费者保护作为金融监管的三大目标之一。在 2009 年《金融白皮书》(即《金融监管改革：一个全新的基础——美国金融监管体制的重构》, *Financial Regulatory Reform：A New Foundation*) 中，更是提出成立一个独立的消费者金融保护机构——金融消费者保护署 (Consumer Financial Protection Agency，CFPA) 的方案。在此基础之上，在经历了一年多的"立法长跑"后，《多德-弗兰克华尔街改革与消费者保护法案》[①] 于 2010 年 7 月 21 日问世，其最重要的内容就是建立消费者金融保护局 (Consumer Financial Protection Bureau，CFPB)。正如奥巴马在该改革法案的签署仪式上所说：这项法案不仅对消费者有利，对整个美国经济都有利，此次改革是美国历史上最有力的消费者金融保护。[②] 这次"推土机式"的金融体制改革，被认为是多年以来影响最为广泛的金融法律，必将改变美国乃至全球的金融生态。

《多德-弗兰克华尔街改革与消费者保护法案》从不同的角度进行了细致的规定，明确了"消费者"的定义，旨在现实中践行"双峰"理论，即在维持金融稳定和金融安全的前提下加强对金融消费者的保护。该法案规定 CFPB 隶属于美联储，该局作为新设的行政机构，由美联储系统提供专项预算资金，承担原先分属于美联储、货币监理署、储蓄机构管理局、联邦存款保险公司、国家信用社管理局、住房与城市发展局及联邦贸易委员会 7 家机构的消费者保护职能。局长由总统征求参议院意见并同意后任命，任期 5 年。CFPB 设

①该法案最早由美国参议院银行委员会主席克里斯－多德 (Chris Dodd) 和众议院金融服务委员会主席巴里－弗兰克 (Barney Frank) 在 2009 年 12 月 2 日提出，由于二人在推动该法案的制定和通过过程中起到了至关重要的作用，因此该法案以他们二人的名字命名，也可以称为《多德-弗兰克法案》。

②胜寒．透视美国金融监管改革法案 [J]．中国保险报，2010．

立的目的在于执行联邦金融法律，以确保所有消费者能够进入消费者金融产品和服务市场并确保该市场公正透明且有竞争性，[①] 促进金融产品和服务市场向着开放、公平、竞争和透明的方向发展。CFPB 下设金融教育办公室、老年人金融保护办公室、消费者咨询委员会以及一些特定职能部门，包括研究部、社区事务部、投诉处理部，给予消费者全面保护。同时，CFPB 还加重了金融机构对金融消费者的信息披露义务，并赋予了金融消费者信息的获取权。

整体来看，美国金融衍生品消费者保护制度的最大特点是 CFPB 前所未有的独立性，主要表现在以下几个方面。

（一）监管目标的独立性

《华尔街金融改革法案》中规定 CFPB 的设立目的是确保所有消费者均能进入消费者金融产品和服务市场，确保消费者金融产品和服务市场公平、透明、有竞争性。赋予 CFPB 明确的监管目标，可有效避免"目标不明、独立性差"的情形以及由于监管权限交叉造成的监管混乱和监管真空的状态。同时，这也体现了该法案"以消费者为本位，以金融安全为目标"的立法理念，彻底与"以经营者为本位，以金融效率为目标"的审慎监管制度分离，从原则上维护了 CFPB 的独立性。

（二）机构设置的独立性

CFPB 的体制类似于联邦贸易委员会和联邦储备体系，是一种不隶属于总统的独立管制机构。该种独立管制机构是为完成政府专业管理和专门任务而设立的行政机构，打破了传统的三权分立与制衡的权力结构，一般同时拥有立法权、行政权及部分司法权。CFPB 是在美联储下设立的一个独立的局，主要负责监管联邦消费者金融法项下消费者金融产品或服务的发售和提供。但是，值得注意的是，虽然形式上 CFPB 隶属于美联储，但实质上它拥有广泛的自主权。

（三）人员任免的独立性

CFPB 采取了局长负责制，体现了其不同于其他行政机构在决策上"需上级审批、与同级协商"的传统模式，充分彰显了其前所未有的独立性。消费者金融保护局局长享有确定保护局所有雇员的人数和任命的权力，而且局长还有权确定、调整保护局所有雇员的基本工资。除此之外，虽然保护局是美联储下的一个局，但是法案明确规定，美联储不得任命、指令或罢免保护局的任何高管或雇员。总之，以上规定无一不体现出保护局在人员任免上享有的不受其他行政机构干预的完全的独立性，这种独立性不仅有利于保护局人员专业化程度的提高，也有利于保护局人员工作积极性的提升，进而更有利于实现 CFPB 保护金融消费者的监管目标。

---

① 伍巧芳. 2010 年华尔街改革和消费者保护法述评 [J]. 域外法制（法学），2010（8）.

（四）资金来源的独立性

一般的独立管制机构虽然在立法上、行政上拥有不同程度的独立性，但是在资金来源方面却受到财政拨款的限制，国会也会利用这一点来对其施加一定的影响，甚至是控制。但是，《华尔街金融改革法案》赋予了 CFPB 前所未有的资金独立性。资金是构成一个机构的物质基础，消费者金融保护局独立的资金来源保证了其机构设置、人员配备、规则制定等不受利益相关方的干涉和间接控制，这是保护局发挥金融消费监管职能的基本前提。

（五）规则制定权的独立性

为了使 CFPB 能够管理并执行联邦消费者金融法的各项规定，保护局局长可以在必要或适当的时候制定规则、签发命令和指引。同时，保护局有权对其自身颁布的每一重要规则或命令进行有效性的评估，及时修正、清理过时的、不必要的或带来不当负担的规定。

（六）问责制度的独立性

独立性是一柄双刃剑，它不仅意味着权力，同时也意味着责任。一个机构如果只有权力并且这种权力还具有一定的独立性，那么极易出现权力滥用的情况，此时只能通过独立承担相应的责任来敦促其谨慎行使权力。法案中规定："保护局不应就美联储理事会的任何作为或不作为承担任何法律规定的责任，而美联储理事会也不应就保护局的任何作为或不作为承担任何法律规定的责任。"从这点我们可以看出，消费者金融保护局和美联储在法律意义上是两个独立的主体，自行承担义务。

（七）执法权的独立性

保护局对非存款机构具有排他的管辖权，对超大型银行、储蓄协会和信用社拥有主要执法权。虽然对于总资产不超过 100 亿元的银行、储蓄协会和信用社，审慎性监管机关相对于保护局拥有执行联邦消费者金融法的排他权力，但是，根据法案规定，保护局可以酌情决定参与审慎性监管机关的检查抽样行动，并要求该类主体提交必要的报告，以支持保护局评估其合规性，评估、检测其对消费者和消费者金融市场的风险。

三、金融衍生品消费者的概念界定

《消费者权益保护法》第二条规定："消费者为生活需要购买、使用商品或者接受服务，其权益受本法保护，本法未作规定的，受其他有关法律法规保护。"从该条法律规定中我们可以看出，中国的消费者是指为满足生活需要而购买或使用经营者提供的商品或服务的人。金融衍生品消费是区别于生活消费的特殊投资消费，《消费者权益保护法》中的对消费者的界定与金融衍生品消费者的含义既有区别又相互联系。以保护消费者权益为立法目的的《消费者权益保护法》属于经济法的重要组成部分，是赋予消费者权利、对经营者课以义务的重要法律制度，也是政府从法律层面对市场的滞后性、盲目性等缺陷实施宏观调控的重要手段，以弥补市场经济自我调控的先天缺陷。将金融衍生品消费者作为消费者主体的外延扩展性解读符合《消费者权益保护法》的立法宗旨，也有助于保护金融消费领域内的消费者权益。中国目前并无相关法规对金融衍生品消费者做出明确界定，金融衍生品消费者概念是对一般消费者概念外延的扩大运用，因此，在给金融衍生品消费者下定义时应当与普通消费者保持某些原则上的一致性。但金融衍生品消费主体的范畴较大，其中包含机构投资者、专业自然人投资者和普通投资者，其中只有缺乏专业投资经验的普通投资者（又称中小投资者）属于金融衍生品消费者保护制度的权利主体。因此，我们可以将金融衍生品消费者界定为为满足生活需要而购买金融衍生品，使用或接受与金融衍生品交易相关的金融服务的普通投资者，这一定义包含以下含义。

一是金融衍生品消费者只包含不具备专业投资知识的自然人，法人和其他组织不属于金融衍生品消费者的范畴。一般消费者的概念只包含自然人主体，这是由消费权利和消费行为的人身性特点确立的。消费行为与消费者的人身紧密关联，只有通过人的交换行为的实施才能完成消费，这一点同样适用于金融衍生品消费者。除此之外，从《消费者权益保护法》保护弱势群体的立法思想考虑，金融衍生品消费者不包含机构投资者，这是因为机构投资者都具有较高的投资水平，对投资业务的管理和风险防范水平较高，在金融产品交易活动中，其并不处于劣势，因此不需要给予更多的倾斜性保护。另外，一些投资大户一般也具有专业投资技能，也不属于金融衍生品消费者保护的范畴。

二是金融衍生品消费者包括购买金融衍生品或者使用、接受与金融衍生品相关服务的人。金融衍生品的消费形式不仅限于购买产品，也包括通过证券经纪机构或其他金融服务机构使用、接受与金融衍生品消费相关的金融服务。例如，期货、权证等金融衍生品都是通过证券经纪机构交易的，证券经纪机构提供的一系列登记、结算等金融服务也属于金融衍生品消费的范畴，消费者权益在这些环节中同样可以通过金融衍生品消费者保护制度进行倾斜性保护。

四、金融衍生品消费者的特征

随着中国金融市场的快速发展和金融产品的创新，消费者作为金融市场发展的重要参与主体发生了重大演变，传统消费者的界定范畴被不断扩充，金融衍生品消费者就是对普通消费者外延的扩大解释，是在金融创新发展的时代格局下对消费者保护的新主张。然而，由于金融衍生品自身形式的多样性和金融衍生品交易的复杂性，金融衍生品消费者与普通消费者也有较大的区别，具有以下两方面特征。

（一）金融衍生品的消费一般具有无形性、风险性

较之传统的实体消费，金融衍生品消费主要表现为金融衍生品的交易行为，如购买期权、期货、权证等金融衍生品，而此种交易并未涉及实体货物的物权转让，一般是通过杠杆交易实现权利的转换，通过小额资金就可以签订大额交易，因此，金融衍生品合约具有较大的射性性质，交易双方的风险都比较大。如果缺乏必要的风险提示和风险防范意识，易导致金融衍生品消费者较大损失，金融衍生品的安全性需求比传统消费物品更强。

（二）金融衍生品消费者弱势地位更加突出

由于金融衍生品的杠杆性、高风险性和专业性等特点，金融衍生品消费者在与经营者交易的环节中往往处于信息不对称的弱势地位。同时，由于个人金融衍生品消费者投资经验和技能的缺乏，其消费行为通常具有盲目性和随意性，很难正确处理金融衍生品消费环节中的重要信息和规避交易风险。普通消费者在购买商品时并不需要较高的专业知识判断和风险防范意识，经营者和消费者的地位悬殊没有在金融衍生品消费环节中如此大，金融衍生品消费者在交易环节中弱势地位突出，需要利用金融衍生品消费者保护制度给予更多倾斜保护。

五、金融衍生品消费者保护制度的理论基础

从巴林银行的倒闭到次贷危机席卷全球，这些金融衍生品市场上发生的风险事件都在向我们警示保障金融衍生品消费者权益的重要性。消费者问题的产生和出现是金融衍生品市场发展进程中不可避免的问题，一个成熟和健康的金融衍生品市场必须是以保护金融衍生品消费者合法利益为基础的，维护消费者的合法权益、稳定金融衍生品市场的循环发展是维护金融衍生品市场长远利益的重要途径。金融衍生品市场本身存在自身无法克服的缺陷，从其自身机制出发是会损害金融衍生品消费者的利益的，例如，市场信息的不对称性、市场主体的不平等性、金融机构的垄断问题等都要求必须建立金融衍生品消费者保护制度。

（一）市场信息的不对称

所谓信息不对称，是指缔约当事人一方知道而另一方不知道，甚至第三方也无法验证的信息；或者即使能够验证，但验证成本过高，故经济上不合算的信息。[①] 在金融衍生品市场中，市场信息的不对称性直接导致金融衍生品消费者投资的盲目性和随意性。金融衍生品自身的无形性导致消费者无法从具体"质量"方面考核，只能根据金融衍生品销售方的信息作出购买决策，相对于普通消费者，金融衍生品消费者对自己所购买的产品更多的是一种收益期待，是对未来利益的预期投资。一旦在信息收集和信息处理环节有了失误，随之而来的不是金融衍生品杠杆性带来的巨大收益而是消费者巨额的经济损失。因此，金融衍生品市场信息的不对称性是导致金融衍生品市场高风险的重要因素。信息不对称是市场交易中饱受诟病的问题，金融机构对金融衍生品信息的专有性，使其向金融衍生品消费者介绍产品时并未作充分的信息披露，并未进行必要而充分的风险提示，导致消费者盲目购买金融产品或者购买质次价高的金融产品，最终遭受财产损失。

（二）市场主体的不平等性

民法调整平等主体之间的法律关系，在长期一段时间里，作为消费者的自然人和经营

---

①李备远. 金融危机后的各国金融监管改革镜鉴 ［J］. 财税金融，2009（10）.

主体之间的法律关系被视为平等主体之间的法律关系受民法调整。传统民法基于平等自愿、诚实信用等法律的基本原则，对不同民事主体各自的社会活动和相互之间产生的社会关系进行有效调整。随着商品经济的发展和社会生产力的极大提高，平等主体之间的交易模式发生了变化，社会分工的细化使得产品的生产群体和购买群体逐渐分离。一方面，经营者聚积大量的生产资料并开始进行再生产，交易地位不断巩固和提高；另一方面，消费者由物质交换转变为固定的消费群体，两者的本位利益和市场地位发生了重大改变。传统民法理念在于保护平等主体间的交易关系已经不能有效地对这种新的社会关系进行调整，基于这种新型的社会关系的形成，法律也应作出适当调整，消费者法律保护制度便应运而生。在金融衍生品市场中，消费者、发行方、金融机构三大主体的地位是不平等的，消费者处于突出的弱势地位，发行方或者其他主体在占据主导地位的同时可能实施金融欺诈、内幕交易、价格操纵等损害消费者利益的行为，金融消费者保护制度是禁止这类行为发生的重要措施。

（三）金融机构的垄断问题

由于金融产品的专业化程度较高，从事金融行业的准入门槛和行业标准较高，同时具备金融专业知识的人稀缺，造成金融机构的自然垄断。金融衍生品本质是一种面向未来的投资方式，由于其具有无形性、虚拟性、无纸化等特征，投资者无法从产品的物理性能判断做出投资决策，只能依据发行人对金融衍生品的介绍和推荐获取相关信息。但是，几乎所有的发行人在推荐金融衍生品时都不会向投资者完整及时地披露产品信息，提示产品风险，这是由发行方的垄断地位所决定的。在缺乏充分信息认识和风险意识的基础上，金融衍生品消费者可能会作出错误的判断而蒙受巨额的经济损失。金融衍生品消费者保护制度要求金融机构对发行的金融产品作出充分的信息披露的风险提示，同时要求金融监管机构严格监管金融机构利用资金或信息的优势操纵、垄断产品价格的行为，维护市场参与者的合法权益，稳定金融市场的经济秩序。

第二节　风险强制告知制度

风险强制告知制度，是通过强制金融机构在金融衍生品交易前告知消费者相关风险的方式，来提高金融衍生品交易信息的透明度，并进而保护消费者合法权益的制度。相对于其他几项金融衍生品消费者保护制度来说，风险强制告知制度是建立在金融衍生品交易前的一项消费者保护制度。

一、风险强制告知制度设立的必要性

美国证监会指控高盛、雷曼兄弟公司宣布破产、中国香港雷曼"迷你债券"风波等无一不在向我们揭示金融商品或服务的提供者不向投资者充分说明产品的风险细节，无意甚至是有意不披露、少披露、失实披露风险，没有完全且适当地履行告知义务，造成的广大

金融投资者财产的巨大损失。

风险是衍生性金融商品的灵魂，金融衍生品的特点决定了风险告知的必要性。金融衍生产品与一般商品相比有其自身特有的特点。首先，它最大的特点就是具有信息性。金融产品在很大程度上可以被认为是一种信息产品，信息的提供和获取是金融领域消费者权利保护的核心。① 因此，在金融消费领域，信息对于金融消费者似如产品质量的重要性，只不过在金融市场中，产品的质量体现为信息的质量而已。② 信息提供得充分、全面、及时，才能使消费者不会盲目购买，从而做出理性的决策。这就好似选择水果时，看其颜色观其形状辨其质量，选择最适合自己的水果。其次，金融衍生产品是金融专业人士运用专业知识和技术设计出来的，具有一定复杂性。这种复杂性致使普通的金融消费者即使可以获得与此相关的基本信息，也无法完全理解该产品的设计结构、收益模式和风险分担。金融机构往往利用金融衍生品的复杂性以及消费者金融知识的匮乏，要么通过复杂的金融工程设计将风险较大的有毒资产包装成优良资产，要么夸大收益，对产品不进行完全的解释。可见，加强金融机构的风险告知义务，揭示产品复杂性背后的风险，对于消费者保护显得尤为重要。

此外，金融衍生品市场的信息不对称也是风险强制告知制度存在的现实要求。信息披露制度肇始于英国 1844 年公司法的披露哲学（the disclose philosophy）③。对该哲学阐释最为精确的是有美国证券法之父之称的路易斯·D. 布兰代斯（Louis D. Brandeis），他在1914 年出版的《他人的钱财》一书中指出，公开制度作为社会与产业弊病的矫正政策而被推崇。④ 信息不对称是广泛存在于商品经济社会中的现象，是指市场交易中的一方占有的交易信息多于另一方，在交易中处于信息优势地位，而另一方处于信息劣势地位。各方掌握的交易信息不对等，在经济学上称之为不完全信息理论。作为金融衍生品的提供者，金融机构具有天然的信息优势，金融机构不仅设计金融衍生产品，同时也拥有大量的金融专业人士。因此，对于金融衍生品本身可能带来的收益和可能承担的风险，其有着比普通消费者更加清晰和准确的认识和判断。面对良莠不齐的金融衍生产品，一般的金融消费者很难依赖自身的金融知识和投资经验来识别该产品的实际风险，选择与自己风险负担能力相符的产品。即使消费者可以通过其他专业机构来评估、分析金融衍生品的风险，但是高昂的成本又会使消费者望而却步。交易成本的存在加深了金融消费者与金融机构之间的信息鸿沟，使得金融机构与金融消费者之间的信息不对称的问题进一步恶化，金融消费者处于更加不利的境地。

披露哲学是假定在信息得到充分披露的情况下，每个投资者都将选择对自己最为有利的投资和保护方式，每个投资者都将是自己利益的最佳维护者，即建立在市场中的人们都是理性人的基础之上的。⑤ 金融机构作为具备专业知识，追求利益最大化的理性人必然是以实现金融衍生品的成交量最大化为目标的，但是一般的金融消费者却缺乏作为理性人的

①王雄飞. 欧盟金融消费者保护的立法及启示 [J]. 上海金融，2009.
②郭丹. 论金融消费者信息权益的保护 [J]. 学习与探索，2009.
③万猛，刘毅. 英美证券法律制度比较研究 [M]. 武汉：武汉工业大学出版社，1998：65-66.
④[美] 路易斯·罗斯. 美国证券监管法基础 [M]. 北京：法律出版社，2004：28.
⑤叶林. 证券法 [M]. 北京：中国人民大学出版社，2006：101.

前提——信息的充分披露。实践中，消费者购买金融衍生产品往往是依据金融机构单方面提供的信息和风险告知，在这个过程中，作为信息优势的一方，金融机构就有可能有意识地利用消费者信息劣势，向消费者提供经过包装的信息以促使消费者购买。

因此，降低金融衍生品交易中的信息不对称，加强金融机构的信息披露和风险告知义务，对金融消费者的保护是具有积极意义的。[1] 作为商品的生产者与销售者的金融服务者自应承担保证商品质量的责任，更因金融商品特殊的属性，作为提供服务的一方应该承担更高的金融服务者义务。[2] 而且，从效率的角度讲，相对于消费者搜索信息，分析交易风险的高昂成本，由金融机构提供信息、进行风险提示是成本最小的，也是最有效率的。

二、国外风险强制告知制度的实践经验

国外各金融发达国家的风险强制告知制度并不相同，总的来说，尽管国外的风险强制告知制度仍然处于探索阶段，但已经取得了一些可以为中国所借鉴的有益经验。这里以美国和日本为例，介绍国外金融发达国家风险强制告知制度的实践情况。

(一) 美国的风险强制告知制度

美国的金融消费者保护制度中并没有对"风险强制告知制度"予以明确指出，但一些相关法律法规和机构设置体现出了风险强制告知制度的内容。从上一节的论述中可以看出，当前美国金融消费者保护制度的核心是《多德-弗兰克华尔街改革与消费者保护法》以及在它基础上建立的消费者金融保护局（CFPB）。因此，美国风险强制告知制度的相关内容也是围绕二者展开的。具体来说，美国金融消费者保护制度对风险强制告知的表现主要体现为以下两点。

一是相关法律条款加强了金融机构的信息披露义务，以充分注重保护金融消费者的知情权。这主要体现在两个方面。一方面，要求对金融产品或服务的成本、收益和风险以消费者可以理解的方式，由保护局制定规则，确保在交易之前或持续期间向消费者充分、准确、有效地披露信息。信息披露也要采用范本格式和便于消费者理解的语言，使用清晰的格式和设计，并简要说明必须具备的信息。同时，该范本格式还要通过消费者测试来确定其合理性。《华尔街金融改革法案》为信息披露提供范本格式，体现了从"买者自负"到"卖者有责"监管理念的改变，强调了金融机构的信息披露义务，同时可有效避免卖者提供信息的任意性。另一方面，强调消费者具有信息获取权。根据《华尔街金融改革法案》的规定，经金融消费者请求后，金融机构必须将其所控制或占有的，与消费者所购买金融产品或服务有关的信息，以消费者可以获得和使用的电子形式提供给金融消费者。金融消费者具有信息的获取权，改变了一直以来消费者被动接收信息的局面，更有利于金融消费者做出正确的购买决策。

二是通过细化消费者投诉处理制度，监督金融机构履行义务的情况。《华尔街金融改

---

①管斌. 金融消费者保护散论［J］. 华中科技大学学报：社会科学版，2010（1）.
②鲁明易，黄嘉璐. 美国《金融服务现代化法》隐私条款述评及启示［J］金融理论与实践，2005（4）：75.

革法案》规定投诉处理部门应向消费者提供免费的投诉热线、网站和数据库，并负责收集、监督、答复、跟踪与投诉有关的信息。同时，该法案第 1034 条明确规定了对消费者投诉和质询的回应程序、方式和内容，便于将投诉解决方案及时反馈给消费者并对被投诉或质询的对象采取相应管制措施。这样以来，金融机构风险告知义务的履行情况受到了全体消费者的监督，使得金融机构隐瞒金融衍生品风险的行为具有更高的法律风险，从而间接地有效约束了金融机构履行告知义务的行为，保护了消费者的权益。而且，金融消费者保护局所拥有的独立的处理投诉事件的能力还能在一定程度上进一步减少投诉无门或者没有回复的现象发生，从而提高消费者投诉处理制度的效力。

（二）日本的风险强制告知制度

在日本法中将金融投资者称为"金融消费者"，将金融发行者称为"金融服务者"，其相关法律条款明确规定了金融服务者（或金融销售者）对金融消费者具有告知义务。同时，通过举证责任的倾斜，强化金融服务者进行风险告知的法律责任。

1. 明确销售者的说明告知义务

对金融商品销售人员说明义务的规定是日本《金融商品销售法》的一项重要内容。根据规定，在销售银行、信托、保险、证券、期货或者其他具有投资性质的金融商品时，金融服务者应当承担说明义务；当销售人员未能履行说明义务并可能构成侵权时，需要承担相应的民事责任。

按照日本《金融商品销售法》第三条第一款的规定，金融商品销售人员在销售金融商品前，需说明的事项主要包括 4 个方面：一是如果利率、汇率、有价证券市场价格或者其他指标变动，可能直接导致本金亏损或者存在亏损风险的，则应当指明是何种指标；二是如果金融商品的销售者或者其他人的业务或者财务状况变化，可能直接导致本金亏损或者存在亏损风险的，则应当指明是何人；三是如果存在某项政策法规，可能影响买方的判断，从而直接导致本金亏损或者存在亏损风险的，则应当说明该政策法规；四是如果所销售的金融商品对顾客行使权利或者解除权有期限限制的，则应当予以说明。当然，说明义务也并非绝对的。在该法第三条第四款即规定，当金融商品的购买人是法律所规定的具有专业学识经验的人员或者购买人明确表示不必说明时，免除金融机构的说明义务。

此外，日本 2006 年发布的突出金融消费者中心主体法律地位的《金融商品交易法》，在说明告知义务方面，相较于《金融商品销售法》提出了更高的要求。该法规定金融业者负有说明的义务，而且说明的程度要以达到一般投资者理解的风险程度为基准。

2. 举证责任向金融消费者倾斜

2006 年，修订后的日本《金融商品交易法》进一步强化了说明义务的法律责任，使金融销售者回避告知义务的法律风险增加。该法律中相关条款规定，受到侵权损害的投资人只需证明违法行为的存在即可，至于损害结果的大小以及违反说明义务行为之间的因果关系，由金融机构及其销售人员予以证明。如果无法证明违法行为与损害结果之间不存在因果关系，金融机构及其销售人员应当承担损害赔偿责任。

第三节　投资者适当性制度

同风险强制告知制度一样，投资者适当性制度也是建立在金融衍生品交易前的一项消费者保护制度，它是通过限定消费者购买超过其风险承受能力的金融衍生品来保护消费者权益的一项制度。可以说，风险告知制度在认知方面武装了消费者，投资者适当性制度则限制了其进入不适当的金融领域，这两种制度分别从主观和客观两个方面提高了投资者的风险认知能力，保护了投资者的合法权益。

根据国际清算银行、国际证监会组织、国际保险监管协会 2008 年联合发布的《金融产品和服务零售领域的客户适当性》所给出的定义，适当性是指"金融中介机构所提供的金融产品或服务与客户的财务状况、投资目标、风险承受水平、财务需求、知识和经验之间的契合程度"。简言之，投资者适当性的要求就是"适合的投资者购买恰当的产品"。无论是国内的监管机构还是国外的监管机构，实行投资者适当性制度的出发点都是保护投资者的合法权益，避免在金融产品创新过程中将金融产品提供给风险并不匹配的投资群体，导致投资者由于误解产品而发生较大的风险，影响到金融市场的创新发展。

投资者适当性制度作为投资者保护机制的重要组成部分，是海外成熟市场的一项普遍性监管原则，即把适当的产品或服务以适当的方式和程序提供给适当的人，性质上可视为一种交易者市场准入资格管理制度。① 起初对该制度的规制主要体现在行业的自律规范中，而且只是作为一种道德上的义务，不具有法律强制性。随着金融衍生产品的日益复杂化和专业化以及保护投资者权益意识的逐步提升，建立并不断完善投资者适当性制度，对于投资者权益的保护和整个金融市场的稳定发展都具有重要意义。适当性原则的设计是为了保护"对金融一无所知"的客户，即金融机构提供的金融衍生产品只有在满足投资者的投资目标时才能向其提供，否则原本由投资者承担的交易后果将会部分的转移到金融机构身上。该原则是对"买者自负"（caveatemptor）原则的修正，当然，这不是说一旦产品与投资者的风险承担能力不相匹配，金融机构就一定要承担不利的交易后果。虽然金融机构被赋予了"卖者注意"的义务，但是进入金融衍生品市场的投资者也应该有合理的注意义务和自我保护能力，对自己的投资决策负责，但前提是应当为投资者进行交易提供充分的信息披露和风险告知以及严格的资格准入，从而平衡交易双方的权利义务。

第四节　消费者保护基金制度

消费者保护基金制度是建立在金融衍生品交易之后的一项消费者保护制度。作为金融衍生品消费者保护体系的一个重要组成部分，它已经被越来越多的国家采用。金融衍生品消费者保护基金制度，是稳步发展金融衍生品市场的一项基础性制度，它不仅有利于保护

---

①石人仁．金融法论［M］．台北：三民书局，2009：54-55.

金融衍生品中小消费者的利益，而且有利于完善金融经纪机构的市场退出机制，防止金融风险扩散。

综观各主要金融市场，新加坡对金融衍生品消费者保护基金最为重视，其《证券期货法》认为这是对消费者提供的一种赔偿方案，并将其作为该法的独立一章加以规定。

新加坡所称的互保基金，通常称为投资者保护基金，其设立的目的是在交易所的会员或其他法律规定的主体因破产或其他法律规定的原因而不能返还其客户的有价证券、现金、商品实物、远期合约和保险基金等时，对投资者给予赔偿。新加坡《证券期货法》规定：每个期货交易所都应当建立、维持和实行互保基金制度，并且规定期货交易所互保基金中的财产应当是属于交易所的财产；但是，互保基金中的财产应当与交易所其他财产相区别，并且应当设定信托管理；所有构成互保基金的资金均应当存放在新加坡银行的独立账户内。

一、互保基金的构成

新加坡所建立的互保基金制度的资金来源主要包括交易所的会员、交易所向互保基金交纳的资金，互保基金的保值增值部分，对交易所会员的破产和挪用客户资金等责任进行保险而获赔的资金等。

二、互保基金的资金要求

新加坡《证券期货法》对于期货交易所建立的互保基金的资金有明确的规定：期货交易所的互保基金应由不少于 2000 万新加坡元的资金构成，或者由新加坡金融管理局规定的其他数额的资金构成，这是对互保基金资金要求的最低限额，任何时候互保基金的数额都不能低于这个数字。如果期货交易所的互保基金金额降至 2000 万新加坡元或新加坡金融管理局规定的数额以下，期货交易所就应当采取措施补足差额。期货交易所补足差额的途径有两个：一是交易所的其他基金；二是在期货交易所的其他资金不足以补足互保基金的差额时，交易所就应当要求其会员向基金支付规定数额的资金。

对于交易所向其会员征收用以支付基金差额的行为，新加坡法律进行了明确规定。法律中规定：期货交易所对每个会员征收的数额由交易所确定，但是如果新加坡金融管理局就此事发布命令的话，交易所合计所征资金的数额应当为该命令中指明的数额；征收的数额应该按期货交易所指定的时间和方式支付。但是不管在何种情况下，任何一个交易所的会员被征收的数额总计不得超过 30 万新加坡元。

三、互保基金的赔付对象

新加坡《证券期货法》第一百八十七条规定：每个遭受该法第一百八十六条所提及的金钱损失的主体都有权向互保基金提出索赔。根据该规定，新加坡期货交易所互保基金的赔付对象为个人投资者和小型机构投资者。但是，对于小型机构投资者这一界定来说，只有交易所、结算所或者赔偿基金组织的会员公司客户才有资格获得赔偿。

四、互保基金的赔付范围

期货交易所的互保基金虽然是为投资者提供保护而存在的，但是其并不对投资者在期货交易中的所有损失都提供赔偿，而仅限于对因期货交易所会员的破产或有关人员挪用客户资金而造成的客户金钱损失进行赔偿。

五、互保基金赔付损失的限制

新加坡《证券期货法》规定，从互保基金中因期货交易所会员的破产或其挪用行为而向权利请求人支付的款项，对每个会员而言不能超过规定的数额。同时该法还规定，从互保基金中可能向每个权利请求人支付的款项，或通过破产会员的破产受托人或清算人支付给每个会员的债权人的款项，也不能超过规定的数额。在新加坡，期货交易所的互保基金向权利请求人所做的赔偿的最高比例是 90%，其最高赔偿额是 5 万新加坡元，超过这个限额的损失，互保基金不作赔偿。

六、基金不足以支付索赔时的处理

主要包括以下两种情况。

一是当互保基金的金额不足以全部支付期货交易所允许的或由高等法院判决的赔偿金额时，则基金账上的现有款项应当按照期货交易所认为公平的方法先在所有索赔者之间分配，对未支付的索赔应该由互保基金在将来可支付的时候支出。

二是当因期货交易所会员的挪用行为或与期货交易所会员有关的挪用行为，造成经期货交易所允许的或由高等法院判决的索赔总额超过了《证券期货法》中规定的对该会员的支付额度时，则全部的可支付的金额应该在索赔者之间按照期货交易所认为公平的会员的支付额度进行分配。在对互保基金的全部索赔按比例分配完毕之后，任何与此相关的指令，以及所有对基金提出的关于该会员所有的或与其有关的挪用行为作出的其他索赔请求，均应予以驳回。

第五节　中国金融衍生品消费者保护制度

相对于国外成熟的金融市场，尽管中国的金融衍生品消费者保护制度的各项具体制度已经基本建立，但依然存在诸多不足。本节将对照上文所述金融衍生品消费者保护制度的分类，具体论述中国各项制度的建设情况。

一、中国的风险强制告知制度

基于中国金融衍生品交易的现状，借鉴国外已有的成功经验，当前中国对于金融衍生品交易风险告知制度的强化主要关注以下两点。

（一）明确风险告知的时间和具体内容

对于金融衍生品风险的告知，通常应在金融衍生品交易之前，通过金融衍生品发行机构与消费者签订《金融衍生品交易特别风险揭示书》的方式来体现，其中，具体告知的内容应主要包括以下 4 点：一是对金融衍生品风险特性的揭示，特别突出金融衍生品标的较大、可能造成较大亏损的特点，并对金融衍生品的性质、定价方法、定价模型及前提假设进行告知；二是提示消费者应当满足消费者适当性标准的规定，综合评价自身经济实力、专业知识、风险控制能力和身体及心理承受能力，审慎决定是否参与金融衍生品交易；三是金融衍生品的发行者应将以往交易的事实，向其投资人及其他利害关系人公布，主要包括各种类型产品的经营业绩、投诉情况、受到监管部门处罚的情况等；四是金融衍生品的发行者有义务向消费者详细揭示从事该交易可能发生的损失，以使潜在的消费者在进入交易前有条件做出更为理性的判断。

此外，除了上述在交易前的风险提示外，在金融衍生品合约生效后，金融机构还应对可能影响消费者收益的相关因素的变化情况进行提示，以避免消费者不必要的损失。影响消费者收益的相关因素主要包括市场情况、金融机构或利益相关人的财务状况以及政策法规等。

（二）明确风险告知的具体形式

风险告知作为金融机构的一项义务，确定合理的表现形式，不仅有利于金融消费者对风险提示内容的理解，更有利于界定义务主体是否已经合理且合法地履行了法定义务。

风险告知的形式通常有书面形式和口头形式两种，法律应该对此作出明确规定，而不能由金融机构单方面决定。一般来讲，金融衍生品交易风险提示的内容往往是非常专业和复杂的，如果依赖口头形式对不特定的金融消费者进行反复说明，难免会出现"相同内容不同说法"的情况。同时，在没有书面内容的情况下，消费者难以进行维权举证，金融机构也不易证明自身已尽合理风险告知的义务。而且，相比较口头提示这种"一次性说明"的行为，书面风险提示体现出更高的效率和更低的成本。因此，本书建议在区分风险提示条款重要程度的前提下，应偏重于对书面形式的使用。举例来说，对于具有专业性或者对消费者有重大影响的风险提示条款，可以在宣传材料、金融衍生品交易合同以相关风险提示材料上以书面形式告知。当消费者对于上述书面材料中的内容仍存在不理解或不明白之处时，金融机构的工作人员可以消费者可以理解的形式进行口头解释。

此外，随着科技的不断进步，可以将现代化的电子介质纳入到书面形式中来。如日本就规定："经顾客的同意，金融商品交易业者可以利用电子信息处理系统等其他通信技术向顾客提供书面记载事项，并且同样亦视为书面交付。"但是，需重点注意的是，不论金融机构以何种形式进行风险告知，都应以消费者可以理解为标准，尽量不使用 晦涩难懂的专业术语。对于这点，有关监管部门可通过设计标准的告知用语的方式来予以规范。

二、中国的投资者适当性制度

当前，中国有关投资适当性的内容分散于各类部门规章制度之中，如证监会 2007 年发布的《证券投资基金销售适用性指导意见》和 2010 年发布的《关于建立股指期货投资者适当性制度的规定（试行）》，以及其他相关部门发布的《会员持续开展创业板市场投资者适当性管理业务指引》、《股指期货投资者适当性制度实施办法（试行）》、《期货公司执行股指期货投资者适当性制度管理规则》等。这些部门规章、交易所业务规则和行业自律规则中有关投资者适当性的内容，不够系统，不成体系，对投资者的保护力度略显不足。面对这一情况，当前完善中国金融衍生品投资者适当性制度，主要关注在重新规制中国有关制度的基础上，完善各类相关体制机制。其中，最为突出的是对中国适当性标准划分有关规定的完善。

对于适当性标准的划分，主要可以通过引入投资者适当性评估机制来实现，即通过对投资者风险承受能力和风险规避能力的评价来区分不同的金融衍生品投资者。通常，对于投资者适当性的评价标准主要有定量和定性两个方面。前者是指资产水平，后者是指专业技能、投资经验等。

对投资者适当性的评估是一个定量和定性分析的复杂过程，应建立一套规范的评级体系。中国《会员持续开展创业板市场投资者适当性管理业务指引》的附件"股指期货自然人投资者适当性综合评估表"中，规定了按照可用资金、交易记录、诚信记录以及通过相关基础知识测试为标准，对投资者的基本情况、相关投资经历、财务状况和诚信状况等进行综合评估的方法。这可以作为构建金融衍生品投资者适当性评估的模板。此外，参考外国经验，中国可规定在签订高风险金融衍生品投资协议之前，必须由金融中介机构在充分了解投资者的财务状况、投资目的、投资经验等情况的基础上出具投资者适当性的评估报告，并由客户对评估结果进行签字确认。同时，对出具评估报告的中介机构也加强监管。这样就可在金融衍生品交易中真正实现对投资者适当性的划分，从而有效落实投资适当性制度。

三、中国的消费者保护基金制度

根据 2005 年 6 月 30 日出台的《证券投资者保护基金管理办法》，中国设立了国有独资的中国证券投资者保护基金有限责任公司，负责基金的筹集、使用、管理和监督。这一公司的成立填补了中国金融衍生品投资者保障基金的空白，但与国外成熟金融市场相比，中国的金融衍生品投资者保障基金制度还存在诸多不足。参考国外经验，当前中国在完善投资者保障基金方面主要关注以下几个问题。

（一）提高投资者保障基金的立法层级

目前，中国金融衍生品投资者保障基金的基本法律依据是国务院颁布的《期货交易管理条例》，基金运作的具体依据是《期货投资者保障基金管理暂行办法》。前者属于行政法规，后者仅属于部门规章。法律效力层级的偏低，直接影响了投资者保障基金制度的有效落实。借鉴国外成功经验，如新加坡以《证券期货法》对投资者保障基金进行专章规定，中国应提升现有规章的法律层次，或者制定一部独立于原有法律的特别法专门规定投资者保障基金制度。

（二）适度加强资金来源的多元化

充足的资金保证是投资者保障基金得以顺利、持久运行的物质保障，是保障基金制度的核心和基石。按照"会员自行负担、权利义务匹配、充足与适度、灵活备用融资"的原则，中国《期货投资者保障基金管理暂行办法》规定，保障基金的资金来源为期货交易所向会员公司收取的交易手续费、期货公司收取的交易手续费以及其他合法财产。这种由进行经营且以营利为目的的期货公司等来支付保障基金资金的做法是国际的主流做法，但实际运作中，这种资金筹集方式并不能完全满足保障基金的赔偿准备要求，有必要拓展新的渠道。譬如，可以增加财政拨款这一资金来源。但是，需要特别注意的是，增加资金的来源应适度，不能搞一刀切，否则极易破坏参与交易的金融机构之间的平衡。

（三）明确投资者保障基金的赔付对象

中国《期货投资者保障基金管理暂行办法》中规定所有的投资者都可以获得保证金损失的赔付，不论是个人投资者还是机构投资者，只是赔偿比例有所区别。这种不对投资者进行分类，全面赔付的做法并不合理。金融衍生品市场是一个高度专业化、技术化的市场，与专业投资者相比，中小投资者由于信息地位的弱势和专业投资知识的匮乏，风险规避能力和风险承受能力普遍较差。在这种情况下，金融衍生品投资者保障基金的重点应放在保护中小投资者的利益上，建议基金的赔付对象只限于个人投资者、小型机构投资者等中小型投资者。

（四）明确规定基金赔付的范围

中国《期货投资者保障基金管理暂行办法》中规定："因严重违法违规或者风险控制不力等导致保证金出现缺口的，中国证监会可以按照本办法规定决定使用保障基金，对不能清偿的投资者保证金损失予以补偿。"这一规定并没有明确对保障基金的赔付范围，应强调对于投资者在投资活动中因市场波动或者投资决策失误以及参加非法期货交易所导致的损失，保障基金不予赔偿。此外，也应明确对"严重违法违规"和"风险控制不力行为"进行列举。比如，挪用保证金、内幕消息、价格操纵等行为可以认定为严重违法违规行为，进行杠杆率超过一定范围的交易属于风险控制不力行为等。

（五）明确规定保障基金的赔付程序

根据《期货投资者保障基金管理暂行办法》的规定，使用保障基金之前，必须由期货公司以自有资金和变现资产弥补保证金缺口，即要求期货公司先实行自救，如果仍有不足部分，才能申请使用保障基金。但是《暂行办法》对于投资者索赔的具体操作程序并没有明确规定，为了明确各方主体在索赔过程中的地位和权利义务，体现对投资者的保护，建议明确规定投资者在遭受损失时向基金提出索赔的程序。具体来讲，可以从以下 3 个方面进行详细规定。第一，在投资人意识到金融公司有严重违法违规或者风险控制不力等导致保证金出现缺口的行为时，若已经发生了 6 个月，那么索赔人就可以以书面方式向期货交易所提出索赔要求。第二，对于索赔人按照规定提出的索赔请求，期货交易所可以在与索赔有关行为发生后的任何时间，接受并受理对基金提起的合理索赔。如果期货交易所没有接受对基金提出的索赔请求，不论其是部分不接受还是全部不接受，期货交易所都应当向索赔请求者或者其律师送达按规定形式制作的拒绝受理通知书。第三，索赔申请受理后，3 个月内交易所应对投资者的损失进行赔付。

法律法规链接

《消费者权益保护法》（1993 年 10 月 31 日第八届全国人民代表大会常务委员会第 4 次会议通过；根据 2009 年 8 月 27 日第十一届全国人民代表大会常务委员会第 10 次会议《关于修改部分法律的决定》第 1 次修正；根据 2013 年 10 月 25 日第十二届全国人民代表大会常务委员会第 5 次会议《关于修改的决定》第 2 次修正，自 2014 年 3 月 15 日起施行）

《证券投资者保护基金管理办法》（中国证券监督管理委员会令第 27 号，2005 年 6 月 30 发布，2005 年 7 月 1 日起施行）

《期货交易管理条例》（2012 年 9 月 12 日国务院第 216 次常务会议通过，2012 年 12 月 1 日起施行）

本章思考题

1. 简述金融衍生品消费者保护制度提出的必要性。
2. 简述金融衍生品消费者保护制度的基本内容。
3. 简述建立金融消费者保护机构的必要性。
4. 简述投资者适当性制度的具体内容。
5. 简述风险强制告知制度的具体内容。
6. 简述建立消费者保护基金的必要性。

第十一章　金融衍生品的法律责任

本章概要

　　法律责任是一种能够引起否定性法律后果或其他负担的制度安排。某项行为的否定性法律后果或者其他负担一旦得以认定，就将在当事人之间产生新的法律义务、职责和负担。从次贷危机中，我们可以看出金融衍生品在金融危机中起到了推波助澜的作用，对其法律责任进行规制十分重要。我国《刑法》、《期货交易管理条例》对此作了明确的规定，刑事、行政和民事3种法律责任共同构成了金融衍生品的责任体系。根据金融衍生品违法行为的性质，本章中重点分析内幕交易、价格操纵和欺诈行为及其法律责任等问题。

本章重点知识

- 金融衍生品法律责任的概念
- 金融衍生品法律责任的认定原则
- 金融衍生品的法律责任
- 金融衍生品内幕交易
- 金融衍生品价格操纵
- 金融衍生品欺诈行为

引读案例

高盛金融欺诈事件

　　号称"华尔街老店"的美国高盛集团①于 2007 年 4 月 16 日被曝卷入华尔街一起金融欺诈丑闻事件。美国证券交易委员会（the U. S. Securities and Exchange Commission, SEC）指控其在 2007 年出售金融衍生品时，涉嫌存在重大信息虚报和遗漏，以及误导性陈述，特别是隐瞒了与投资者有直接利益冲突的知名对冲基金投资组合的有关事实，导致投资者在不知情的情况下购买正在被该对冲基金卖空的产品，给投资者造成逾 10 亿美元的损失。面对这些非法的金融交易行为，高盛集团将承担怎样的法律责任呢？

――――――――――

　　①高盛于 2007 年 2 月应美国大型对冲基金保尔森公司委托，推出一款基于次级抵押贷款的抵押债务债券，向多国银行、基金和保险企业等投资者推销。而保尔森公司本身看空美国抵押债务债券市场，其向高盛支付了大约 1500 万美元的设计和营销费用，意在借做空抵押债务债券谋利。但高盛在向投资者推销时没有说明保尔森公司与这款金融产品有关，导致投资者在不足一年时间内损失大约 10 亿美元。

第一节 金融衍生品法律责任的概述

一、金融衍生品法律责任的提出

法律责任历来是法律制度研究的重要构成部分。法律制度发展从早期的"责任中心"到近现代的权利、义务与责任并举的立法格局的出现，都充分说明了责任制度在法律体系及立法格局中占有的重要地位。

对于金融衍生品法律责任的界定，不能突破传统法律责任界定的路径，鉴于监管法律制度本身对经济行为后果的强调和重视，同时为了凸显监管法的惩戒威力，在其定义上可以采用后果说，即金融衍生品的法律责任是指金融衍生品在定价和交易等过程中行为人因违反金融衍生品监管法律义务或职责而依法应承担的具有强制性的法律后果。世界主要金融市场，都对金融衍生品法律责任进行了详细的规定。比如，美国在《商品交易法》中规定了对金融衍生品内幕交易、价格操纵等违规行为的法律责任。英国《2000年金融服务与市场法》将内幕交易、市场操纵等金融衍生品违规行为都统统纳入到市场滥用行为中加以规范。欧盟也通过了《关于内幕交易和价格操纵的指令》，专门用于规范金融衍生品法律责任的认定和处罚方式。

二、金融衍生品法律责任的认定及原则

(一) 金融衍生品法律责任的认定

法律责任是一种能够引起否定性法律后果或其他负担的制度安排。某项行为的否定性法律后果或者其他负担一旦得以认定，就将在当事人之间产生新的法律义务、职责和负担。因而，从某种意义上讲，法律责任也是一种能够引起法律义务、法律责任或其他法律负担的制度。鉴于法律责任的认定涉及权利、义务、职责的配置这一重大问题，故其属于法律制度中重要的内容。从我国法律规定来看，民事法律责任由人民法院或仲裁机构认定，也可由当事人依法协商确定；刑事责任只能由人民法院认定；行政责任则由具有相应职权的行政部门认定。对金融衍生品法律责任的认定，民事责任、刑事责任也同样由人民法院认定，而行政责任的认定机构在各国并不相同，采取分业监管的国家一般由证监会或期货监管部门进行认定，采取统一监管的国家则由金融监管部门进行认定。

责任认定机构的不同实质上反映出各种监管模式的不同。中国期货市场中，对期货违法行为的认定权限分别由中国证监会的期货监管部门和期货交易所行使。《期货交易所管理办法》第九十四条规定：期货交易所对其会员或者投资者与期货业务有关的违规行为，应当在前款所称办法规定的职责范围内及时予以查处；超出前款所称办法规定的职责范围的，应当向中国证监会报告。因此，我国期货市场的监管属性是双重监管，由证监会对全

国期货市场进行集中统一监管，期货交易所和期货业协会利用期货交易规则、具体细则和会员章程对会员经济公司进行自律监管相结合的监管体制。我国的行政监管十分强大、全面且深入，交易所自律监管没有受到充分重视。根据法律规定，期货交易所只能根据《期货交易管理条例》和《期货交易所管理办法》制定违规处理办法和在业务规则范围内查处违规行为，实际上只起到了辅助中国证监会进行监管的作用，中国证监会对违法行为的认定有更广泛的权限，而且级别较高。这样的责任认定模式实际上没有充分发挥处于市场交易第一线的期货交易所的作用，而且加重了证监会的工作量。

（二）金融衍生品法律责任的原则

1. 责任法定原则

严格根据法律的规定确定金融衍生品法律责任的认定和责任形式。很多国家的立法都规定了金融衍生品法律责任的认定和责任形式，法律体系已经相对完善，而金融衍生品在我国属于新兴产物，相关配套法律制度十分匮乏，特别是责任形式方面，只有刑事责任和行政责任，关于民事责任的规定可以说一片空白。所以，为了今后在实践中更好地处理相关纠纷，首先应在我国立法中完善金融衍生品法律责任体系，真正做到有法可依。

2. 责任与行为违法的程度相适应的原则

即金融衍生品法律责任的大小与行为的社会危害性相适应。由于金融衍生品具有特殊性，其专业性决定了普通投资者很难看出其中的问题，高风险性又决定了其可能给投资者和整个金融市场带来重大影响，因此金融衍生品法律责任不应当完全与一般商品交易的法律责任相同，而应当根据违法程度确立相应责任。

3. 法律面前人人平等的原则

即在追究法律责任时，不允许有任何特权的存在。这是确立所有法律责任都应当遵循的原则，在金融衍生品法律责任中尤其如此，体现了法律的公平原则。在追究市场主体的法律责任时，执法机关对违法行为的认定和处罚不能滥用职权，更不能对相同的违法行为区别对待。无论金融市场中的主体规模大小、资金实力等有多大悬殊，在市场交易中双方都要遵循平等、自愿的基础，只要破坏了金融衍生品市场秩序，就应当承担相应的法律责任。

三、金融衍生品法律责任的具体内容

经济法中的法律责任划分为刑事责任、行政责任和民事责任 3 种，对于金融衍生品的法律责任体系也分为刑事责任、行政责任、民事责任 3 个层次。

（一）刑事责任

金融衍生品的刑事法律责任是社会危害性最大、制裁最为严厉的法律责任，即金融交易中自然人或法人的行为已经触犯了刑法，而依法必须承担刑法上不利的法律后果，承担刑事法律责任的方式是刑罚。由于金融衍生品的杠杆性和外部性特征，其金融衍生品更易产生极大的社会危害性。因此，各国都较多地运用刑罚来维护金融衍生品的交易秩序和安全。

（二）行政责任

行政法律责任是指金融衍生品的法律关系主体违反行政法律、法规而依法必须承担的法律后果。它包括行政处罚和行政处分两类。在金融衍生品交易中，行政处罚是指金融监管机构对违反金融行政法律、法规、规章，尚不构成犯罪的被监管主体实施的一种制裁行为。处罚的种类一般包括警告、限制停业整改、罚款、没收违法所得、责令停止交易、暂扣或者吊销营业执照等，其中，罚款和暂停、取消市场交易资格是金融衍生品监管中常见的行政法律责任追究方式。

行政处分是对金融衍生品监管主体及其工作人员在实施金融监管工作中的行政违法行为给予的一种制裁性处理。行政处分的主要种类包括警告、记过、降级、降职、撤职和开除等。

（三）民事责任

民事责任是指民事主体在金融衍生品相关的民事活动中，因实施了民事违法行为，根据民法所承担的不利法律后果。民事法律责任一般根据责任发生不同，分为违约的民事法律责任和侵权的民事法律责任两大类。金融衍生品的民事责任以侵权责任为主，内幕交易、价格操纵和欺诈等行为都侵害了金融消费者的合法权益，所以完善的民事责任体现了一个国家对金融消费者的保护程度，各国都在不断完善民事责任的相应规定。

案例评析

为了正确审理期货纠纷案件，2003 年 5 月 16 日最高人民法院审判委员会通过了《最高人民法院关于审理期货纠纷案件若干问题的规定》。下列选项中属于该规定的制定依据的有（　　）。

A.《中华人民共和国民法通则》
B.《中华人民共和国刑法》
C.《中华人民共和国合同法》
D.《中华人民共和国民事诉讼法》

【答案】　ABD

第二节　金融衍生品内幕交易的法律责任

一、金融衍生品内幕交易的概念及特征

（一）金融衍生品内幕交易的相关概念

1. 内幕交易的概念

与证券内幕交易一样，金融衍生品内幕交易也是指内幕人员利用内部信息（Inside Information) 进行的交易，但两者在对内部信息和内幕人员的界定上存在区别。

由于证券价格主要取决于证券发行者的获利能力，因此证券市场内部信息主要指与证券发行者有关的信息，证券市场的内幕人员首先是公司内部人（传统内部人），如董事、监事、高级管理人员和控制人、雇员等，内幕交易主体以传统内部人为主。①

而金融衍生品的内部信息主要是指尚未公开，但对金融衍生品有直接影响的信息。例如，英国《2005 年市场滥用指导文件》（*Market Abuse Directive Instrument* 2005）中指出，就金融衍生品而言，其内幕信息具有以下特征：一是通常情况下难以获得；二是直接或间接与一种或多种衍生品有关；三是市场使用者希望依据认可的市场行为获得。《欧盟市场滥用指南——2004 新执行指导》采用了类似的概念，认为金融衍生品内幕信息，是指衍生品市场使用者希望依据认可的市场行为能够获得的信息。

对于证券类衍生品，如公司股票期货、包含公司股票在内的股指期货等，由于公司内部信息同样影响这些证券衍生品的价格，公司的相关信息也构成金融衍生品的内部信息，传统内部人也是金融衍生品内幕信息的知情人员。

在金融衍生品交易中，反内幕交易相关法规禁止任何掌握了价格敏感信息的内幕人员从事衍生品交易，无论这些内幕信息来源于机构内部还是外部。任何人一旦掌握了不为市场中其他主体所普遍知晓的、将对金融衍生品产生影响的信息，都有可能产生不公平交易，因为这意味着他们比市场中其他主体获得了更多的资源，这些资源使他们处于交易中的有利地位，但这种有利地位的产生基础是不公平的，打破了公平竞争的市场秩序，法律应当禁止他们继续进行金融衍生品交易行为。

2. "内幕人" 及 "内幕证券" 的概念

内幕人，又可以称为知情人员、内部人员，是指能够合法地获得、接触或者非法获取内幕消息的人员。其中，"内幕人" 主要包括下列范围：①政府成员、金融衍生品监管机构成员；②发行人或与发行人相关企业的股东；③因在发行人或与发行人相关联的企业的资本中参股而获知内幕消息的人；④交易所委员会成员、注册期货协会委员会成员；⑤因其职业、工作或任务而依照规定获知内幕信息的人。

"内幕证券" 主要包括以下内容：①经许可在交易所交易的，或者列入受管制市场或者自由交易市场的金融工具；②其价格直接或间接取决于前项所指的金融工具（如果已申请许可或申请列入，或者已公开宣布申请许可或申请列入，则视同已获许可在有组织市场上交易或已列入受管制市场或自由交易市场）。也就是说，内幕证券包括场内和场外交易的股票、证券及金融衍生品。

3. "内幕信息" 及 "利用内幕信息的行为" 的概念

"内幕信息" 是指涉及内幕证券（一个或更多）发行人或内幕证券本身的，不为人所了解、一旦公开可能对交易所或内幕证券的市场价格产生重大影响的任何特定信息。

"利用内幕信息的行为" 主要包括以下 3 种情况。①利用内幕交易进行金融衍生品交易，包括内幕人员直接利用内幕信息进行金融衍生品交易行为或利用他人名义进行金融衍生品交易的行为。利用内幕信息进行金融衍生品交易需要具备如下条件：一是行为主体必

---

①杨亮. 内幕交易论 [M]. 北京：北京大学出版社，2001：46.

须已获取了内幕信息，而不论其获取内幕信息的手段是否合法；二是行为主体已明确知悉其已享有内幕信息；三是行为主体最终在金融衍生品交易中利用了内幕信息，如果进行金融衍生品交易的行为与内幕信息无关的话，也不能成为内幕交易行为。②向外泄露了内幕信息。即知悉内幕信息的知情人员将内幕信息告诉或传播给第三人，使第三人利用内幕信息进行交易或者转告给他人的行为。法律规定的内幕人在信息公开前负有不得交易和保密的义务，泄露内幕信息的行为侧重的是行为本身的违法性和对上述法律义务的违背，因此无论是故意还是过失，内幕人都应当承担相应的法律责任。③内幕人利用内幕信息建议第三人进行金融衍生品交易。其是指知悉内幕信息的知情人员在内幕信息的基础上，向第三人提供咨询或者推荐意见，使其进行金融衍生品交易的行为。这类行为特点是行为人知悉内幕信息并且在此基础上向他人提够咨询或推荐意见。行为人有理由相信他人会利用其所提供的意见进行金融衍生品交易，而且第三人确实利用内幕信息进行了交易。本行为与泄露内幕信息行为的区别就在于本行为中得到建议的人利用信息从事了金融衍生品交易行为，而后者知悉内幕信息的人并未从事证券交易。

综上，我们在认定金融衍生品内幕交易时，应当从以下几方面着手：第一，属于法律、行政法规规定范围的内幕信息人员、知情人员；第二，行为人实施了内幕交易行为；第三，行为人的内幕交易行为给交易他方造成损害；第四，行为人实行内幕交易存在客观过错。

(二) 金融衍生品内幕交易的特征

从金融衍生品内幕交易的相关概念来看，其主要特征如下。

(1) 金融衍生品内幕交易的主体是法律、行政法规规定范围中的内幕信息人员、知情人员及其他非法获取内幕消息的人员。

(2) 金融衍生品内幕交易所利用的信息是禁止使用的、一旦公开可能对交易所或内幕证券的市场价格产生重大影响的任何特定信息。

(3) 内幕人员利用内幕信息进行了内幕交易。

(4) 内幕交易的形式表现为直接交易和间接交易。直接交易是指内幕人员自己利用内幕交易进行金融衍生品交易，间接交易是指内幕人员向外泄露内幕信息或者建议他人进行金融衍生品交易。

二、国外金融衍生品内幕交易的法律责任

(一) 美国金融衍生品内幕交易的法律责任

美国对金融衍生品内幕交易的规定主要体现在《商品交易法》中，根据该法第九条规定，以下是被禁止的内幕交易行为。[①]

①商品期货交易委员会的委员及其雇员直接或间接参与商品期货、期权或具有类似标

---

①参见美国《商品交易法》第 9 条 (c) 款、(d) 款、(f) 款规定。

准合约性质的衍生品交易；商品期货交易委员会的委员及其雇员利用非公开信息直接或间接参与相关的现货投资交易。

②商品期货交易委员会的委员及其雇员或代理人将影响商品期货或现货价格的未公开信息透露给其他人，帮助他人直接或间接从事衍生品交易和现货交易。同时，他人从商品期货交易委员会的委员及其雇员或代理人处获取信息，并利用该信息参与交易。

③政府成员、交易所委员会成员、注册期货协会委员会成员，违反商品监督规定，利用未公开信息有意为自己账户交易或为他人账户交易谋利，或为与本职范围行使无关的其他目的，将未公开信息透露给他人的行为。同时，他人明知从政府成员、交易所委员会成员、注册期货协会委员会成员获取未公开信息是违法的，仍有意利用所获取信息进行期货、期权交易的行为。

美国将上述内幕交易定为重罪行为，违反者将被处以 100 万美元（如果是个人，则处以 50 万美元）的罚款，或不超过 5 年的监禁，或两者并处。[1]

（二）英国金融衍生品内幕交易的法律责任

英国作为典型的判例法国家，在规制内幕交易方面却有着成熟的成文法体系，多部成文法中均规定了内幕交易的条文。1980 年《英国公司法》从规范董事义务的角度出发来规制内幕交易，规定内幕交易属于刑事犯罪；1985 年《公司证券内幕交易法》扩大了对内幕交易的处罚方式，不仅仅追究刑事责任；1986 年《金融服务法》明确规定了内幕交易的种类和法律责任；1993 年《刑事审判法》详细规定了内幕交易主体的范围和内幕交易行为的构成要件；1994 年《内幕交易法令》要求内幕信息必须是特定化和准确的，一般宽泛、不具体的信息不是内幕信息。

目前，英国关于内幕交易的刑事立法规定体现在 1993 年《刑事审判法》第 5 章 "内幕交易" 中。该章从 12 个方面对内幕交易做出了规定，包括犯罪、抗辩、所适用的证券类型、证券交易、内幕信息、内幕人、对信息公开的理解、专业中介机构的范围、起诉与处罚、内幕交易罪的地域规定、本章规定的适用限制等。该法通过利用财政部命令对附件进行修订的方式，将内幕交易的对象扩大到期货、期权、差额合约等金融衍生品。

1994 年《内幕交易法令》对 1993 年《刑事审判法》做了两个方面的修改：一是对于 "证券" 范围进行了扩大解释，规定 "证券" 包括任何证券，即在欧盟内部的任何国家上市或被允许进入进行交易的证券，或其价格的形成受官方市场的法律规范约束的证券，以及与交易凭证有关的权利、选择权或期货都属于证券范围；二是进一步要求内幕信息必须是特定化的和准确的，如果是一般宽泛的、不具体的信息，不是内幕信息。[2]

（三）德国金融衍生品内幕交易的法律责任

1994 年德国《证券交易法》出台伊始即对内幕交易行为进行了规范，明确了内幕交

---

[1] 上海期货交易所 "境外期货法制研究" 课题组. 美国期货市场法律规范研究 [M]. 北京：中国金融出版社，2007：121.

[2] 井涛. 英国规制内幕交易的新发展 [J]. 环球法律评论，2007 (1)：79-80.

易，并对内幕交易的处罚进行了规定。随着金融衍生品市场的发展，并应欧盟"关于内幕交易行为和市场操纵行为的指令"（2003/6/EC）的要求，德国立法修改了有关内幕交易监管的规定。

1998 年版《证券交易法》第十四条禁止的内幕交易行为包括 4 种情况：①禁止内幕人利用内幕消息为自营业务，或为第三方账户，或代表第三方购买或处理内幕证券；②禁止内幕人未获授权而将内幕信息披露给第三方或让第三方使用；③禁止内幕人基于内幕信息推荐或影响第三方收购或处理内幕证券；④禁止知悉内幕消息的第三方利用该信息为自营业务，或为第三方账户，或代表第三方购买或处理内幕证券。《证券交易法》将这 4 种"内幕交易行为"都认定为"内幕交易犯罪"，都要受到刑罚处罚。由此可见，对于"内幕交易行为"的界定有 3 个关键概念：内幕人、内幕消息和内幕证券。根据 1998 年《证券交易法》的规定，在被界定为"内幕交易"的 4 种情况中有 3 种要求行为的主体须为"内幕人"，法律条款对"内幕人"的定义：①作为业务执行机构或监管机构的成员，或作为发行人或与发行人相关的企业的承担个人责任的股东；②因在发行人或与发行人相关联的企业的资本中参股而获知内幕消息的人；③因其职业、工作或任务而依照规定获知内幕信息的人。

2004 年新《证券交易法》对内幕交易行为的认定有了很大的变化，一方面，禁止的内幕交易行为改为 3 种：①利用内幕信息为自营业务，或为第三方账户，或代表第三方购买或处理内幕证券；②未获授权而将内幕信息披露给第三方或让第三方使用；③基于内幕信息推荐或影响第三方收购或处理内幕证券。至此，对"内幕交易行为"的界定只剩下两个关键概念：内幕消息和内幕证券。法律放宽了对内幕交易行为主体的要求。另一方面，在认定内幕交易犯罪时，法律仍对部分内幕交易行为的主体进行了界定[1]。因此，内幕交易行为主体是否为所谓的"内幕人"，成为区分内幕交易犯罪与一般的内幕交易违法行为的标准之一。

新《证券交易法》更新了"内幕证券"的概念。1998 年《证券交易法》所定义的"内幕证券"主要是指经许可在德国或在其他欧洲成员国或欧洲经济区域条约国境内的有组织市场上交易的证券，同时，考虑到衍生品市场的发展，将"认购、购买或转让证券的权利，支付按证券价值走势计算的证券差额的权利，以股票指数为标的的期货合同获利率期货合同，以及认购、购买或转让金融期货合同权利等"也视为"内幕证券"。而 2004 年新《证券交易法》采用了"金融工具"的概念，"金融工具"概念本身已包括了证券、货币市场工具、衍生品和证券认购权，以及在德国或欧盟成员国境内的有组织市场上交易或已申请准入的其他工具。因此，新法对于"内幕证券"的定义要简洁得多，根据第 12 条的规定，"内幕证券"为：①经许可在德国交易所交易的，或者列入受管制市场或者自由交易市场的金融工具；②经许可在欧盟成员国或欧洲经济区域条约国境内的有组织市场上的交易的金融工具；③其价格直接或间接取决于前两项所指的金融工具（如果已申请许可或申请列入，或者已公开宣布申请许可或申请列入，则视同已获许可在有组织市场上交易

---

①上海期货交易所"境外期货法制研究"课题组.德国期货市场法律规范研究［M］.北京：中国金融出版社，2007：42.

或已列入受管制市场或自由交易市场）。

新《证券交易法》第十三条还扩充了"内幕信息"的定义。一般情况下，"内幕信息"是指"涉及内幕证券（一个或更多）发行人或内幕证券本身的，不为人所了解、一旦公开可能对交易所或内幕证券的市场价格产生重大影响的任何特定信息"，但是"专业消费者作出投资决定时考虑的信息亦有为内幕消息的可能性"，且当不为公众所知的信息为"与第三方购买或出售金融工具的指令有关的信息，或本法第二条第（二）款第四项所指的①，且市场参与者根据不确定市场的公认市场习惯可能愿意接受的衍生品有关信息"时，亦为"内幕消息"。

第三节　金融衍生品价格操纵的法律责任

一、金融衍生品价格操纵的概念及行为方式

（一）价格操纵行为的概念和动机

1. 价格操纵行为的概念和特点

价格操纵行为是指市场参与者利用资金或信息的优势或滥用职权，操纵、垄断市场的供给和需求，将市场价格推动到一个虚假、误导、反常或人为的水平，以便利用其衍生工具头寸获利的行为。交易者利用信息、资金或其他对市场的优势资源，垄断金融衍生品的供求关系，人为地使得金融衍生品价格上涨、下跌或固定，通过制造假象、误导等方式引诱其他投资者买卖金融衍生品，使操纵者增加盈利或者减少损失。从价格操纵行为的概念可知，其特点可以概括如下。

（1）价格操纵者利用了其自身的优势地位，即其拥有的影响金融衍生品交易价格的力量，包括资金优势、信息优势及其他对市场的优势资源。

（2）价格操纵者的主观故意。价格操纵者的目的是增加盈利或者减少损失。

（3）价格操纵者追求的结果是影响金融衍生品的交易价格和交易量。价格操纵者利用自身的优势操纵市场，影响金融衍生品的交易价格和交易量，人为地使得金融衍生品价格上涨、下跌或固定，从而制造金融衍生品市场的假象，以误导的方式引诱投资者买卖金融衍生品，扰乱金融衍生品市场的正常秩序。

2. 价格操纵行为的动机

价格操纵行为制造虚假的市场供求关系，歪曲市场交易价格，是各种衍生品交易犯罪行为中危害较大的一种。金融衍生品市场重要的功能之一是由市场自由地融资，在市场自由的条件下，金融衍生品的价格由其价值和供求关系决定，而价格操纵行为却企图用人为的方式来控制金融衍生品的价格，这破坏了市场合理配置资源的作用。

---

①即价格直接或间接取决于商品或贵金属的交易所价格或市场价格的衍生品。

价格操纵行为的主要动机：经过操纵，人为地将金融衍生品价格哄抬，然后卖空所持头寸；将金融衍生品价格打压后，通过更多的方式，买空金融衍生品头寸，从而获取利益；通过垄断金融衍生品市场价格，使正常波动的产品价格维持表面平衡，以达到囤积奇货或调集资金从而获利或减少损失的目的。金融衍生品市场是市场经济的高级形态，金融衍生品价格是整个市场供求关系的反应。成熟的金融衍生品市场必然具备公平竞争的市场环境，而价格操纵行为一方面通过制造假象，诱导市场参与者作出错误的投资判断和经营决策，损害市场参与者的合法权益；另一方面使金融衍生品失去了价格发现和套期保值的功能，破坏了市场正常交易和管理秩序，是对公平竞争市场环境的严重破坏，应对金融衍生品的价格操纵行为进行严厉的惩处。

(二) 价格操纵的行为方式

价格操纵行为的方式有很多，对价格操纵的界定应包括以下内容。

1. 囤积居奇

囤积居奇是金融衍生品市场最典型的价格操纵行为。价格操纵者通过对现货和衍生品市场的联合运作来操纵金融衍生品的价格。具体做法是，操纵者一方面控制现货市场的货源，另一方面在期货市场看多，超量购入期货，推动期货价格持续上涨，迫使市场的空方不得不在高价位上买入期货平仓。

2. 虚假信息

操纵者通过提供虚假的信息来误导投资者对金融衍生品价格的判断。

3. 联合操纵

通过联合，集中资金优势、持股优势或者利用信息联合优势连续买卖，操作金融衍生品交易价格。这与一般的正常金融衍生品交易有一致性，且不容易对其进行区分，因为合法交易行为同样会引起金融衍生品价格暴涨或暴跌，而且最终目的也是取得利益或减少损失。

区分这一行为与合法行为的关键在于交易时的动机和目的，如交易的动机是有意抬高金融衍生品的定价，而且此项交易的目的在于诱使他人进行金融衍生品交易。如果进行金融衍生品交易的目的在于获取该产品，以期该产品在因其购买行为以外的原因导致价格上涨时售出获利，则属正常金融衍生品交易行为。除了以上几种行为外，最常见的还有买空卖空、挤压、虚抛、连续交易等，市场上出现的操纵价格的行为有很多，所以在界定时应当尽可能全面。

综上，我们在认定操纵金融衍生品价格时，应当至少考虑以下构成要素：第一，存在人为价格；第二，行为人存在操纵价格的行为；第三，行为人具有操纵价格的意图；第四，行为人具有操纵价格的能力。

二、国外金融衍生品价格操纵的法律责任

(一) 美国金融衍生品价格操纵的法律责任

美国《期货交易法》对于市场操纵行为并没有明确界定，但根据美国巡回法院的判

例，市场操纵行为应当具有下列特征：①在相关的期货契约中有压倒性的地位；②持有大量的相关商品或市场上该商品可供交割者稀少；③行为人致使市场价格出现非自然变动；④行为人故意造成该市场价格的效果。①

美国《期货交易法》第 13 条禁止任何人操纵或企图操纵现货或未来交割商品的价格；禁止囤积或企图囤积任何此类商品；禁止通过电话、电报、无线通信或其他通信方式散布影响或导致影响市场价格的错误的、误导的、明知不准确的报道。

美国对市场操纵行为一般处以不超过 10 万美元的处罚，或处 6～12 个月的监禁，或两者并处。情节严重的，则以重罪论处。②

（二）英国金融衍生品价格操纵的法律责任

英国最早对市场操纵行为进行法律规制是在 1939 年《禁止欺诈法》中，但该法只是禁止误导性陈述的市场操纵行为。1998 年英国金融服务管理局颁布的《市场滥用：市场行为守则》集中对市场操纵行为进行了认定，同时规定了其类型。《市场滥用：市场行为守则》的第二部分对市场操纵行为进行了详细规定，将市场操纵行为区别为 3 种类型：拟制交易、价格操纵和不恰当传播信息。

2000 年《金融服务与市场法》以及因应欧盟《禁止市场滥用指令》而于 2005 年、2008 年和 2009 年进行 3 次修订的《金融服务与市场法》，确立了英国市场操纵行为管制的基本法律框架。③《金融服务与市场法 2008》在第一百一十八条第二项中规定：行为有虚假或是使人误导的假象，而可能使"市场上的正常投资人"产生投资商品的供给或需求、价格或价值方面的错误；市场上的正常投资人会或可能认为该行为将或很可能扭曲特定投资商品的市场。后来，金融服务监管局又在《金融服务与市场法》的授权下，以市场行为守则对市场操纵行为予以了具体化，将"扭曲市场"的行为又分为两种。一种是通过大量交易扭曲证券价格。金融服务监管局明确指出，并不是要限制市场主体基于"合法意图"从事大量交易，也不禁止以符合整体市场公平和效率需求的方式执行交易，但是若大量的交易是带着"控制投资商品的价格或将价格置于一个扭曲的水平"的"意图"，则构成市场滥用。二是通过挤压扭曲证券价格。也称为"滥用型挤压"，一般是利用当事人对交易所所统计交易量的依赖而进行的，即在某种证券短缺时，故意控制其需求，并利用市场的拥挤制造虚假价格。该手法经常出现在利用其他手法操纵证券价格的过程中，配合其他操纵手法而使用。④

---

① 熊玉莲. 金融衍生工具监管问题研究 [D]. 华东政法大学，2006.

② 上海期货交易所"境外期货法制研究"课题组. 美国期货市场法律规范研究 [M]. 北京：中国金融出版社，2007：117.

③ 万先运，徐冉. 英国规制市场操纵的新发展 [J]. 求索，2010 (5)：147.

④ 蔡奕. 英国关于市场操纵的立法与实践 [J]. 证券市场导报，2005 (2)：12.

第四节　金融衍生品欺诈行为的法律责任

一、金融衍生品欺诈行为的概念及特点

(一) 金融衍生品欺诈行为的概念

法律中的欺诈是指使他人陷入认识错误，并依此做出一定行为，或不为一定行为。相应地，广义的欺诈其实也包括内幕交易和价格操纵行为，本文所指的欺诈是与前两者区分开来的狭义的欺诈行为。金融衍生品欺诈性交易，即在金融衍生品交易，如利率、汇率、股指、黄金、白银期货及期权、掉期和其他金融衍生产品交易中，期货公司、投资银行或其他从事金融衍生产品交易的经纪商或自营商使用策略、阴谋或计谋欺骗其他人员的交易活动。[①] 欺诈客户行为违反了诚实信用原则。所谓诚实信用原则，是指金融衍生品的发行、交易活动不得欺骗他人、弄虚作假，必须恪守市场交易守则，恪守信用。自愿、有偿、诚实信用原则是我国金融衍生品交易相关立法的基本原则，也是金融衍生品发行、交易活动应当遵循的基本原则，欺诈行为是对这一原则的严重违背。

(二) 金融衍生品欺诈行为的主要表现

欺诈行为种类繁多且在市场中出现频繁，主要表现如下。

1. 交叉交易行为

在英、美国证券法中，又称为"交叉盘交易"，主要是指同一经纪商在一笔金融衍生品交易中代买卖双方进行交易，使买单与卖单相互抵消，令其不出现在交易所的交易记录上的行为。这种做法通常被认为是非法的，其风险是买方或卖方不能获得公平的市场价格。

2. 私下对冲行为

私下对冲行为是场外交易行为的一种，指期货交易所、期货经营机构及其从业人员以获取不正当利益或避免损失为目的，未将客户交易指令投入到交易所里进行公开竞争，而是在自己公司内部与其所代理的其他客户同品种、同数量的逆向交易指令相对冲，从而在形式上完成期货交易的行为。这种行为使客户失去了在交易所公开竞价交易的机会，是一种典型的价格欺诈行为。

3. 提供虚假信息

提供虚假信息是指金融机构向客户提供虚假行情，夸大盈利，隐瞒风险，诱导客户盲目投入资金，以此赚取更多佣金的行为。

在金融衍生品交易中，投资者在获取信息等很多方面都处于相对弱势的地位，如果期

---

① 巫文勇. 金融衍生产品交易侵权民事法律责任研究 [J]. 甘肃政法学院学报，2012，(120)：73.

货公司、投资银行等故意采用欺诈手段，将严重损害投资者利益，同时也破坏了正常的金融市场秩序，所以很多国家都在立法中确立了诚实信用、禁止欺诈的原则，对金融衍生品交易中的欺诈行为进行严厉打击，这是确保一国金融衍生品交易市场健康有序发展的基本前提。

二、国外金融衍生品欺诈行为的法律责任

（一）美国金融衍生品欺诈行为的法律责任

美国《期货交易法》第 4 章 b（2）条规定，下列人员有下列行为均为违法：在州际贸易中，合约市场会员、任何通讯员、代表、会员的雇员为他人或代表他人，进行商品买卖合约，如果该合约用于或可能用于套期交易州际贸易中的商品、产品及其半成品；确定州际贸易中的商品交易基价；交割州际贸易中已售、已装运商品或为履约而已接受的商品中：①欺骗、欺诈或意图欺骗或欺诈他人；②故意向他人制作或导致制作假报告或报表；③在合约指令方面或处理或执行指令和合约方面，或根据指令和合约为他人做出的代理行为方面，故意以任何手段欺骗或意图欺骗他人；④以与指令或他人指令不符的清算方式，急剧买进指令或补进指令，或故意或有意识地在未经他人同意的情况下，充当他人的卖出指令的买进者或充当他人买进指令的出让者，均视为非法。

但法律有例外规定：期货佣金商或场上经纪人在市场上为不同委托人同时持有同一目的及相同期货数量的买进或卖出指令，并以市价执行买卖指令者不视为违法，前提是该执行是在交易所内进行，并且是在交易厅内公开喊价来执行这些指令，而且是以他人在交易所执行指令的方式一样及时报告、记录、结算这些指令。另则，这些交易应根据委员会颁布的规则和规章规定的有关执行交易的方式予以作出。[①]

（二）英国金融衍生品欺诈行为的法律责任

《英国金融服务法》第 4（1）及第 200 条规定：任何人为引诱他人签订或邀约签订投资协议，而制作、允诺或散布误导、虚假、欺诈或恶意隐瞒事实真相的陈述均为欺诈。[②]

证券与投资委员会公布的《金融服务条例》5-249AZ 规定：①公司不得向私人客户进行推荐交易，不得在执行处分时为客户安排交易，如果该交易可以被视为频率太高；②公司不得向私人客户推荐在某固定产品中或在固定的产品间转换交易；③不得在为私人客户执行处分时，影响这种转换交易。"同时，5-655N-14 指出，下列行为属非法：①事先安排交易，即在两个或两个以上的当事人间事先约定交易，而这种交易又没有依据衍生市场的规则设立的价格机制进行竞争；②交易是根据事先约定的偿付损失的协议而进行；③定位交易，如为协助另一方隐瞒滥用行为而作出的交易；④连续性交易。

---

①上海期货交易所"境外期货法制研究"课题组．美国期货市场法律规范研究［M］．北京：中国金融出版社，2007：113.

②巫文勇．金融衍生产品交易侵权民事法律责任研究［J］．甘肃政法学院学报，2012，1，（120）：73.

第五节　中国金融衍生品的法律责任

一、中国金融衍生品内幕交易的法律责任

中国对于金融衍生品内幕交易行为所承担的责任主要规定在《中华人民共和国刑法》和《期货管理条例》两部法律之中。

（一）刑事责任

《中华人民共和国刑法》第一百八十条规定：证券、期货交易内幕信息的知情人员或者非法获取证券、期货交易内幕信息的人员，在涉及证券的发行，证券、期货交易或者其他对证券、期货交易价格有重大影响的信息尚未公开前，买入或者卖出该证券，或者从事与该内幕信息有关的期货交易，或者泄露该信息，或者明示、暗示他人从事上述交易活动，情节严重的，处5年以下有期徒刑或者拘役，并处或者单处违法所得1倍以上5倍以下罚金；情节特别严重的，处5年以上10年以下有期徒刑，并处违法所得1倍以上5倍以下罚金。基金管理公司、证券公司、商业银行或者其他金融机构的工作人员，利用因职务便利获取的内幕信息以外的其他未公开的经营信息，违反规定，从事与该信息相关的交易活动，或者明示、暗示他人从事相关交易活动，情节严重的，依照第一款的规定处罚。

（二）行政责任

《期货管理条例》第七十条规定：期货交易内幕信息的知情人或者非法获取期货交易内幕信息的人，在对期货交易价格有重大影响的信息尚未公开前，利用内幕信息从事期货交易，或者向他人泄露内幕信息，使他人利用内幕信息进行期货交易的，没收违法所得，并处违法所得1倍以上5倍以下的罚款；没有违法所得或者违法所得不满10万元的，处10万元以上50万元以下的罚款。单位从事内幕交易的，还应当对直接负责的主管人员和其他直接责任人员给予警告，并处3万元以上30万元以下的罚款。

《期货交易管理条例》中规定构成内幕交易行为的有两种情形：一是内幕信息的知情人员或者非法获取人员利用信息从事期货交易；二是向他人泄露内幕信息，并且使他人利用内幕信息进行交易的。如果某种行为仅仅是"知情"、"获取"、"泄露信息"还不能构成内幕交易，还必须与"利用信息"结合才构成违规行为。从美国期货交易法来看，内幕交易人员"参加交易"、"披露信息"、"利用信息"均可单独构成违法行为。可见，中国法律对内幕交易的规定范围较窄，容易纵容某些违法违规行为。而且，《期货交易管理条例》第七十条仅列举了两种情形，而内幕交易的形式多种多样，完全可能超出立法者的事先预想，等到出现新的交易形式时，法律或许将无能为力。

（三）民事责任

在中国的法律法规中，并没有专门用来规制金融衍生品内幕交易民事责任的相关规

定。但从《中华人民共和国证券法》中可以看出，中国对内幕交易也有相应的规定。《中华人民共和国证券法》第七十三条规定，禁止证券交易内幕信息的知情人和非法获取内幕信息的人利用内幕信息从事证券交易活动。第七十六条规定，证券交易内幕信息的知情人和非法获取内幕信息的人，在内幕信息公开前，不得买卖该公司的证券，或者泄露该信息，或者建议他人买卖该证券。持有或者通过协议、其他安排与他人共同持有公司5%以上股份的自然人、法人、其他组织收购上市公司的股份，本法另有规定的，适用其规定。内幕交易行为给投资者造成损失的，行为人应当依法承担赔偿责任。

二、中国金融衍生品价格操纵的法律责任

（一）刑事责任

《中华人民共和国刑法》第一百八十二条规定，有下列情形之一，操纵证券、期货市场，情节严重的，处5年以下有期徒刑或者拘役，并处或者单处罚金；情节特别严重的，处5年以上10年以下有期徒刑，并处罚金：①单独或者合谋，集中资金优势、持股或者持仓优势或者利用信息优势联合或者连续买卖，操纵证券、期货交易价格或者证券、期货交易量的；②与他人串通，以事先约定的时间、价格和方式相互进行证券、期货交易，影响证券、期货交易价格或者证券、期货交易量的；③在自己实际控制的账户之间进行证券交易，或者以自己为交易对象，自买自卖期货合约，影响证券、期货交易价格或者证券、期货交易量的；④以其他方法操纵证券、期货市场的。单位犯前款罪的，对单位判处罚金，并对其直接负责的主管人员和其他直接责任人员依照前款的规定处罚。

（二）行政责任

《期货交易管理条例》第七十一条规定，任何单位或者个人有下列行为之一，操纵期货交易价格的，责令改正，没收违法所得，并处违法所得1倍以上5倍以下的罚款；没有违法所得或者违法所得不满20万元的，处20万元以上100万元以下的罚款：①单独或者合谋，集中资金优势、持仓优势或者利用信息优势联合或者连续买卖合约，操纵期货交易价格的；②蓄意串通，按事先约定的时间、价格和方式相互进行期货交易，影响期货交易价格或者期货交易量的；③以自己为交易对象，自买自卖，影响期货交易价格或者期货交易量的；④为影响期货市场行情囤积规定现货的；⑤国务院期货监督管理机构规定的其他操纵期货交易价格的行为。

同时，《期货交易管理条例》并没有明确操纵行为是否要以造成某种后果为构成要件，而是采用了"影响期货交易价格或者期货交易量"的用语。但是，"影响"价格和法律需要禁止的"操纵"价格含义是有区别的，需"影响"达到一定程度，才构成对市场的"操纵"。金融衍生品市场瞬息万变，价格和交易量受很多因素的影响，这种影响应当达到何种程度才能算是"操纵"，《期货交易管理条例》并没有指出。

（三）民事责任

与内幕交易一样，中国并没有规制金融衍生品价格操纵民事责任的相关法律法规，之

前是在《中国人民共和国证券法》中对操纵行为进行了规制。《中华人民共和国证券法》第七十七条规定，禁止任何人以下列手段操纵证券市场：①单独或者通过合谋，集中资金优势、持股优势或者利用信息优势联合或者连续买卖，操纵证券交易价格或者证券交易量；②与他人串通，以事先约定的时间、价格和方式相互进行证券交易，影响证券交易价格或者证券交易量；③在自己实际控制的账户之间进行证券交易，影响证券交易价格或者证券交易量；④以其他手段操纵证券市场。操纵证券市场行为给投资者造成损失的，行为人应当依法承担赔偿责任。

三、中国金融衍生品欺诈行为的法律责任

（一）刑事责任

《中华人民共和国刑法》第一百八十一条规定，编造并且传播影响证券、期货交易的虚假信息，扰乱证券、期货交易市场，造成严重后果的，处5年以下有期徒刑或者拘役，并处或者单处1万元以上10万元以下罚金。证券交易所、期货交易所、证券公司、期货经纪公司的从业人员，证券业协会、期货业协会或者证券期货监督管理部门的工作人员，故意提供虚假信息或者伪造、变造、销毁交易记录，诱骗投资者买卖证券、期货合约，造成严重后果的，处10年以下有期徒刑或者拘役，并处或者单处1万元以上10万元以下罚金；情节特别恶劣的，处5年以上10年以下有期徒刑，并处2万元以上20万元以下罚金。单位犯前两款罪的，对单位判处罚金，并对其直接负责的主管人员和其他直接责任人员，处5年以下有期徒刑或者拘役。

《中华人民共和国刑法》对期货交易中欺诈行为的处罚较轻，根据《中华人民共和国刑法》第一百八十一条的规定，只有造成了严重后果、情节特别恶劣的，才构成犯罪，给予罚金刑，而且对于后果的严重程度和情节的恶劣程度都没有具体量化描述，这对实践操作带来了一定困难。同时，该条规定缺少资格刑的规定，期货欺诈与行为人的职业有关，行为人正是利用了自己的职业从事欺诈活动，对于这种利用自己的从业资格优势从事欺诈活动的行为人，取消其从业资格可以有效地防止其利用这种资格优势继续进行欺诈行为。

（二）行政责任

《期货交易管理条例》第六十八条规定，期货公司有下列欺诈客户行为之一的，责令改正，给予警告，没收违法所得，并处所得1倍以上5倍以下的罚款；没有违法所得或者不满10万元的，并处10万元以上50万元以下的罚款；情节严重的，责令停业整顿或者吊销期货业务许可证：①向客户作获利保证或者不按照规定向客户出示风险说明书的；②在经纪业务中与客户约定分享利益、共担风险的；③不按照规定接受客户委托或者不按照客户委托内容擅自进行期货交易的；④隐瞒重要事项或者使用其他不正当手段，诱骗客户发出交易指令的；⑤向客户提供虚假成交回报的；⑥未将客户交易指令下达到期货交易所的；⑦挪用客户保证金的；⑧不按照规定在期货保证金存管银行开立保证金账户，或者违规划转客户保证金的；⑨国务院期货监督管理机构规定的其他欺诈客户的行为。期货公

司有前款所列行为之一的，对直接负责的主管人员和其他直接责任人员给予警告，处1万元以上10万元以下的罚款；情节严重的，暂停或者撤销任职资格、期货从业人员资格。任何单位或者个人编造并且传播有关期货交易的虚假信息，扰乱期货交易市场的，依照本条第一款、第二款的规定处罚。

中国的《期货交易管理条例》只是笼统地规定了几种情况构成欺诈客户的行为，与国外立法相比，并没有对期货欺诈行为作出专门规定，不能完全涵盖实践中可能出现的情况。

（三）民事责任

对金融衍生品交易中欺诈方法律责任的确认，使得受欺诈方所受的经济损失得到相应的补偿，这在一定程度上有利于恢复已经扭曲的资源分配，整合已经失衡的利益关系。一方面保护了守法投资者的利益，另一方面也使得欺诈方不因违法而得利，促进了金融衍生品市场公平、稳健的发展。

目前，中国仅在民商事领域中规定了欺诈行为所承担的法律责任，并没有专门针对金融衍生品欺诈行为民事责任承担的相关法律法规。《中华人民共和国合同法》第五十四条规定了"一方以欺诈、胁迫的手段或者乘人之危，使对方在违背真实意思的情况下订立的合同，受损失方有权请求人民法院或者仲裁机构变更或者撤销"；第一百一十三条第二款也规定了"经营者对消费者提供商品或者服务有欺诈行为的，依照《中华人民共和国消费者权益保护法》的规定承担损害赔偿责任"。对于金融衍生品交易中的欺诈行为，欺诈方负有损害赔偿的责任是毋庸置疑的，但是由于金融衍生产品交易具有不可预测性和多变性等特征，被欺诈方财产利益的损害赔偿数额经常难以轻易确定，因此采用一个合理的计算标准对于交易中欺诈行为的法律责任的公平分配具有重要的意义。

法律法规链接

《中华人民共和国刑法》（1979年7月1日第五届全国人民代表大会第二次会议通过，1999年3月14日第八届全国人民代表大会第五次会议修订）

《期货交易管理条例》（2007年3月6日发布，2012年10月24日修订，2012年12月1日起施行）

《中华人民共和国证券法》（1998年12月29日第九届全国人民代表大会常务委员会第六次会议通过，根据2004年8月28日第十届全国人民代表大会常务委员会第十一次会议《关于修改〈中华人民共和国证券法〉的决定》第一次修正，2005年10月27日第十届全国人民代表大会常务委员会第十八次会议修订；根据2013年6月29日第十二届全国人民代表大会常务委员会第三次会议《关于修改〈中华人民共和国文物保护法〉等十二部法律的决定》第二次修正）

《中华人民共和国合同法》（1999年3月15日由中华人民共和国第九届全国人民代表大会第二次会议通过，1999年10月1日起施行）

本章思考题

1. 简述法律责任的认定及原则。
2. 简述金融衍生品内幕交易的概念和特征。
3. 简述金融衍生品价格操纵的特点。
4. 分析金融衍生品价格操纵的行为方式。
5. 简述金融衍生品欺诈行为的主要表现。
6. 简述金融衍生品欺诈行为的特点。

第十二章 金融衍生品纠纷的多元化解决机制

本章概要

金融衍生品纠纷解决是指金融衍生品消费者在进行金融衍生品交易时，自身的权利受到了侵害，依法向有关机关申请解决纠纷，维护自身合法权益的行为。面对金融衍生品纠纷的纷繁复杂，多元化纠纷解决机制的引进有其必要性。本章主要介绍了独立的第三方纠纷解决、金融调解、金融仲裁和金融法庭等金融衍生品纠纷的多元化解决途径。

本章重点知识

- 纠纷多元化解决机制的概念和特征
- 金融衍生品纠纷多元化解决机制的概念和内容
- 独立的第三方纠纷解决途径（FOS）
- 金融仲裁
- 金融调解

引读案例

雷曼"迷你债券"风波

2008 年，中国香港发生了雷曼"迷你债券"①（Mini bond，意为微型或小面额债券）风波，众多购买雷曼"迷你债券"的个人投资者因面临资产的巨大损失而向香港金融管理局和有关监管部门提出申诉，数百名投资者上街游行表示不满。据统计，雷曼"迷你债券"已在香港发售 36 期，累计发售金额达 127 亿港币，涉及民众近万人。随后，雷曼"迷你债券"风波愈演愈烈，蔓延至新加坡等地。对此，投资者可以采取哪些方式来挽回巨额损失，从而保护自身的利益？

---

①事实上，"迷你债券"是一种高风险的金融衍生产品。雷曼兄弟通过由其成立的独立机构 Pacific International Finance Limited（PIF）发行"迷你债券"。PIF 向投资者筹集到足够资金后，便购入担保债务凭证（CDO），由 HSBC Bank USA National Association 作为受托人，并以此发行了一个信用违约掉期（CDS），和 8 家金融机构（美国银行、花旗银行、高盛、汇丰、摩根大通、美林、摩根士丹利和渣打）的信贷挂钩，如果这些机构出现破产，PIF 便以手上的 CDO 换取破产机构相关的债券，为投资者提高回报，但同时投资者也将面临这些机构的信贷风险。

第一节　金融衍生品纠纷多元化解决机制的概述

一、金融衍生品纠纷解决概念的提出

(一) 金融消费纠纷的概念

提及金融纠纷，往往浮现在人们脑海中的都是借款纠纷这个概念，银行类借款纠纷更是为大众所熟知。传统的金融纠纷主要包括借款纠纷、借款担保合同纠纷等。然而，随着经济的不断发展、金融市场的不断开放和金融衍生品的不断创新，新型金融消费纠纷悄然兴起。

金融消费纠纷，是指消费者与金融机构之间因金融产品或服务而引发的纠纷，其涵盖了存贷款、银行理财产品、信用卡、保险、证券投资理财、信托、融资租赁、典当、金融衍生品等领域。

(二) 金融消费纠纷的特点

金融消费纠纷的特点主要表现如下。

1. 纠纷主体之间的不对称性

金融纠纷的争议主要发生在不特定的广大消费者与相对固定的金融机构之间。一旦金融产品在运作过程中发生风险，往往会殃及大量消费者。由于消费群体的广泛性，个案纠纷的解决过程及结果往往具有示范效应。纠纷主体间的不对称主要体现为财力不对称和信息不对称两方面。

由于金融机构的资金雄厚，风险识别和承担能力远远高于势单力弱的金融消费者，两者在财力方面差距悬殊。金融机构依托其庞大的专业团队，通过一系列的复杂测算，设计出具体的金融产品。在金融机构的宣传下，一些并未充分理解金融产品或服务的消费者为追求"高回报"、"高收益"，购买了不适合其自身或家庭状况的金融产品。对金融产品的片面理解和对风险的忽视，都将引发金融消费纠纷。

普通消费者，通常是依据金融机构所作的宣传和解释，大致了解金融产品或服务的内容，而无法得知甚至也无法理解其内在的原理和具体的操作方式。金融消费中的信息不对称，引发了消费者对金融机构的不信任，进而产生纠纷。也正是由于纠纷双方的信息不对称，消费者一方通常难以举证证明金融机构在合同履行过程中存在违约行为。在依据法律法规及司法解释仍无法确定举证责任时，由于金融机构掌握了交易的有关信息，存有合同履行过程中的单据，在特定情况下，金融机构将被认定负有举证责任，应证明自己在履约过程中并无过错。若金融机构在业务操作流程中未能及时留存证据，将在举证不力的情况下，对消费者承担赔偿责任。此外，金融机构也承受着信息不对称带来的风险。金融机构获取消费者的个人资产、收入状况等信息，包括投保时消费者的个人健康状况、家族病史等，大多基于消费者的陈述，并仅对其提供的资料进行形式审查。因而这些信息的真实性、准确性在很大程度上依赖于消费者自身的诚信度。因此，也不乏因消费者隐瞒个人信息、伪造文件等不诚信行为而引发的纠纷。

2. 纠纷标的的高额性

与其他类型的纠纷相比，金融纠纷产生的标的额往往过于高昂。从以往法院受理的金融纠纷案件来看，金融案件的标的额动辄几十万、几千万甚至几个亿，与一般的民商事纠纷相比，可谓件件都是天文数字般的标的额。如此数目巨大的金融纠纷，让当事人的的确确拖不起，时间越久，当事人承担的风险就越大。加之金融市场本就是个钱生钱的市场，市场行情瞬息万变，对快速高效的要求甚至高过公平正义，"迟来的正义非正义"对于金融市场而言寓意更加鲜明。按照经济学中的"冰棍理论"，包括资金在内的成本闲置得太久，就会慢慢地耗费，直至损失殆尽。相反，纠纷处理得越及时，资金越可以早日回归回报率最大化的投资渠道，为当事人带来更多的效益。

3. 纠纷内容的专业性

金融消费纠纷指向的主要是金融产品和服务，它不同于一般的商业争议，特别是一些新兴领域的金融产品和衍生服务，具有极强的专业性，并存在很多具有争议性的问题，这就对裁判者提出了很高的要求，不仅要具备法律知识和审判技巧，还要熟悉该行业和领域的惯例和交易习惯。

比起权责关系明确、适用法律清楚的一般刑民案件，金融案件不仅涉及法律知识，还涉及金融知识，所以相对于其他案件专业性更强。金融案件审理者，除了要深谙法律适用之道以外，还必须通晓一定的金融知识，才能在案件审理中游刃有余。以近几年有增无减的票据纠纷案件为例，倘若法官对基本的票据知识一知半解，便难以在案件审理中厘清案件事实，仅有满腹法律学识，即便能做到以法律为准绳，也做不到以事实为依据。

(三) 金融衍生品纠纷解决的概念

金融衍生品纠纷解决是指金融衍生品消费者在进行金融衍生品交易时，自身权利受到侵犯，依法向有关机关申请解决纠纷，维护自身合法权益的行为。从国外金融衍生品纠纷解决机制来看，金融衍生品纠纷解决的途径主要包括向金融监管机构投诉、通过独立的第三方机构解决纠纷、向金融仲裁机构申请仲裁以及诉讼解决纠纷等。

二、金融衍生品纠纷的多元化解决机制的具体内容

金融衍生品纠纷的解决机制主要包括诉讼、独立的第三方纠纷解决、仲裁、调解等内容。

(一) 诉讼

诉讼是国家司法机关依据法定程序，解决纠纷，处理案件的专门活动。诉讼意味着对国家意志及法律权威的接受和服从，其自身的强制性与权威性对于解决个体利益纠纷，乃至社会整体利益纠纷都有着不可或缺的作用。因此，健全的诉讼制度是保护投资者的有力

基石。

在实践中，中国金融衍生品交易的相关纠纷一般都是采用诉讼的形式进行解决，诉讼依据主要包括《中华人民共和国民法通则》、《中华人民共和国合同法》、《中华人民共和国民事诉讼法》等有关法律、行政法规，一般以民事诉讼的审理程序进行。以中国的期货行业为例，为了正确审理期货纠纷案件，中国于 2003 年 5 月 16 日通过了《最高人民法院关于审理期货纠纷案件若干问题的规定》，其中规定法院审理期货合同纠纷案件，应当严格按照当事人在合同中的约定确定违约方承担的责任；法院审理期货侵权纠纷和无效的期货交易合同纠纷案件，应当根据各方当事人是否有过错，以及过错的性质、大小，过错和损失之间的因果关系，确定过错方承担的民事责任。针对期货纠纷解决的管辖，《最高人民法院关于审理期货纠纷案件若干问题的规定》认为应当依据民事诉讼法第二十四条、第二十五条和第二十九条的规定确定期货纠纷案件的管辖。期货纠纷案件由中级人民法院管辖。高级人民法院根据需要可以确定部分基层人民法院有权受理期货纠纷案件。

（二）独立的第三方纠纷解决

金融监察服务机构（Financial Ombudsman Service，FOS）是一种独立的第三方纠纷解决途径，一般是在金融监管机构的支持下成立的非政府组织，专门处理金融消费者的投诉并对争议作出裁决。[1] 英国和澳大利亚是建立 FOS 解决金融消费纠纷的先行国家，此外，印度、马来西亚、新加坡、爱尔兰、新西兰、南非等国在处理金融消费纠纷时也选择了 FOS 这种替代性争议解决制度。目前，中国在解决金融衍生品纠纷的过程中并未引进此种途径。

（三）仲裁

仲裁，是指争议双方在争议发生前或争议发生后达成协议，自愿将其争议交付非司法机关的第三者居中评判并作出裁决，该裁决对双方当事人均具有拘束力的一种解决纠纷的方式。仲裁程序的适用是以当事人之间存在仲裁协议为前提的，具体到金融衍生品交易，交易的双方无法在交易前达成仲裁协议，只存在纠纷发生之后达成仲裁协议的可能性，所以说，从理论上看，仲裁可以成为金融衍生品纠纷解决的途径之一。目前，采用仲裁的方式解决金融纠纷，比较常见的主要集中于证券纠纷领域和期货纠纷领域。

随着中国金融市场的日新月异，金融衍生品市场不断出现损害投资人利益的现象，特别是虚假陈述、操纵市场、欺诈客户、内幕交易等情况普遍存在。同时，由于中国金融衍生品立法和司法尚不完善，投资者利益还得不到完整有效的保护，这在很大程度上动摇了投资者的信心，也制约了我国资本市场的持续健康发展。通过在金融仲裁制度中建立起有效的金融衍生品仲裁制度，可以在一定程度上改善这种局面，特别是可以引进美国证券争议仲裁制度中的先进制度，来完善中国金融衍生品仲裁制度，促进中国金融衍生品行业的发展。

---

[1] David Thomas, corporate director and principal ombudsman Financial Ombudsman Service, Insurance regulation, dispute—resolution and compensation in the United Kingdom. Tashkent International Insurance Forum, 2009—3.

(四) 调解

现代金融业是市场经济的核心。对于金融领域所发生的纠纷，特别是作为个体的金融投资者、消费者与金融机构、交易市场组织、金融监管机构之间的纠纷，如果处理不好将带来严重的社会矛盾，危及社会的稳定，阻碍金融产业对社会经济发展的促进作用。所谓金融衍生品纠纷调解，就是指各方当事人就争议的实体权利义务，在金融调解组织的主持下，自愿进行协商，通过教育疏导，促成各方达成协议、解决纠纷的专业调解机制。金融衍生品纠纷调解作为纠纷多元化解决机制的重要组成部分，具有专业性、公正性、快捷性等优势，其对缓和金融衍生品纠纷引起的矛盾，维护金融衍生品市场安定，具有积极作用。

第二节 独立的第三方纠纷解决途径

金融监察服务机构（Financial Ombudsman Service，FOS）是一种独立的第三方纠纷解决机构，它一般是在金融监管机构的支持下成立的非政府组织，专门处理金融消费者的投诉并对争议作出裁决。英国和澳大利亚是建立 FOS 解决金融消费纠纷的先行国家，此外，印度、马来西亚、新加坡、爱尔兰、新西兰、南非等国在处理金融消费纠纷时也选择了 FOS 这种替代性争议解决机制来应对金融纠纷。目前，我国对金融衍生品纠纷的解决并没有引入此种制度。

一、英国的金融督察机制

20 世纪七八十年代的英国，伴随着金融混业经营的出现，金融产品不断加快更新换代的速度，金融机构提供了品种繁多、结构复杂的金融产品，使投资者眼花缭乱。与此同时，参与投资的公众比例逐渐提高，新增的投资者往往是没有投资经验的新手，这就导致投资者与金融机构间的信息不对称问题不断加剧。为了在混业经营的背景下为消费者提供更为有效的保护，巡查员制度逐步被引入到金融领域。1981 年英国保险业巡视员组织率先成立；1983 年，在英国消费者委员会的建议下，银行业巡查员组织成立，并于 1986 年开始运行；1986 年，随着以金融自由化为特征的英国金融"大爆炸"（Big Bang）改革的深入，《金融服务法》颁布，要求金融业成立巡视员组织作为本行业自律监管的一部分。至 20 世纪 80 年代末，英国已经拥有保险巡查员组织、银行巡查员组织、房屋互助协会巡查员组织、投资管理巡查员组织、个人投资巡查员组织等 8 个巡查员组织，专门处理金融产品消费者与金融机构的争议，为金融消费者提供适当保护。[1]

8 个金融巡查员组织采用分别设立的模式，因而产生了一系列的缺陷，例如，消费者

①徐慧娟. 浅谈英国金融巡视员制度与消费者权益保护——兼论对我国金融监管的借鉴［J］. 金融论坛，2005 (1).

求助受限、管辖重合、浪费纠纷解决成本等。对此，2001年英国颁发了《金融服务与市场法》，其中第十七部分详尽规定了"巡查员计划（The Ombudsman Scheme）"，包括计划及计划的操作者、强制性管辖、消费信贷管辖、自愿性管辖、强制性管辖下的裁定、诉讼费用、巡查员要求提交信息的权利、法院要求提交信息的权利、资料保护、资金等。[①]

根据《金融服务与市场法》的规定，英国金融服务局（Financial Services Authority, FSA）作为英国金融市场的统一监管者，其在整合原有金融业巡视员组织后，成立了统一的金融巡视员组织——英国金融投诉与申诉专员服务机构（FOS），为金融产品的消费者提供了一个替代性的争议解决制度。此制度的建立也为不断出现的金融衍生品纠纷提供了解决的途径。

FOS作为公司制组织，无须向国会负责，而是直接向FSA负责。FOS的运作既保持了独立性，又与FSA紧密合作并受到FSA的约束，充分体现了英国金融业"监管机构内部权力相互制衡，防止权力滥用"的立法原则。FOS内设董事会，董事和董事会主席由FSA任免，董事会主席的任免还需财政部批准。现在英国FOS是目前世界上最大的巡视员组织，自其设立后，每年都会接受大约100万次的咨询并解决15万个金融纠纷，对保护金融消费者发挥了重要作用。

从FOS的管辖性质来看，在FOS管辖下的金融机构分别接受两种管辖。一是"强制性管辖"，凡被纳入FSA监管，由其授权经营的金融企业与金融服务消费者之间的投诉纠纷都要纳入FOS的受理范围，且必须符合以下条件：申诉人的申诉地位是适格的，并希望通过计划处理申诉；申诉的案件发生时（包括作为与不作为）被申诉人也具有适格性且强制管辖权规则对所涉及的事物具有约束力。换言之，在全部符合上述条件下的申诉，FOS必须予以受理，不得拒绝。二是"自愿性管辖"，即"接受该管辖的金融机构其活动不受法令限制，但为了增强公众对自身的信任，自愿接受FOS的管辖"[②]。不由FSA监管的企业与客户之间的金融服务纠纷，在与FOS按照格式化的合同订立三方书面协议的前提下可纳入FOS的受理范围。

FOS对于纠纷解决的程序主要包括纠纷解决的前置程序、早期中立评估、最终决定和后续机制4个部分。

（一）FOS解决纠纷适用前置程序

当金融消费者与金融机构发生纠纷时，需要金融消费者首先向金融机构进行投诉，经历一个内部处理程序。[③] 如果消费者对金融机构的书面答复不满意或者金融机构自消费者投诉之日起8个星期未向金融消费者答复，此时消费者才可以向FOS投诉。需要注意的是，金融消费者因不满意金融机构的答复向FOS投诉的，应在收到最终回复之日起6个月内进行。如果金融消费者收到回复之后超过6个月未向FOS投诉，FOS将视作已经放

---

①http://www.legislation.gov.uk/ukpga/2000/8/schedule/17。

②周良．论英国金融消费者保护机制对我国的借鉴与启示［J］．上海金融，2008（1）．

③金融服务监管局手册要求金融企业必须将内部处理程序落实到位，包括合理的补偿规则、时效、记录保持。例如，英国汇丰银行在其官网上详细公布了其接受客户投诉的内部处理程序指引，并明确提示消费者如果不满意银行5个工作日的书面或电话回复或者银行8个星期未回复可以向FOS投诉。

弃投诉的权利,不再受理。[1]

(二)早期中立评估

当确认案件符合受理条件时,FOS 会先审查争议双方的陈述以及案件相关事实,并将可能的处理结果提前告知当事人,以便促成当事人通过协商达成一致,结束程序,这就是所谓的"早期中立评估"。而法院的诉讼程序,直到法官作出最后裁判之前,当事人对结果都是无从得知的。FOS 第一任首席巡查官沃尔特·梅里克斯曾经说过,"早期中立评估",让 FOS 在使用巡查员的最终决定之前就解决了超过 90% 的案件。[2]

(三)最终决定

当"早期中立评估"没有促成纠纷解决时,FOS 也可以采用非正式方式来处理案件,从而避免巡查员作出的最终决定。可是一旦 FOS 需要官方决定时,官方决定即为最终决定。如果 FOS 认为金融企业给金融消费者的待遇是公平的,将告知消费者理由,如果认定金融企业的行为是错误的,将让企业予以纠正。按照规定,FOS 需要在 6~9 个月内(通常为 6 个月)处理纠纷,并随时通知投诉者案件的进展情况。

(四)后续机制

巡查员的决定是否对双方当事人产生约束力是由投诉人来决定的,如果投诉人不同意,则视为决定不产生约束力。在 FOS 制度下,投诉人没有义务接受巡查员的处理决定。但如果投诉人一旦接受,则金融企业也必须接受。如果投诉人不满巡查员的处理决定,可以要求司法复议或向法院提起诉讼。

二、澳大利亚的金融督察机制

受 2000 年英国成立 FOS 的影响,2008 年 7 月,澳大利亚银行和金融服务督察机构、金融行业申诉服务机构和保险督察服务机构合并为全国金融督察服务机构(FOS)。澳大利亚 FOS 由澳大利亚证券和投资委员会批准成立。2009 年 1 月 1 日,信托争议处理中心和保险经纪争议处理有限公司各自成为 FOS 的分支机构。

澳大利亚 FOS 依据澳大利亚《公司法》成立,其最高决策机构是由全体会员组成的会员大会,而常设决策机构则为董事会。目前,澳大利亚 FOS 董事会由 9 名董事构成:1 名独立董事,4 名金融行业董事,4 名消费者董事。独立董事为董事会主席。董事不能来自同一机构或者同一集团。

与英国不同,澳大利亚没有强制性管辖,只有自愿性管辖。只有当金融机构选择加入澳大利亚证券和投资委员会批准的"外部争议解决计划",成为 FOS 的成员,金融消费者

---

① 《英国投资者保护救济制度概况》,参见 http://www.sipf.com.cn/jyzx/llyj/10/2362.shtml。
② See Walter Merricks, "The Financial Ombudsman Service: not just an alternative to court", Journal of Financial Regulation and Compliance, Vol. 15, No. 2, 2007, pp. 135-142.

与该金融机构的争议才能被提交至 FOS 处理。目前，已有近 3800 家金融机构加入"外部争议解决计划"，成为 FOS 的成员。FOS 允许任何在澳大利亚经营的金融机构参加。任何在澳大利亚经营的金融机构都可以申请加入。

而发生在消费者与银行间的争议，只有符合下列情况，FOS 才受理消费者的投诉：争议是与参与"外部争议解决计划"的银行和其附属机构提供的金融服务有关的；消费者是个人或者小型企业；争议金额不超过 28 万澳元。

对于消费者与保险公司的争议，投诉者也只有符合一定的条件，FOS 才受理投诉：持有参与"外部争议解决计划"的保险公司保单的金融消费者；持有参与"外部争议解决计划"的保险公司的保单的受益人；特定的小企业；特定的乘客。FOS 处理纠纷设有最高金额，对于人寿保险争议，最高金额为 20 万澳元；对于每月都从保险公司领取保险金的争议，最高金额为 6 万澳元；对于其他保险服务，最高金额为 15 万澳元。

同样，对于消费者与信托基金之间的争议，只有符合下列情况，FOS 才受理消费者的投诉：由参与"外部争议解决计划"的信托公司和金融服务提供者提供的金融服务产生的；消费者是一个个人或者小企业；损失不超过 28 万澳元。

第三节　金融调解

金融纠纷调解作为纠纷多元化解决机制的重要组成部分，在国外及中国香港、中国台湾等地区施行已久。在金融纠纷调解制度下，金融纠纷双方或多方当事人在金融调解组织的主持下就金融争议的实体权利、义务进行协商，并自愿达成协议、解决纠纷。从国际经验来看，英国、德国、新加坡等国家，以及中国台湾、中国香港地区设立了专门机构从事金融纠纷调解，形成了各具特色的金融纠纷解决机制，对润滑金融市场关系、降低金融纠纷发挥着重要的作用。例如，作为美国最大的证券业自律组织的美国金融业监管局（Financial Industry Regulatory Authority，FINRA），是美国乃至世界最大的证券仲裁和调解机构，其根据《调解程序规则》开展证券调解；日本以《金融商品交易法》为制度框架，于 2009 年建立和完善了金融专业调解制度，并修改了《银行法》、《保险法》等与金融相关的一系列法律，创设横跨各金融行业的 ADR 制度。[①] 中国台湾地区通过了《证券投资人及期货交易人保护法》，并根据该法成立了"财团法人证券投资人及期货交易人保护中心"，为投资者提供咨询、申诉、调处、提起团体诉讼或仲裁等服务。保护中心设置调解委员会，专责处理证券投资人或期货交易人的民事争议案件调解事宜。[②] 在中国，消费者主要采取到银行同业公会、证券同业公会、期货业协会等行业协会寻求调解和到上海经贸商事调解中心等专门的调解机构寻求调解的方式来处理金融纠纷。

---

①杨东，《境外金融消费者纠纷解决机制比较分析》，载《中国证券业协会 2012 年 7 月银川会议资料》，第 35 页。
②邢会强. 金融消费纠纷的多元化解决机制研究 [M]. 北京：中国金融出版社，2012：136.

一、金融衍生品纠纷调解的概述

（一）金融衍生品纠纷调解的概念

随着金融市场的不断发展，金融纠纷层出不穷，调解作为一种有效的非诉讼纠纷解决方式，在金融纠纷中发挥着重要的作用，金融调解涉及范围比较宽广，包括银行、保险、证券、期货等诸多领域。但鉴于分业监管现象的存在，如果将所有争议都归到调解机制中来，或许并不实际，目前的金融调解主要集中在纠纷发生频繁、争议较难解决的领域，如证券领域、期货领域等。金融衍生品纠纷调解是指金融衍生品纠纷双方或多方当事人就金融衍生品争议的实体权利、义务，在金融调解组织的主持下进行协商，并自愿达成协议、解决纠纷的过程。它是金融衍生品交易领域中以调解为手段的专门性纠纷解决程序。

（二）金融衍生品纠纷调解的基本类型

根据行业类型的不同，金融纠纷调解可以分为银行类、证券类、保险类、信托类、金融衍生品类纠纷调解等。其中，金融衍生品类纠纷调解可以再进一步细化为金融期货类、金融期权类和金融互换类纠纷调解。根据程序的启动方式不同，金融衍生品纠纷调解可分为依申请调解和依职权调解两种。依申请调解是指经当事人申请而提起的调解；依职权调解则是指调解机构主动引起的调解程序。前者作为一种常态被广泛应用，后者多是针对金融机构的，即参与调解是金融机构的强制义务，投资者单方提出申请后即可以启动程序，从而保证了纠纷解决的实效性。

二、美国金融业监管局（FINRA）的证券调解

（一）美国金融业监管局概述

为了缓解美国仲裁案件不断积压的局面，1989 年全国证券商协会（the National Association of Securities Dealers，NASD）推出了调解服务。由于美国仲裁协会和美国仲裁调解公司没有相关的证券调解程序，NASD 最初的作用就是推荐纠纷当事人到这两个机构进行调解，但这种做法并没有起到很好的作用。于是有人提议，NASD 应该建立内部调解机制。1995 年，经美国证券交易监督委员会（U. S. Securities and Exchange Commission，SEC）批准，NASD 修改了《仲裁程序规则》（*Code of Arbitration Procedure*），增加了证券调解的相关规定。2007 年，经 SEC 批准，美国证券业自律组织完成了一次具有里程碑意义的整合：NASD 和纽约证券交易所（New York Stock Exchange，NYSE）将其会员监管业务进行合并、重组，建立了美国最大的非政府证券监管机构——FINRA，其成为美国乃至全世界最大的证券仲调解机构。

（二）FINRA 的适用范围

FINRA 建立后，沿用经 NASD 修改的《调解程序规则》。根据《调解程序规则》，

FINRA 适用于任何提交给 FINRA 调解的事项，但其并未将"事项"详细化。实践中，主要分为三大类：一是投资者与证券商间的纠纷；二是证券商相互间的纠纷；三是证券商与其雇员间的纠纷。其中，投资者与证券商间的纠纷最为普遍。

(三) FINRA 证券调解的程序

调解的启动，是以当事人向 FINRA 调解主任提交《提交调解协议》开始的。提交协议后，FINRA 的调解工作人员会要求双方当事人在《提交调解协议》上签字，然后提交给 FINRA 调解主任。对于纠纷事项是否符合调解条件，由 FINRA 调解主任行使决定权。FINRA 在与双方交换意见后，拟订调解员候选名单供双方当事人选择，如果当事人没有选定协调员，FINRA 调解主任也可以代为指定。选定调解员后，FINRA 调解工作人员会与调解员、当事人通过电话、视频或会面来协商调解时间和地点。FINRA 开庭调解主要包括两种模式：一种是调解员和各方当事人都参加的；另一种是 FINRA 调解员与各方当事人分别会面的。

三、中国香港和中国台湾地区的金融纠纷调解制度

(一) 中国香港的金融纠纷调解机制

2008 年次贷危机之后，金融创新产品和服务带来的各种问题开始引起人们的关注，这其中就包括由金融创新所引起的一系列急剧增长的金融纠纷。对此，中国香港于 2012 年 6 月成立了金融纠纷调解中心，作为一个非营利机构，其负责管理一系列的金融纠纷调解机制，即以先调解后仲裁的方式，协助解决金融机构和金融消费者之间的金融纠纷。

1. 金融纠纷调解机制的原则和范围

金融纠纷调解机制应遵循的原则主要包括 4 个方面。其一，独立。即调解程序应独立。其二，公正公开。即调解的程序应对当事双方都公正公平，并应具有透明度。其三，简明便利，即金融调解及金融调解中心应方便金融消费者及被监管机构，相关程序也应清楚、明晰及简便。其四，效率。即调解机制应较迅速地解决纠纷，区别于诉讼程序的冗长。

金融纠纷调解机制的适用范围：①纠纷因金融机构向个人消费者或独资经营者提供服务而引起；②纠纷涉及金钱问题；③纠纷涉及获金管局或证监会发牌或受其监管的金融机构。可以看出，在投资者方面，只有那些与金融机构有个人客户关系的个人消费者及独资经营者才可视作调解中心具有合适资格的投诉人。在金融机构方面，调解中心在初期仅涵盖获香港金管局及证监会发牌或受其监管的金融机构，因为大部分属金钱性质的纠纷都涉及这两个范畴的服务。所以，只有那些与个人消费者或独资经营者有个人客户关系的金融机构，才应成为金融纠纷调解机制的成员；没有经营零售业务或不与个人消费者或独资经营者进行交易的机构，则不纳入机制之中。

2. 金融调解中心的法律形式

金融调解中心是以担保有限公司的形式成立并运行的。这样操作的优点在于，注册程

序简单直接，而且无须特别立法。同时，可以保持其独立于政府、监管机构、业界及类似的消费者组织。英国、澳洲及新加坡的金融纠纷调解机制都是由担保公司运作的。但金融调解中心的权力最终必须源自立法。通过立法强制规定凡属香港证监会及金管局权限以内以及跟个人消费者有交易的受监管或持牌金融机构，均须成为调解中心运作的金融纠纷调解机制的成员。没有经营零售业务或不与个人消费者进行交易的机构，则不必加入金融纠纷调解机制。

此外，为了监督其工作成效，保证金融调解中心的高效运作，调解中心由一个董事局管理，董事局成员由特区政府委任。董事局负责监察调解中心的运作，并确保纠纷解决程序独立而且公正。董事局的职责是让被监管机构和金融消费者对调解中心严谨而有效率的治理方式有信心。因此，为了保证董事局具有广泛的代表性，能反映民众和金融机构的意见，董事局成员都为备受推崇的社会人士，并须具备金融服务及消费者保障的知识。董事局由7～11名独立非执行董事组成，当中包括主席。

3. 金融调解的申诉金额和收费

考虑到调解中心简便快捷的目标，可行的做法是就消费者可申诉的金额设定上限。金融纠纷调解机制下的最高申诉金额为50万港元。这个金额涵盖超过八成由金管局处理的金钱纠纷个案及约八成的股票投资者。设定申诉上限可加强调解中心借调解方式达成和解的能力，亦可迎合调解中心使用者的需要，因为他们都是个人客户，申诉额应不会太高。

就调解中心所提供的服务，按照用者自付的原则向金融消费者及金融机构收费，所得收入用于弥补调解中心的部分营运开支。目的在于，一方面让消费者有一个费用相宜的途径去解决纠纷；另一方面为金融机构提供足够诱因，鼓励它们在纠纷发生的初期将之解决。在具体的收费方面，主要包括以下两个方面。

第一，如果消费者不确定自己的个案是否属于金融纠纷调解机制的服务范围，或不清楚应如何进一步解决其纠纷，可向调解中心查询及索取有关资料，而这项查询服务是免费的。但当消费者其后向调解中心提交针对某金融机构的申诉表格时，就其所提出的每项申诉收取100港元。优点在于，可以阻吓属于无理取闹性质的投诉，避免浪费有限的调解资源，同时可以鼓励大多数真正的纠纷当事人使用有关服务。

第二，如果纠纷个案进入调解及仲裁阶段，调解中心便会向申诉人及金融机构征收不会退还的费用。在金融机构方面，通过向金融机构收取较高的费用，鼓励它们完善其内部的投诉处理制度，并加以善用，而不只是依赖调解中心处理。事实上，金融纠纷调解中心的具体收费水平是与消费者的申诉金额挂钩的。如申诉金额少于10万港元，在个案进入调解阶段时，就每个案件向申诉人收取定额费用500港元，以及向金融机构收取5000港元。如申诉金额为10万～50万港元，则应向申诉人收取定额费用2000港元，以及向金融机构收取1万港元。假定纠纷不能通过调解方式解决，对于进行仲裁程序的纠纷，应向申诉人收取定额费用5000港元，以及向金融机构收取20000港元。因为仲裁耗时过长而产生的任何额外费用，则由双方平均分担。

（二）中国台湾证券的调处机制

作为大陆法系的地区，中国台湾一直以来都拥有完备的成文法体系。对于证券民事行为和责任，主要由《证券交易法》和《期货交易法》进行规制。为了更好地保护投资者利益，不断完善证券和期货市场，中国台湾于 2002 年 7 月由监管部门颁布了《证券投资人及期货交易人保护法》，此后台湾证券及期货管理委员会又颁发了《证券投资人及期货交易人保护机构管理规则》（以下简称《管理规则》）、《证券投资人及期货交易人保护机构调处委员会组织与调处办法》（以下简称《调处办法》）。这些规范性文件建立了台湾的证券调处纠纷解决机制。

1. 调处机构的概述

按照《证券投资人及期货交易人保护法》的规定，纠纷调处由行业自律组织设立专门的机构（以下称"保护机构"）进行。根据《证券投资人及期货交易人保护法》第七条的规定，保护机构就是指由证券期货行政主管机构（台湾证券及期货管理委员会）指定行业自律组织联合设立的财团法人。保护机构设立董事会和监察人，其职责主要为调处证券纠纷，除此之外还包括保管、使用保护基金，接受业务查询，代理投资人进行诉讼或仲裁等。

2. 纠纷调处的范围

根据《证券投资人及期货交易人保护法》第二十二条的规定，保护机构调处的范围包括因有价证券的募集、发行、买卖或期货交易及其他相关事宜而产生的纠纷，并且限定了纠纷引起的主体，一方为证券投资人或期货交易人，另一方为发行人、证券商、证券服务事业、期货业、交易所、柜台买卖中心、结算机构或其他利益关系人。我国台湾的调处范围较广，囊括了证券商、交易所、结算机构、投资者等各方市场参与者，从而将证券募集、发行、买卖、交易等证券期货投资全过程涵盖在内。

3. 调处的处理

保护机构作为纠纷调处的机构，可以设立董事会和监察人。根据《证券投资人及期货交易人保护法》第二十二条和《调处办法》第二条的规定，在处理调处事项时，可以设置调处委员会，由 7～15 人组成。根据《证券投资人及期货交易人保护法》第四条规定，处理纠纷时，原则上应由 1/3 以上委员出席，并由主任委员担任主席。在当事人双方同意的情况下，可以由一名或数名委员调处。

根据《证券投资人及期货交易人保护法》第二十五条的规定，调处事件经双方当事人达成协议，调处成立。当调处协议的达成有困难时，调处委员会在平衡双方利益的前提下，可以经全体委员过半数同意做出调处方案，在 45 日内劝导双方同意。当事人在规定时间未表示不同意的，视为双方依调处方案调处成立。若一方当事人由多人组成时，其中一人或数人在规定时间内表示不同意的，该方案对其不产生效力，但对其他当事人视为调处成立。但是，如果表示不同意的当事人数超过全体人数的一半，则视为整个调处方案不成立。

4. 调处的效力

与仲裁不同，调处并不立即发生终局效力。根据《调处办法》第二十一条规定，保护机构应于调处成立之日起 7 日内，将调处书送达管辖法院审核。《证券投资人及期货交易人保护法》第二十六条规定，经法院核定的调处，与民事判决具有同等效力。若经法院核定，调处具有无效或可撤销原因，当事人可以向核定法院提起确认调处无效或撤销的诉讼，并可以将原纠纷事项合并起诉或提起反诉。这在一定程度上保证了调处能及时发生效力，增强了保护机构调解的权威性，保障了当事人及时履行生效调处。

第四节　金融仲裁

一、金融衍生品仲裁制度的概述

（一）金融衍生品仲裁的概念

金融衍生品仲裁是指金融机构、自然人和其他组织等金融主体，根据金融衍生品仲裁协议或有关规定，将在金融衍生品交易活动中发生的金融衍生品法律关系纠纷，提交约定或者规定的"非司法性质"第三者，由其对金融衍生品争议所涉权利义务作出裁决的一种金融纠纷解决法律制度。

（二）金融衍生品仲裁的特点

1. 仲裁员的专业性

仲裁员的选拔和聘用条件由《仲裁法》进行了严格的规定，而金融仲裁员的选聘应更具有行业性、专业性。金融交易品种的日渐多样化，使得金融纠纷所涉及的技术、事实和法律问题也更加复杂化，不熟悉金融专业的仲裁员便难以承担金融纠纷的审理工作。出身金融专业的仲裁员了解金融领域的交易规则、习惯，在审理金融争议时更能实现公平公正，更能提高审案效率，其裁决结果也将更利于金融市场的稳定。目前，上海金融仲裁院、广州仲裁委员会、中国国际经济贸易仲裁委员会等国内主要的仲裁机构，都对审理金融仲裁案件的仲裁员进行专门选聘并专设金融专业仲裁员名册，以保证仲裁员的专业性。

2. 费用成本低

实践中，由于争议金额过大，或由于案情或事实本身极具复杂性，或由于出现法律盲区或法理多元化，或由于当事人情绪对立，都易造成相当一部分金融纠纷很难通过自行和解或通过第三方的调解来解决，而往往都要诉诸法律程序。金融仲裁与诉讼这两种法律程序从成本角度相比较而言，金融仲裁施行的是一裁终审制并且比照普通仲裁案件减半收取受理费，这决定了金融仲裁的费用成本（包括仲裁费、律师费）一般情况下都会比诉讼低。

3. 效率高

金融仲裁不但具有一般仲裁的优势，如一裁终局、不公开等特点，而且根据行业特征更进一步优化和缩短了审理时限和程序，有利于节省纠纷解决的时间成本，避免了诉讼的循环往复，同时仲裁裁决的可执行性也可以达到诉讼判决的效果。这种纠纷解决机制迎合了金融追逐效率的特性。

4. 仲裁方式灵活简便

金融仲裁时，当事人不但可以选择信赖的仲裁员担任具体案件的仲裁员，还可以协商确定包括审理方式、开庭时间、开庭地点、仲裁语言等，一些涉外案件还可以约定争议适用的法律。在国际仲裁实践中，有时金融仲裁可以在双方约定的任何地点开庭审理，如找个环境优雅的宾馆，让双方当事人在轻松的环境下解决纠纷等。

二、国外的金融仲裁制度

(一) 美国的证券仲裁

在美国的金融仲裁制度中，证券仲裁制度十分发达。美国是现代证券仲裁的发源地，证券仲裁有着近 180 年的历史，形成了一套完善的制度和规则。

美国证券业务的仲裁主要是通过几个主要的证券交易场所来进行的，包括纽约证券交易所 (NYSE)、美国证券交易所、芝加哥期权交易理事会 (the Chicago Board Options Exchange Council，CBOE)、地方性证券规则制定理事会和全美证券经纪商协会 (the National Association of Securities Dealers，NASD)。自制定了《统一仲裁法》(*Uniform Code of Arbitration*) 后，各个交易所的仲裁规则趋向大同小异，主要内容如下。

1. 仲裁的基础

根据《统一仲裁法》和纽约证券交易所仲裁规则，任何仲裁条款含义都必须是明确的，并包含特定的语言表明仲裁条款的存在和对协议各方的约束力。[1] 在发生争议时，申请方可以依据这一仲裁条款申请仲裁。

2. 仲裁程序

仲裁程序是以一方向仲裁机构 (一般情况下，提交给交易发生地或者证券发行地的证券业自律组织) 提交仲裁申请开始的，申请一方需要签署一个服从协议。通常情况下，如果争议事件发生超过 6 年，仲裁庭将不再予以理会。申请一方在申请仲裁时需要缴纳仲裁费用。但是，如果在小额仲裁中，争议在仲裁员任命前已解决的，所有费用将退还给申请一方。而其余仲裁，如果第一次开庭前案件已解决的，仲裁机构在扣除 100 美元后，会将其余费用返还。如果确已开庭的，由仲裁员决定是否返还费用。

仲裁委员会收到仲裁申请后，会将副本送达被申请方，被申请方可以在 20 个工作日答复。然后，仲裁委员会将被申请方提交的答复等文件再送交申请一方，申请一方可以在 10 个工作日内进行答复。

3. 仲裁庭的组成

仲裁委在受理案件后，将由仲裁委员会主任任命仲裁员组成小组作为解决争议的仲裁员候选人。这些仲裁员不属于仲裁机构的雇员，他们从证券业自律组织领取酬金。每一个仲裁机构都有一个仲裁员名册，根据仲裁请求和当事人的类型确定仲裁员的数量和类别。在纽约证券交易所 (NYSE) 和全美证券经纪商协会 (NASD)，处理成员之间的争议的仲裁小组由完全来自证券业的仲裁员组成，而处理成员与非成员之间的争议的仲裁小组由"公众仲裁员" (Public Arbitrators) 组成，其由非证券业的人士组成。

---

[1] uniform Code of Arbitration Procedure S31 (a)；NYSE Constitution Rule 637.

对于普通争议，如果争议金额小于 1 万美元，将只任命 1 个仲裁员；如果是大额争议，仲裁小组将由 3 名仲裁员组成。候选仲裁员必须披露他们自身的基本情况以及是否存在可能的潜在利益冲突。每名仲裁员都需要宣誓，将根据当事人提交的书面文件和证据作出一个公正合理的判决。如果仲裁员不能作出一个公正的判决，则仲裁委员会主任将任命新的仲裁员。

4. 开庭

开庭时间由仲裁委员会主任安排，将提前 8 个工作日以书面形式告诉当事人双方，开庭地点原则上由仲裁委员会根据当事人方便原则、获取证据的可能性、选任合适仲裁员的可能性等因素决定。例如，纽约证券交易所（NYSE）和全美证券经纪商协会（NASD）都规定以争议发生时投资者的地址为开庭的地点。如果一方当事人或仲裁员书面请求，或经过仲裁委员会主任自由裁量，可以安排一个预先的开庭。仲裁委员会主任将确定开庭的时间和地点，并指定一名工作人员或者由仲裁员主持。预先的开庭可以通过电话或书面形式或面对面进行。在预备庭上，当事方有权提出各自主张。同时，在预备庭上，证据规则将不适用，仲裁员有权对证据是否采纳作出决定。

5. 裁决

仲裁员将在封卷后 30 天内做出书面裁决，裁决由多数仲裁员签名。裁决书的内容包括双方姓名、开庭的时间、地点及次数、立案时间、判决时间、争议事项、双方的仲裁请求以及裁决结果并附上仲裁员的姓名。在生效裁决作出之后，副本将通过证券业自律组织送达当事方。在纽约证券交易所（NYSE）和全美证券经纪商协会（NASD），仲裁员无须说明作出最后裁决的理由。

6. 服从仲裁协议

在美国证券仲裁中，申请方在申请仲裁时需签署一个服从仲裁协议，申请一方通过签署服从仲裁协议，自愿把争议提交仲裁并愿意接受仲裁裁决的约束，包括愿意接受仲裁员对被申请方反请求作出裁决的约束。仲裁程序开始启动后，没有对方和仲裁员的同意，通常申请人不能撤回服从仲裁裁决的协议。被申请人同样会被要求填写服从仲裁协议。在实践中，有些当事方拒绝签署一份服从仲裁协议，认为这样可以避免不利于自己的后果。但是，从来没有因为当事人拒绝签署服从仲裁协议而导致裁决结果被法院撤销的情况，法院仍然坚持当事人应受仲裁裁决的约束。

在美国，处理一个证券仲裁通常需要 9～12 个月的时间，而普通民事诉讼实行的三审终审制，花费的时间远远长于仲裁。由于金融衍生品市场行情瞬息万变，如果解决争议的时间拖得越长，可能给当事人造成的损失就越大，更有可能加重另一方当事人的负担。证券仲裁的方式在一定程度上可以克服诉讼程序复杂、费时带来的弊端，节约当事人的时间和经济成本。因此，金融衍生品仲裁完全可以采取证券仲裁的方式来解决当事人之间的纠纷，维护当事人的权益。

证券仲裁的相关程序对于金融衍生品仲裁程序具有很大的借鉴作用。在美国金融衍生品市场，以期货仲裁为例，其纠纷解决的主要仲裁机构是全国期货协会（National Futures Association，NFA）。NFA 作为美国期货行业的自律性组织，具有很强的代表性，是由美国联邦期货委员会批准设立的期货行业民间自治组织，采取会员制，起着自律管理、保护公众投资者的利益、维护正常的期货交易秩序和妥善解决期货交易纠纷等作用，其处理期货纠纷的依据主要是《全国期货协会仲裁规则》。NFA 按照《商品交易法》第 17 节（b）(10) 条的规定，提供公平、公正和高效的解决客户投诉的程序。NFA 的仲裁办法和会员仲裁规则为这些程序提供了框架。NFA 的仲裁程序于 1983 年全面开始运作。除了某些特定的例外情况外，当客户提出仲裁时，NFA 的仲裁结果具有强制性。仲裁由仲裁委员会主持，指定 1~3 名仲裁员组成，客户有权利要求仲裁委员会的组成人员为与大多数与 NFA 会员或 NFA 没有利害关系的仲裁员。较小的投诉一般由一个仲裁员通过书面调解进行解决。仲裁过程是非正式的，但是各方可以聘请辩护律师。

（二）英国的金融仲裁

1. 城市争议小组

（1）城市争议小组概述

英国仲裁制度的历史源远流长，但进入 20 世纪以后，仲裁制度得到了空前的发展，仲裁从纯民间性的自救行为逐步发展为民商事争议重要的纠纷解决方式。[1] 在金融仲裁方面，城市争议小组（City Disputes Panel，CDP）作为英国金融服务业最重要的争议解决机构，也是唯一的专业性金融服务业仲裁和调解机构，其不隶属于任何一个特定的金融市场。它于 1994 年在伦敦成立，主要面向金融服务业提供替代性争议解决服务，金融机构、公司、银行、投资管理公司、保险公司、股票经纪人等都可以成为其会员。[2]

（2）城市争议小组的组成

城市争议小组设有一套仲裁员名册，名册由两部分组成：一部分是法律专业仲裁员（Judicial Panel），具有法律及司法方面的经验；另一部分是金融专业仲裁员（Financial Panel），由金融服务业中具备较高资历的人士组成。城市争议小组仲裁规则规定，由 3 名仲裁员组成仲裁庭审理案件时，首席仲裁员必须是法律专业仲裁员，另外两名仲裁员为有经验的金融专业仲裁员。这一体系的优势是使仲裁庭集合了法律专家与金融专家，并使其各展所长，这样仲裁庭所做出的裁决不但能解决当事人之间的金融专业争议，也在法律上给予了充分的保障，但它的不足在于在一定程度上排除了当事人对仲裁员的指定。城市争议小组的全部仲裁庭成员都是指定的，从而保证了仲裁庭按照上述规则组成。当然，城市争议小组在指定仲裁员时也会听取当事人的建议。

（3）城市争议小组的程序

城市争议小组仲裁没有规定固定的时限，通常采用更为灵活的规定来满足当事人的需要和特殊争议的需要。例如，城市争议小组仲裁规则为当事人提供快速裁决程序，当事人只需说明适用快速裁决程序的原因以及希望裁决作出的时限。不过，快速裁决程序需要当事人各方共同向城市争议小组提出请求才可适用。这一规定意味着在一方需要快速得到结果而另一方想拖延时，快速裁决程序将得不到适用。

---

① 谢石松. 商事仲裁法学 [M]. 北京：高等教育出版社，2003：36.

② General introduction of the City Dispute Panel, http://www.citydisputespanel.org/papes/About Us Main.asp, Apr. 28, 2008.

英国的城市争议小组作为英国金融服务业的争议解决的专业机构，通过专家仲裁和灵活的程序，确保了金融仲裁的高效和专业，代表着金融仲裁未来的发展趋势。

2. 英国的期货纠纷仲裁

在英国，由英国证券期货局（Securities and Futures Bureau，SFA）负责监管金融服务业中涉及证券和期货业务的公司。[①] SFA 监管的目的就是通过将投资公司中不合格者、有欺诈行为者、无力偿还者向公众披露，将投资者风险最小化。当投资者和经纪人之间产生争议时，SFA 将为投资大众提供直接的服务。如果投资者认为自己受到经纪人不公平的对待，可以向 SFA 申诉，但在申诉前需先向公司提出申诉，给公司一个答复的机会。假如投资者和公司不能解决争议，投资者才可向 SFA 提起申诉。对于投资者的投诉电话，SFA 将会作一个及时的记录，然后要求投资者提供详细的书面材料，同时为投资者提供一份说明申诉程序的小册子。SFA 将无偿进行调查，并要求公司纠正错误或给投资者予以赔偿。如果公司不愿意接受，投资者还可以通过 SFA 的仲裁机构进行仲裁。尽管仲裁机构是由 SFA 设立的，但仍要求投资者支付 50 英镑的登记费。仲裁员是完全独立的，SFA 为仲裁提供场地和设备。投资者作为原告方必须出席仲裁，而公司也被要求作为另一方出席仲裁。如果任何一方不愿意接受仲裁结果，可以提出法律诉讼。假如仲裁者支持投资者的投诉，公司将被要求给予赔偿。这一仲裁方式主要是针对不超过 50000 英镑的私人投资者的，并且是可以选择的，较之通过法庭寻求赔偿而言相对简单、灵活。为了确保 SFA 的申诉执行程序被有效而公平地执行，一个独立的申诉委员会委员将会发表季度评论和出版年度报告，将申诉情况公之于世。

第五节 金融法庭

一、英国金融市场与服务法庭

（一）地位及组成

2000 年，英国通过《2000 年金融服务和市场法》，在整合原有监管机构的基础上，建立了新的监管机构——金融服务局（the Financial Services Authority，FSA），赋予其监管英国整个金融市场的权力。为了制衡和规范 FSA 的权力，英国成立了专门的"金融服务和市场法庭"（the Financial Services and Markets Tribunal，FSMT），并于 2001 年 12 月 1 日与 FSA 同时运作。

"金融服务和市场法庭"作为一个独立的司法机构，隶属于英国司法部，向大法官负责。"金融服务和市场法庭"设立一名庭长，作为法官的领导。其他司法人员诸如主席，必须具有相应的法律资格；此外，还需设置一名秘书，负责行政事务。目前，该法庭有包

---

①刘涛. 话说期货业协会——英国证券期货局（SFA）［N］. 期货日报，2000-12-25.

括庭长在内的 8 名主席，9 名兼职人员，他们都由大法官任命。

（二）管辖范围

英国金融市场与服务法庭主要审查 FSA 发布的特定决定和监管通知，涉及广泛的法律和纪律事项，诸如：①对被授权的企业和个人做出的纪律决定；②从对一个企业的审批到执行特定或所有的受监管的活动的决定；③对与市场滥用行为有关的决定；④对被授权的个人的撤销授权的决定；⑤对禁止人们从事特定或所有受监管的活动的决定。[①] 金融机构和个人有权将这些决定提交法庭进行审查。法庭将独立决定何种措施是 FSA 应该采取的。但是，有一点局限的是，法庭仅仅能审理《2000 年金融服务和市场法》明确规定的可以对 FSA 提起诉讼的行为，法律没有规定的将不予受理。

（三）审理程序

英国金融服务和市场法庭适用的程序在《金融服务与市场法庭规则 2001》（the Financial Services and Markets Tribunal Rules 2001）中有详细的规定。"金融服务和市场法庭"受"法庭理事会"的监督。金融服务和市场法庭审理案件时不收取任何诉讼费。

原告对 FSA 提起诉讼时，除了要向法庭提供正本之外，还需要向 FSA 提供副本。原告对 FSA 提起诉讼是有时间限制的。原告必须自收到 FSA 的决定、通知 28 日内起诉。如果超过了 28 日未起诉，只能说明理由，请求法庭予以延长，法庭将视情况予以准许或拒绝。FSA 的决定、通知上面载有这些时限信息。

在收到法庭的起诉通知书后 28 日之内，FSA 需向法庭提交一份"案件说明"，解释做出决定的原因、所依据的证据清单以及其他支撑性材料。同时，FSA 会将"案件说明"交给原告一份。原告需在收到"案件说明"28 日之内向法庭提交一份"回应意见"，同时交给 FSA 一份。"回应意见"需载明原告的依据，对 FSA 的"案件说明"中所列事实是否确认、原告不予确认的理由、收到 FSA"案件说明"的日期。如有支持原告但"案件说明"中未列出的证据文件，FSA 需在收到原告的"回应意见"14 日内向法庭和原告送交一份这些证据文件的清单。在一些案件中，法庭可以举行一个庭前审查，以便确认和解决任何争议的事实。这些事实是正式审理前需要解决的问题。在开庭审理举行前的任何时间内，原告都可以撤诉。FSA 也可以陈述对原告的意见不予反对，或撤回反对。是否允许，由法庭决定。审理开始后，原被告双方也可以达成和解，解决争议。

开庭审理举行前，当事人双方都可以向法庭提出证人和代理人，不过届时需按照法庭规定的时间顺序进行询问。当这些细节确定后，法庭会向双方当事人发出通知，告知庭审举行的时间和地点。大部分的庭审在法庭的伦敦总部举行，但法庭认为在其他地方举行更适宜时也可在其他地方举行。

金融服务和市场法庭对金融监管案件的审理采取公开审理和不公开审理两种方式，并以公开审理为主。即一般情况下，所有的庭审都公开举行，但是，应当事人一方或双方的申请，法庭可以决定庭审的部分或全部不公开举行。法庭的决定根据案件的具体情况以及

---

①http://www.fsa.gov.uk/pages/doing/regulated/law/focus/tribunal.shtml.

是否会损害司法公正而定。

当法庭审理案件时，可以做出的判决类型如下：①支持 FSA 的决定；②判令 FSA 不能采取一定的行动；③判令 FSA 在一定的时限内做出不同的行动。法庭还可以对 FSA 提出关于监管法律实体与程序方面的建议。法庭无权作出一方赔偿另一方损失的判决。法庭可以口头宣布判决结果，也可以择日下达书面判决。当事人认为判决错误或者庭审后发现了新的证据，可以申请法庭进行再审。不过再审的申请需在收到判决后 14 日内提出。当事人也可以对法庭的判决向上诉法庭提起上诉，但上诉必须事先征得法庭的同意。当法庭口头宣布判决时，征求以口头当场提出；当法庭下达书面判决时，征求需在 14 日内以书面形式提出。

二、美国证监会的行政法官办公室

（一）地位及组成

1972 年，美国证监会（SEC）根据《联邦行政程序法》建立了行政法官办公室。SEC 行政法官办公室由首席行政法官和一定数量的、独立的行政法官组成，通过行政审裁程序主持审理违法违规案件并制裁当事人。行政法官的选拔和任用，具体由隶属于国会的行政法官人事管理办公室（OPM）负责。《联邦行政程序法》禁止 SEC 对行政法官施加控制，也不允许其对行政法官进行绩效评估。SEC 行政法官虽然是 SEC 的职员，但因其职责，需要保持相当的独立性。他们不能被分配从事其他与他们的司法职能无关的工作。

根据《联邦行政程序法》第 551～559 节和联邦证券法律的有关规定，行政法官办公室的主要职责是在由 SEC 发起的行政处理程序中主持听证和做出初步裁决。行政法官的职责主要是主持听证程序和裁决由 SEC 启动的有关违反证券法的案件。行政法官办公室设首席行政法官，他是行政法官办公室的行政首脑，除为维持行政法官的独立性而不得干预行政法官处理行政程序外，对行政法官办公室其他事务的正常运作负责。因此，他实际上扮演着行政法官办公室和 SEC 之间的联络人角色。[1]

（二）管辖范围

美国 SEC 享有追诉权，一旦决定以审理方式指控案件，SEC 有权或通过行政法官主持的行政制裁程序对当事人施以行政制裁。不过，这仅适用于在 SEC 注册的当事人，如各类受 SEC 监管的证券交易商、投资顾问/投资公司，或与在 SEC 注册的证券有关的当事人，如发行人及其股东、高管人员。[2] 也就是说，行政法官审理的案件，原告是美国 SEC，被告是美国 SEC 追诉的人。这是一个"官告民"的程序，在性质上属于行政诉讼。

（三）审理程序

美国 SEC 在其行为规范中规定，行政法官的审裁程序必须在委员会签发程序启动令

---

①郭雳. 美国证券执法中的行政法官制度［J］. 行政法学研究，2008（4）.
②洪艳蓉. 美国证券交易委员会行政执法机制研究："独立"、"高效"与"负责"［J］. 比较法研究，2009（1）.

后才能进行。一旦签发程序启动令，就要向各方当事人按照行政程序法的有关要求发出适当的通知。举行听证前，还应在根据当时情形下的一个合理时间内通知当事人举行听证会。但如果 SEC 已经授权法规执行部单方采取临时制裁措施，则无须事先向相对人发出通知。[①]

在 SEC 发布追诉令之后，行政法官主持公开听证，综合考虑执法局和当事人意见和证据之后做出初步裁定。[②] 初步裁定包括发现的事实、法律结论和命令，命令常常包括制裁。可能的制裁包括但不限于强迫接受停止和终止命令，暂停或撤销经纪商、交易商或投资顾问的注册，禁止经纪商或交易商或投资顾问之间的联合，民事罚款的支付，退赃等。当事人双方可以将初步裁定的全部或一部分提请 SEC 审查初步裁定，SEC 也可以自行审查初步裁定。审查之后，SEC 发出生效令使之生效，或以原告身份向联邦地区法院提起诉讼，申请制裁当事人的禁止令及附属救济适用于违反证券法的任何人。

第六节　中国金融衍生品纠纷的多元化解决机制

一、发展过程

虽然中国目前已经制定和颁布了《银行法》、《信托法》、《证券法》、《票据法》、《保险法》等法律，《外资银行管理条例》、《期货交易管理条例》等行政法规，《商业银行服务价格管理暂行办法》、《短期融资券管理办法》、《保险保障基金管理办法》等部门规章来规范金融行为，处理金融纠纷，但比起国外金融纠纷解决的发展，中国内陆地区的金融纠纷解决的发展极为缓慢。目前，中国对于金融纠纷的解决并没有形成独立的第三方纠纷解决机制，在处理金融衍生品纠纷时，采取的方式是以诉讼方式为主、非诉讼方式为辅的金融纠纷解决机制。金融衍生品纠纷的解决主要参照了民事诉讼的程序，主要的金融衍生品纠纷非诉讼解决方式有以下几种：到消费者协会等广义的消费者保护部门投诉；到银监局、证监局、保监局等特设的部门投诉；到银行同业公会、证券同业公会、租赁协会等行业协会寻求调解；到上海经贸商事调解中心等专门的调解机构调解；到仲裁机构进行仲裁等。

二、金融调解

中国现行的金融监管体制的构建参考了美国的金融监管体制，即分业经营和多头监管模式，银行、证券和保险分业经营相适应，形成了分业监管的模式。证监会对全国证券市场进行统一监管，保监会负责全国保险市场的监管，银监会行使银行业监管职能，中国人民银行作为履行金融宏观调控职能和对金融机构进行审慎监管的政府部门，专门行使中央

---

①马江河，马志刚．美国 SEC 行政执法机制研究［J］．证券市场导报，2005（10）．
②http://www.sec.gov/about/offices/oalj.htm.

银行职能。上述 4 个金融监管权力机关合称"一行三会",是中国目前最核心的金融监管主体,此外,还有一些兼负金融监管职责的国家机关,包括财政部、发改委、外汇管理局以及审计署等。

由上述论述可以看出,中国对于金融秩序的维护主要在于金融监管,不论是立法上还是实践中,对于金融纠纷解决的规制都比较薄弱,在产生金融纠纷时常常不能得到很好的保护。

在中国,当发生金融纠纷时,金融消费者往往适用法律关于消费者的一般规定,向消费者协会寻求帮助。但是,由于金融产品具有无形性、复杂性,金融消费产品和服务与普通消费产品存在着实质的区别;再加上金融纠纷的专业性,消费者协会的工作人员对其内部结构甚至是产品性质缺乏准确的判断,消费者协会无法像处理普通消费纠纷一样对金融消费者提供有力的帮助和支持。

证券、保险、银行业协会作为三大传统金融领域的行业协会,是由金融行业内部金融机构按照平等、自愿的原则组织起来的自律性组织,其基本宗旨是保护和增进行业内部的共同利益,通过制定行业内部的行业规范、管理规则来规范协会成员的经营行为,维护金融消费者的利益。目前,中国证券业协会设立证券调解专业委员会,专门对证券行业的纠纷进行调解;证监会设立中国期货业协会,用于期货公司之间或者期货公司与客户之间的期货业务纠纷的调解;中国银行业协会成立消费者保护委员会,并开始关注金融消费者的诉求。证监会、银监会和保监会都已经相继设立专门的消费者保护局,用于处理金融消费者与金融机构之间的金融纠纷,这对于进一步实现金融消费者权利受损的救济,更好地保护金融消费者是十分重要的。

案例评析

(2012 年 11 月期货从业人员资格考试《期货法律法规》真题)期货公司与客户之间发生期货业务纠纷的,下列说法中错误的是(　　　)。

A. 可以由双方协商解决

B. 可以提请中国期货交易所调解处理

C. 应当将客户持仓进行平仓

D. 可以提请中国期货业协会调解处理

【答案】 C

【解析】《期货公司管理办法》第六十五条规定,期货公司之间或者期货公司与客户之间发生期货业务纠纷的,可以提请中国期货业协会、期货交易所调解处理。

三、金融仲裁

2004 年 1 月 18 日,中国证监会和国务院法制办印发了《关于依法做好证券、期货合同纠纷仲裁工作的通知》(以下简称《通知》)。《通知》明确规定,证券期货市场主体之间发生的与证券期货经营交易有关的纠纷,属于平等民事主体之间发生的民商事纠纷,适用仲裁方式解决。近年来，国内金融业的蓬勃发展，对金融法制环境提出了越来越高的要求，全国各地纷纷筹组金融仲裁专设机构，或制定各类专业金融仲裁规则。2004年4月，郑州仲裁委员会金融仲裁中心正式成立，作为郑州仲裁委员会的派出机构，该中心对外以郑州仲裁委员会的名义工作；2005年3月，浙江台州仲裁委员会在当地银监局的支持协助下，成立了金融仲裁中心；2005年11月，山西运城仲裁委员会金融仲裁中心成立；2005年12月，郑州仲裁委员会又设立了保险仲裁中心，为保险纠纷的解决开辟了专门渠道；2006年12月4日，广州仲裁委员会制定了《广州仲裁委员会金融仲裁规则》，率先形成了第一部地方性的专业金融仲裁规则；2007年12月18日，中国首家专门解决金融商事争议的机构——上海金融仲裁院正式落户陆家嘴，为上海国际金融中心建设提供了重要的法制保障。天津、长沙、重庆等地也在紧锣密鼓地筹组成立各自的金融仲裁中心。

四、金融法庭

针对日益繁多的金融纠纷，国际上已有不少国家开始尝试建立金融法院（庭）。对此，我国也进行了一系列的尝试。[1] 在中国，新疆奇台人民法院、辽宁省建昌县人民法院也设立有金融法庭。更引人注目的是，2008年，上海市浦东新区人民法院、黄浦区人民法院分别成立了金融审判庭，专门审理金融案件。2009年6月，上海市高级人民法院、上海市第一中级人民法院和上海市第二中级人民法院也分别成立了金融审判庭。至此，上海三级法院的金融专业审判体系已基本建立。

法律法规链接

《股票发行与交易管理暂行条例》（1993年4月22日国务院令第112号公布）

《关于指定中国国际经济贸易仲裁委员会为证券争议仲裁机构的通知国务院证券委员会》（1994年8月26日政证委发〔1994〕20号）

《中国国际经济贸易仲裁委员会金融争议仲裁规则》（2005年3月17日颁布，2005年5月1日起施行）

《关于依法做好证券、期货合同纠纷仲裁工作的通知》（2004年1月18日法制办、证监会国法〔2004〕5号）

《最高人民法院关于审理期货纠纷案件若干问题的规定》（2003年5月16日通过，2003年7月1日起施行）

本章思考题

1. 简述金融消费纠纷的概念和特点。

2. 简述纠纷多元化解决机制的特征。

3. 简述金融衍生品纠纷的多元化解决机制的内容。

---

[1]邢会强.重提经济审判庭的设立〔J〕.法商研究，2009（2）.

4. 简述金融衍生品仲裁的概念和特点。

5. 简述金融衍生品仲裁的范围。

6. 简述金融衍生品纠纷调解的基本类型。

7. 简述金融衍生品纠纷调解的一般原则。